郭萍 著

自由儒学

儒家政治伦理的现代重建

商务印书馆
The Commercial Press

总　序

山东大学素以文史见长。20 世纪 30 年代与 50—80 年代,闻一多、梁实秋、杨振声、老舍、沈从文、冯沅君、陆侃如、高亨、萧涤非、殷孟伦、殷焕先、丁山、郑鹤声、黄云眉、张维华、杨向奎、童书业、王仲荦、赵俪生等先贤学人,铸就了山东大学文史研究的两次辉煌。2002 年,山东大学组建文史哲研究院。2012 年,为进一步发挥山东作为孔孟故里、儒学发祥地的地域优势和山东大学"文史见长"的学科特色,文史哲研究院、儒学高等研究院、儒学研究中心和《文史哲》编辑部,整合组建为新的儒学高等研究院("文史哲研究院"名称保留)。重组后的儒学高等研究院,以儒学研究为特色,以古文、古史、古哲、古籍研究为重心,倡导多学科协同发展,推出了一批具有时代高度与全球影响力的重大研究成果。为深入阐发中华传统文化精髓,持续推进以儒学为代表的中华优秀传统文化创造性转化与创新性发展,积极参与并推动世界文明交流互鉴,构建中国特色哲学社会科学学科体系、学术体系、话语体系,我们特别策划推出了以象征孔子诞生地、儒家思想与中华人文精神的尼山为名的"尼山文库"。该套丛书侧重理论研究,以儒学与中华文化的义理凝练与阐释为特色,第一辑自推出后受到学术界的广泛关注与好评。在此基础上,现全力推出"尼山文库"第二辑,欢迎海内外朋友提出宝贵意见。

山东大学儒学高等研究院

2023 年 6 月

前　言

本书是笔者建构"自由儒学"的第一本自选集，共收录了二十二篇文章，其中大部分发表在学术期刊上，少数几篇发表在论文集、报纸或网络上。

"自由儒学"是笔者在 2013 年至 2016 年读博期间受到黄玉顺先生"生活儒学"思想的启发而提出的一种理论构想，最初在笔者的博士学位论文《张君劢自由观研究》中正式提出，该学位论文也是"自由儒学"的第一部专著。①

此外，近年笔者撰写了多篇"自由儒学"的相关文章，已引起学界的关注，其原因在于：从现实层面看，近代以来，传统儒学面临的最大挑战就是西方自由主义。但是，一方面，"自由"作为现代社会的价值标签，并不为西方所独有，而同样是中国人的价值诉求；另一方面，当代人类的生存危机，暴露出西方主体哲学所理解的自由观念存在着某些缺陷，因此，当代儒家有必要通过对自由问题的儒学解释来回应时代课题，在完成儒学自身现代转型的同时，克服西方自由观念之弊，为现代自由的健康发展提供新的参考。从理论层面看，近现代儒家尽管已经通过批判借鉴现代西方哲学而对此做过富有成效的努力，但还远远不能满足现代自由发展的要求，而且随着传统主体哲学的解构，当代哲学对自由应当有更深入而新颖的解读，这就需要对近现代儒家的自由学说予以批判性的继承，创建当代儒家的自由理论。

这里收录的文章，按其性质和内容划分为相互关联的五编，虽然与

---

① 该论文正式出版时已更名，即《自由儒学的先声——张君劢自由观研究》，济南：齐鲁书社，2017 年。

文章发表的时间顺序不一致，但是便于呈现"自由儒学"的基本思路和内容层次。具体如下：

第一编　自由儒学的方法论问题

《自由何以可能？——从"生活儒学"到"自由儒学"》，这篇文章是在 2016 年 8 月 20 日我为"黄玉顺生活儒学全国学术研讨会"提交的论文。此文明确阐述了"生活儒学"与"自由儒学"的理论关联，包括思想视域的同构性与思想观念的承继性，表明"生活儒学"内在蕴涵着"自由儒学"的思想向度，但同时突显了"自由儒学"以自由问题为思考源点而有其理论独立性。

《〈周易〉对于儒家哲学当代重建的启示——关于"重写儒学史"与"儒学现代化版本"问题的思考》，这是我 2014 年 12 月为"'重写儒学史'与'儒学现代化版本'研讨会"提交的论文。该文通过对"周易古歌—周易古经—周易大传"历时性演变的阐释，映射儒家主体思想共时性的三个观念层级，以此指示了"自由儒学"的理论架构，即与"自由儒学"的三层自由观念相对应，其实质是一个构建"自由儒学"的方法论提纲。

《传统儒学与现代自由的紧张及可能出路》，这是我 2016 年 11 月参加在山东邹城召开的"心性儒学与政治儒学研讨会"的发言。此文说明了"自由儒学"的问题意识，进而简要阐述了"自由儒学"对于既有的儒学理论，特别是现代新儒学的价值认同和理论批判。

《儒家自由主义与自由儒学——论儒家与自由主义对话的两种思想形态》，这篇文章实质是我对 2018 年 4 月"'儒学现代转型与儒家自由观念建构'学术研讨会暨《自由儒学的先声》新书发布会"现场讨论的一种回应。该文意在于指出，"自由儒学"与儒家自由主义在理论进路与思想内容上存在实质差别，"自由儒学"是直接面向自由问题本身，而非面对现成的西方自由观念，因此其内容不在于兼容汇通传统儒家伦理与现代西方自由学说，而是要对现代自由问题本身做一种儒学的解释。

第二编　自由儒学的历史文化渊源

《殷周之变：中国自由观念的起源》，这是我参加2019年尼山新儒学论坛暨尼山会讲"探寻儒学的源头——先诸子时期思想解读"而撰写的文章。自由虽然是现代社会价值标签，但自由本身并不是一个现代性观念，更不简单等同于个体自由，而是有其不同的历史形态和时代特质。那么，中国自由观念究竟何时确立，它与现代自由的一贯性与差异性何在，这都是"自由儒学"必须要厘清的问题。为此，此文在"自由儒学"的视域下从历史哲学的维度做了相应的阐述。

《守成与开新——从两宋儒学的内在紧张看儒学的现代转向》，这是我参与教育部人文社会科学重点研究基地重大项目"儒家哲学现代转型研究"的一个阶段性成果。在我看来，儒学现代化的历史同时也是中国现代自由观念孕育发展的历史，而此文的重点就是通过对两宋时期中国社会生活风貌的变化及其在两宋儒学内部的体现，来探寻中国的内生现代性因素，就此挖掘儒学自身孕育的现代自由基因。

《儒学现代转型的"引桥"——宋明儒学的时代性再认识》，这篇文章的内容和写作时间与上一篇前后相继，但更为明确地从儒学历史发展角度上给予"宋明儒学"一个时代性定位，即连接传统与现代的"引桥"，这与宋明儒学在内容上具有"守成"与"开新"的两面性是一致的，正因如此，现代新儒学才试图"返本"宋明儒学"开出"民主与科学。但毕竟"引桥"不是"正桥"，宋明儒学具有明显的保守性，并没有真正开始从传统向现代的过渡，就此而言，现代新儒学并不能基于宋明儒学展开现代自由价值的论说，而这也是"自由儒学"首先要克服的。

《宋儒"立极"与"立身"的开新面向》，这是对宋代儒学时代处于转向中的开新性内容进行的阐述，主要立足于两宋儒家哲学"形上—形下"的基本理论架构，指出在形上局面，两宋儒家通过天人关系的重建对个体主体的觉醒具有感召性；在形下层面通过工夫论的建构，提供了一套自知自行的修身方式，客观上刺激了个体自主意识的萌发。该文力图以此勾连儒学传统与现代的联系，但这并不能稀释两宋儒学作为传统儒学完备形态的守成性底色，因此对于"自由儒学"而言，还有必要进一步分析宋儒"立极""立身"体现的个体自主性与现代个体主体之间的差异。

《儒家的契约观念——基于"自由儒学"的解读》，这篇是针对现实自由的落实和保障而做的一种初步思考。虽然古今中外都不乏契约观念，但以契约为范型构建政治共同体以此切实保障自由的实现却是现代社会的事情；在西方，社会契约论就是最大的理论成果，而在中国并没有相应的理论建构。但是"自由儒学"在此运用儒学的基本范畴对中国契约观念的一般原理进行了概括和阐释，这就可以为维护自由的制度建构提供一个普适的思想工具。

第三编　自由儒学的现代思想资源

《澄清不同层面的"群己权界"——基于严复〈群己权界论〉的分析》。在中国近现代学者中，最早深入阐释现代自由问题的就是严复，他通过以译代著的方式实质提出了一个初级版本的儒家自由理论，其中最具创造性的就是他从实践层面上将现代自由概括为"群己权界"，但是他论述的"群己权界"包含了不同而相互关联的三个层面，这一方面反映出现实自由的错综复杂性，另一方面也暴露出严复在阐释自由问题过程中的淆乱和民族主义倾向的局限，但这集中反映着近现代中国学者对于现代自由的理解。

《群己权界：儒家现代群治之方——兼论严复自由理论的儒学根基》，这是以"群己权界"为核心阐释现代自由价值与社会群体秩序之间的关系，严复将自由要旨理解为"群己权界"，同时认为"群己权界"乃是现代社会秩序安顿的基本方案，这实质是儒家"群学"原理的现代演绎。这里他强调有法度的自由才维系群体秩序的和谐，矫正了以往发展自由与维系群体秩序相冲突的理解。此是"自由儒学"需要进一步发展的思想。

《自由与境界——唐君毅心灵境界论解析》，这是以唐君毅的心灵境界论为例，分析现代新儒学本体层面的自由观，文章批判了唐君毅执守于"道德自我"的形而上学思维特点，但同时指出其开启了某种更为本源的思维视域的可能性。由此具体体现了"自由儒学"对现代新儒学的批判继承性。

《自由儒学："生活儒学"自由之维的开展》，这并不是一篇严格的论文，而是生活儒学会议上的发言修订稿，重点指出"生活儒学"是"自由儒学"的母胎，是自由儒学最直接的理论资源。如此一来，从近代中国自由之父严复的思想到20世纪现代新儒学，再到当代儒家黄玉顺的"生活儒学"理论，构成了"自由儒学"批判继承的主要儒家现代思想资源。

第四编　自由儒学的内涵探索

《中国自由观念的民族性与时代性——关于"自由儒学"理论建构的准备性思考》，此文基于自由价值的普遍一般性，具体探讨了中国自由观念实质内容的时代性差异和表达方式的民族性特点。因为近现代形而上学仅仅提供了一个自由的普遍形式概念，抽离了自由的时代性内容和民族性特点，而近现代政治哲学则将个体自由解释为现实自由的唯一形态，隔绝了自由的历史，它们都难以对自由的现实内容做出合情合理的解释。为此，"自由儒学"要阐明现实的自由就必须确立基本的时空坐标，也即时代性与民族性的维度。

《"自由儒学"导论——面对自由问题本身的儒家哲学建构》，此文与下一篇《"自由儒学"纲要——现代自由诉求的儒家表达》都属于"自由儒学"的纲领性文章。这一篇首先阐明汉语"自由"一词的一般语义，据此指出自由问题的实质是主体性问题，进而从主体性何以可能的维度上，追溯自由何以可能的问题，具体从本源自由、形上自由、形下自由三个层面做了阐释，并说明各层级之间的观念奠基关系。由此概括地说明了"自由儒学"的理论架构和逻辑脉络。

《"自由儒学"纲要——现代自由诉求的儒家表达》，这篇文章是从中国社会现代转型的现实出发，阐明"自由儒学"的问题意识，即现代自由是中西共同的价值诉求，而传统儒学与现代自由的紧张并无法做出相应的理论解释，由此提出当代儒家需要创发新的理论形态回应这一时代课题。"自由儒学"作为一种理论探索，试图通过批判借鉴西方自由理论、批判继承传统儒学理论，实现对现代自由价值的儒学表达。

《儒家自由观念在当代的新开展》，这篇文章通过阐明现代个体主体与现代自由价值的同一关系，以及形下的相对主体自由和形上的绝对主体自由的基本内容，表达出不同于传统儒学的儒家现代自由观念，并且有意对儒家良知主体进行现代转化，以克服西方现代自由的弊端。

《"儒家人格主义"之省察——狄百瑞〈中国的自由传统〉评议》，这篇文章是在认同西方汉学家狄百瑞敏锐发现中国自由传统的积极意义的前提下，重点指出狄百瑞以宋明儒学，特别是以黄宗羲思想为现代自由主义的成熟代表是不恰当的，因为宋明儒学以传统圣贤人格为自由的价值趋向，其实质是体现着一种典型的前现代自由，而不是现代的个体自由。由此表明，"自由儒学"虽然在积极探索传统儒学所蕴涵现代自由的思想基因，但不赞成像狄百瑞那样不加省察的直接承袭。

《儒家岂能拒绝自由？——驳陈明先生对自由儒学的质疑》，这是2018年对陈明先生质疑"自由儒学"一文的反驳，文中简要说明了陈先生质疑的内容，进而具体驳斥了其对于自由与儒学的关系、个体与群体的关系等问题的误解，并做了相应的正面解释。由此简明地反映出"自由儒学"与当今原教旨主义儒学的根本不同。

第五编　自由儒学的跨文化思考

《儒家的自由观念及其人性论基础——与西方自由主义的比较》，这是2015年参加《文史哲》主办的儒学高端论坛"性善与性恶——儒家与自由主义对话"提交的论文。这篇文章挖掘了儒家伦理与西方功利主义伦理的汇通之处，据此指出人性善恶并不是儒家与自由主义的根本差异，而且孟子性善论与荀子性恶论都具有开显现代自由的可能。这背后实质暴露出善恶人性论难以为自由提供有力的人性论根据，由此启发"自由儒学"重新探讨自由与人性问题的思想兴趣。

《理性的困惑：跨文化伦理何以可能？——与史蒂文·卡兹教授商榷》，这篇文章通过对先验理性哲学的批判，指出在当下的本源情境中，主体性的更新才得以可能。但由于自由与主体性问题直接同一，因此该文的另一层含义是主体性的更新，也即对既有主体性的超越，对新主体性的赢获，实质也就是实现了自由。

《人类共同伦理何以可能？——不同伦理传统之间对话的共同场域》，这篇文章通过检讨主体哲学的缺陷，指出真正展开伦理对话的共同场域是前主体性的本源情境。反过来说，正是由于我们共同处于现代性生活境域中才产生现代性的价值诉求，而任何人为预设的价值基准既非自明的，也非恒常的。此文与上一篇文章都是我正式提出"自由儒学"之前，对现代价值观念之渊源问题进行的探索，由此有效地启发了"本源自由"的提出。

以上五个部分的文章算是我对"自由儒学"思考的阶段性小结。为如实反映思想的过程，本论集仅在形式上对文章的注释、参考文献进行了统一处理，文章的内容均为原载原貌，未作任何改动。

2021 年 5 月 7 日于济南

目 录

前言 / III

第一编　自由儒学的方法论问题 / 1

自由何以可能?
　　——从"生活儒学"到"自由儒学" / 3

《周易》对于儒家哲学当代重建的启示
　　——关于"重写儒学史"与"儒学现代化版本"问题的思考 / 16

传统儒学与现代自由的紧张及可能出路 / 35

儒家自由主义与自由儒学
　　——论儒家与自由主义对话的两种思想形态 / 41

第二编　自由儒学的历史文化渊源 / 57

殷周之变：中国自由观念的起源 / 59

守成与开新
　　——从两宋儒学的内在紧张看儒学的现代转向 / 77

儒学现代转型的"引桥"
　　——宋明儒学的时代性再认识 / 91

宋儒"立极"与"立身"的开新面向 / 105

儒家的契约观念
　　——基于"自由儒学"的解读 / 123

第三编　自由儒学的现代思想资源 / 147

澄清不同层面的"群己权界"
　　——基于严复《群己权界论》的分析 / 149

群己权界：儒家现代群治之方
　　——兼论严复自由理论的儒学根基 / 169

自由与境界
　　——唐君毅心灵境界论解析 / 191

自由儒学："生活儒学"自由之维的开展 / 204

第四编　自由儒学的内涵探索 / 207

中国自由观念的民族性与时代性
　　——关于"自由儒学"理论建构的准备性思考 / 209

"自由儒学"导论
　　——面对自由问题本身的儒家哲学建构 / 223

"自由儒学"纲要
　　——现代自由诉求的儒家表达 / 245

儒家自由观念在当代的新开展 / 264

"儒家人格主义"之省察
　　——狄百瑞《中国的自由传统》评议 / 276

儒家岂能拒绝自由？
　　——驳陈明先生对自由儒学的质疑 / 293

第五编　自由儒学的跨文化思考 / 303

儒家的自由观念及其人性论基础
　　——与西方自由主义的比较 / 305

理性的困惑：跨文化伦理何以可能？
　　——与史蒂文·卡兹教授商榷／320
人类共同伦理何以可能？
　　——不同伦理传统之间对话的共同场域／333

第一编　自由儒学的方法论问题

自由何以可能？
——从"生活儒学"到"自由儒学"*

自由主义的"西学东渐"对传统儒学的挑战犹如"第二之佛教又见告矣"①。由是，解决传统儒学与现代自由之间的冲突，也就成为我们"打通传统与现代"的一个关键问题，而解决这一问题势必需要儒家从学理上予以正面回应，也即建构一种儒家的自由理论。为此，笔者试图提出"自由儒学"的理论构想。这一构想得益于黄玉顺先生所创建的"生活儒学"理论。事实上，黄先生在提出"生活儒学"之前所主编的"追寻中国精神丛书"②就被喻为"自由颂"（邓伟志语）③，其原因在于他不仅将中国精神归结为"自由精神"，还将自由视为"现代性之根"④。当然，从学理上对"自由儒学"最具启示性的还是其"生活儒学"，尤其是其中"生活即是自由"⑤的命题及其"自由就是生活本身的本源结构：在生活并且去生活"⑥的创造性解释，直接启发了笔者对自由问题的重新思考。

一、生活的本源结构：在生活并且去生活

黄先生明言"生活儒学"所言说的无非是"在生活并且去生活"，而

---

* 原载《齐鲁学刊》2017 年第 4 期。
① 王国维：《论近年之学术界》，《王国维遗书》第 5 册《静安文集》，上海：上海古籍书店，1983 年，第 94 页。
② 黄玉顺主编的"追寻中国精神丛书"（成都：四川人民出版社，2000 年）包括：《中国之自由精神》《中国之科学精神》《中国之民主精神》《中国之伦理精神》。
③ 邓伟志：《新千年日记：思想之旅》，上海：华东师范大学出版社，2001 年，第 258 页。
④ 参见黄玉顺主编"追寻中国精神丛书"之"主编琐语"《追寻"现代性"之根》，第 1 页。
⑤ 黄玉顺：《爱与思——生活儒学的观念》，成都：四川大学出版社，2006 年，第 235 页。
⑥ 黄玉顺：《爱与思——生活儒学的观念》，第 236 页。

这正是"生活本身的本源结构"的展开。① 因此，这个本源结构也就成为"生活儒学""一切的秘密"所在。② 实质上，这个本源结构是当代主义思想进路的直观形态。所谓当代主义思想进路，乃是黄先生通过反思前现代主义、现代主义以及后现代主义思想进路所导致的理论弊病而找到的"打通传统与现代"的一条新的思想途径。正是因此，"生活儒学"具有鲜明的当代主义思想特质。概括说来，体现在两个方面：

首先，"生活儒学"以本源性的思想视域超越了传统"形上—形下"的思维模式，找到了一切主体性观念之渊源和古今中西对话的共同场域。在这个意义上，"生活儒学"根本不同于以往的各种儒学理论，包括原教旨主义儒学（也即前现代主义儒学）和现代主义儒学，这其实是对前现代主义和现代主义思想进路的超越。

这是因为当前的各种原教旨主义儒学是以克服现代社会弊端之名拒绝发展中国的现代性，其实质是欲在现代中国复活前现代的价值观念，这非但无法打通传统与现代的隔膜，反而会导致现实的风险。同时现代主义儒学（主要以 20 世纪现代新儒家为代表）虽积极"开新"拥抱现代的民主与科学，但终因深陷"老内圣"的窠臼而无法完成传统儒学的现代转化。这些缺陷根本上都是由于"形上—形下"的对象化思维所致。

"生活儒学"则以本源生活的观念阐明生活本身乃是前存在者、前主体性（pre-subjectivity）的事情，它先行于一切存在者，不仅先在于"末"（形下存在者），而且先在于"本"（形上存在者）。由此揭明生活本身空无一物，包括作为主体的人也尚不存在。这一观念的提出与海德格尔的"存在"观念不无关联，但二者又有着根本的不同。黄先生强调海德格尔的"存在"是以"此在"这种特殊的存在者（也即人）为先行观念，因此仍然是一种主体性的观念，而"本源生活"意味着"真正的共同存在不是存在者，包括此在的共同存在，而是没有存在者，甚至没有此在、无物、

---

① 黄玉顺：《爱与思——生活儒学的观念》，第 196 页。
② 黄玉顺：《爱与思——生活儒学的观念》，第 40 页。

没有东西的共同存在，其实就是'无物'的生活本身"①。

对此，或许有人质疑这种"无物"且"非人"的生活是否会将一切主体（人）排除在生活之外。但在"生活儒学"看来，生活本身总是最源始地占有着一切主体。这就意味着一切主体并不在生活之外，反而总是以生活本身为源头才得以可能。换言之，生活本身非但不排除一切主体，而且是确立一切主体的大本大源。

其次，"生活儒学"并不以"溯源"为目的，更没有因"溯源"而否认形上学理论的价值，而是以积极的"去生活"指向儒家形上学和形下学的重建。对此，黄先生特别声明"生活儒学"只是反对传统形而上学，而不是反对一切形而上学，并强调当今的"问题不在于要不要形而上学，而在于需要怎样的形而上学"②。由此表明"生活儒学"根本不同于各种否定、拒斥形而上学的后现代主义理论，也根本不认同所谓的"哲学终结"论和价值虚无主义的立场。

之所以要重建，是因为"就在生活而言，生活本身没有任何意义。生活的意义，是我们去生活的建构；我们去生活，就是去构造意义"③。也就是说，由本源生活确立的主体需要去建构生活，改变生活，唯此生活才能成为有价值、有意义的存在。于是，主体性的建构也就成为建构生活、构造意义的关键，建构生活的意义实质就是确立主体的价值。我们看到，"生活儒学"已经展开了一种主体性的建构：其中"中国正义论""国民政治儒学"作为其形下学的展开，实质是一种相对主体性的建构，而"变易本体论"作为其形上学观念，实质是一种绝对主体性的建构。

上述特质令"生活儒学"所言说的"生活"同时具有两种意味：一方面，本源的"在生活"揭示出作为存在本身的生活造就了主体；另一方面，主体的"去生活"彰显出主体对生活的改变。然而"生活即是自

---

① 黄玉顺：《爱与思——生活儒学的观念》，第39页。
② 黄玉顺：《从"西学东渐"到"中学西进"——当代中国哲学学者的历史使命》，《学术月刊》2012年第11期。
③ 黄玉顺：《爱与思——生活儒学的观念》，第232页。

由",笔者据此便自然推出两种意味的"自由":"在生活"是为本源自由,"去生活"是为主体自由。

二、"在生活":本源自由

从生活本身看,即便是"去生活"也首先是一种生活实情,因此"去生活"也同样是"在生活"。在这个意义上,"生活即是自由"表明如此这般的生活本身就是一种自由。

然而,自由总意味着某种选择、超越,生活本身又如何选择与超越呢?在本源生活的视域下,选择与超越首先并不是主体的选择、超越,而是生活本身如此这般的显现。用"生活儒学"的话来说:

> 这种选择不是生活之外的"我们"的选择,而是"我们在生活中"的选择;这种本源的选择不过是生活本身的选择。在这个意义上,生活本身就是选择。①
>
> 超越并不是说我们从生活中抽身而去,并不是说我们居然能够超出生活之外。……本源意义的超越是人的自我超越;甚至说"人的自我超越"都是颇成问题的,因为超越并不以主体性的"人"为前提。……在本源上,超越之为超越,乃是生活本身的事情。②

既然"自由是生活本身的自己如此"③,而生活本身先行于任何存在者,作为主体的人尚未诞生。那就意味着生活本身作为自由是一种先行于主体的自由,这无疑是一种全新的自由观念,可以称之为"本源自由"。不难发现,我们通常所指的自由是以某种主体为前提的,不论是经验生活中的政治自由,还是哲学上讲的意志自由都是如此,也就是主体自由。那么,本源自由与主体自由有何关系?本源自由的实质和意义何在?

---

① 黄玉顺:《爱与思——生活儒学的观念》,第235页。
② 黄玉顺:《爱与思——生活儒学的观念》,第236页。
③ 黄玉顺:《爱与思——生活儒学的观念》,第236页。

"生活儒学"中有这样一段论述提供了一种启示的解答：

> 而这种本源的自由并不是所谓"意志自由"；本源的自由并不以主体意志为前提，事情正好相反，主体意志只有以本源的自由为源泉才是可能的。主体意志乃是将生活对象化的结果，然而本源的生活并非任何主体的对象。所以生活儒学认为，意志自由也同样渊源于生活，即渊源于在生活中的本源的自由。①

我们知道，哲学上讲的意志自由作为绝对主体自由，乃是政治自由等一切相对主体自由的本体依据，而意志自由也源于生活本身的本源自由，那就说明本源自由是一切主体自由的渊源。因此，本源自由与主体自由并不冲突，而是将主体自由孕育其中并使其得以可能，二者之间是一种哲学上的奠基关系。

其实，当代西方存在主义的自由观念与本源自由观念多有相似。例如，祁克果认为自由就是指"生存的可能性"，但他所讲的"生存的可能性"却是上帝恩典的涌现，而"上帝"本身就是一个主体性观念。这意味着作为生存可能性的自由还是一种主体自由。再如，海德格尔认为真正的自由乃是"让存在之行为状态"②，它源始地占有着人而非相反，但他所谓的自由是作为"绽出之生存（Ek-sistenz）"③，而"绽出之生存"乃是"此在"的生存，这种"此在"与"在"本身的纠缠最终使其自由观念也难免带有主体自由的色彩。相较之下，本源自由更彻底地表达着作为存在本身、生活本身的自由。

当然，无法否认的是，自由之"自"已经意味着自由的实质仍在于主体性问题。而本源自由作为前主体性的自由，是尚无任何主体存在的自由，也可以说是无所由之由。其实，这一观念表达的无非是生活本然如此

---

① 黄玉顺：《爱与思——生活儒学的观念》，第235—236页。
② 海德格尔：《路标》，孙周兴译，北京：商务印书馆，2013年，第220页。
③ 海德格尔：《路标》，孙周兴译，第218页。

的开放状态。在这个意义上，本源自由确实还不能算是一种真正的自由，更不是一种作为现实价值追求的自由。但我们依然不能据此否认本源自由观念的积极意义。恰恰相反，正是由于本源自由作为前主体性的自由，才能孕育一切可能的主体自由，才能成为一切主体自由之渊源。也就是说，本源自由实质乃是自由的本源，它所揭示的是"自由何以可能"的问题，这也是先行于思考一切主体自由的最源始、最普遍的问题。故唯有以本源自由为源头，才能为主体自由的确立奠定最原初的基础，用"生活儒学"的话说，就是"唯因我们从来就在生活，我们才可能去生活"①。

三、"去生活"：主体自由

如前所说，"去生活"作为一种意义的构造必然意味着主体性的建构。在此，尚需声明的是，哲学上的主体并不限于"个体"主体（事实上，个体成为主体是由近现代哲学确立起来的主体观念），甚至未必指"人"，也可以指外在于人的"理念""上帝"或"天理"。② 但不论怎样，所谓主体总是指思想言行的主动者、能动者，同时也是社会的根本价值所在。这一特质决定了主体的在世状态必然是自由，否则就不是主体。主体的存在是以主体性为根据，因此，主体的确立根本在于主体性的建构。在这个意义上，主体性的建构与主体自由的确立是同一问题。

要知道，任何主体性建构的实质都是对生活本身的一种对象化解释，正因如此，主体性的建构不能脱离生活本身。然而，生活本身不是任何现成的存在物，而总是生生不息的衍流，它历时地呈现为生活方式的变迁，这就要求主体性的建构必须与时偕行、不断更新。对此，"生活儒学"指出人类社会历时地呈现为宗族、家族、个体三种生活方式，它原初地规定

---

① 黄玉顺：《爱与思——生活儒学的观念》，第229页。
② 哲学上的"主体"概念同时具有两方面的含义：(1) 承载者、基础；(2) 实体、本质。这两方面的含义体现在三种意义上：(1) 逻辑学的意义（主词）；(2) 形而上学的意义（作为本体的绝对主体）；(3) 认识论的意义（相对主体）。这三种意义并不互相排斥，而是相互统一的，用黑格尔的话说就是"实体在本质上即是主体"（参见黑格尔：《精神现象学》[上]，贺麟、王玖兴译，北京：商务印书馆，1983年，第15页）。

着社会主体由前现代的宗族主体、家族主体，转变为现代的个体主体。这意味着我们要在现代性的生活方式下重建当代的主体性。所以，黄先生强调：

> 传统形而上学及其主体性已被解构。因此，当代中国哲学的任务是重建形而上学，首先就是重建主体性。①

当然，主体性本身分为两个层面，即形上绝对主体性和形下相对主体性。因此，重建主体性也需要从形上、形下两个层面展开：重建形而上学以确立绝对主体性，重建形而下学以确立形下主体性。与此相应，主体自由也就需要基于本源自由进行重建，既要重建形下的相对自由，也要重建形上的绝对自由。

（一）"去生活"：形上自由

主体性重建首先是形上主体性的重建，只有"首先确立本体意义上的绝对的主体性。然后，你才能导向一种相对的主体性，导向一种'主—客'架构"②。此所谓"先立乎其大者"③。

事实上，以往形而上学所建构的绝对主体性也意味着某种形上自由。例如，代表着现代儒学理论高峰的牟宗三所构建的"道德的形而上学"就是一个典型。他提出的"良知"本体就是"自由的无限心"④，以良知之"知"的显现确证着绝对实体的自性，即绝对主体性，所谓"即存有即活动"⑤，而"良知"活动显现本身也就是绝对自由的体现。只是其"良知"

---

① 黄玉顺：《主体性的重建与心灵问题——当代中国哲学的形而上学重建》，《山东大学学报（社会科学版）》2013 年第 1 期。
② 黄玉顺：《儒学与生活：民族性与现代性问题——作为儒学复兴的一种探索的生活儒学》，《人文杂志》2007 年第 4 期。
③ 《孟子·告子上》。
④ 牟宗三：《现象与物自身》，见《牟宗三先生全集》第 21 册，台北：台湾联经出版事业股份有限公司，2003 年，第 40 页。
⑤ 牟宗三：《中国哲学十九讲》，上海：上海古籍出版社，2005 年，第 311 页。

是通过"返本",也即直接承袭的宋明儒学而建立的本体概念,因此,其实质是前现代家族伦理观念的一个"副本"。这意味着他的形上自由观念也是老旧的,因此即使他积极倡导现代政治自由也无法提供相应的本体依据。因此,重建形上主体性不能承袭现成的传统儒学理论,而首先要复归本源生活,"变易本体论"就是这样的一种理论示范。

众所周知,"易"有三义:变易、不易、简易。"变易本体论"特以"变易"命名旨在区别于以往各种疏离生活本源的、僵化的绝对主体性,同时以"变易"融摄"不易"和"简易"两义。这是因为,在"生活儒学"的视域下,"这三义其实都是讲的变易:'简易'是说'变易'乃是极为简单的道理;'不易'是说'变易'乃是永恒不变的道理"[①]。可见,本体之"变易"就是指绝对主体性是随着本源生活的衍流,不断地自我更新、自我超越,所谓"性者生理也,日生则日成也"[②]。其变易性并未消解本体观念所彰显的绝对至上的主体地位,而是在与生活本身不断地更新与超越中维系着自身作为绝对主体的活力,也就是以"变易"保持"不易",此可谓"与时立极"。[③]

这提醒我们意识到"良知"作为本体并非仅有不易性,而是变易、不易、简易的统一体。也就是说,儒家"良知"作为绝对主体性并不是一成不变的僵化概念,而总是随着生活的衍流,不断自我更新的观念,唯其如此它才能保持着自身的绝对至上地位。据此可以推知,由现代生活方式所孕育的"良知"本体理应确证现代社会的主体,而非前现代社会的宗族或家族主体,同时"良知"本体的存在状态作为一种绝对意义上的主体自由(可谓"良知自由"),也理应体现着现代性的主体自由。理解这一点,我们才能积极地继承儒家的"良知"本体,重建儒家形上自由。

[①] 黄玉顺:《形而上学的黎明——生活儒学视域下的"变易本体论"建构》,《湖北大学学报(哲学社会科学版)》2015年第4期。
[②] 王夫之:《尚书引义》卷三,见《船山全书》第二册,长沙:岳麓书社,2011年,第299页。
[③] 郭萍:《〈周易〉对当代儒学重建的启示——关于"重写儒学史"与"儒学现代化版本"问题的思考》,《社会科学研究》2015年第3期。

（二）"去生活"：形下自由

"生活儒学"在形下学层面通过政治哲学的建构，揭示出现代性的生活样态自然孕育着现代政治自由，也即个体自由。

其中，"中国正义论"①虽然探讨的是正义问题，但在批判罗尔斯（John Bordley Rawls）的"正义论"的过程中已经揭示了现代政治自由的生活渊源。我们知道，罗尔斯"关于制度的两个正义原则的最后陈述"②，第一个原则就是"自由体系"，他说："每个人对与所有人所拥有的最广泛平等的基本自由体系相容的类似自由体系都应有一种平等的权利。"③作为新自由主义（New Liberalism）的代表，罗尔斯所说的"最广泛平等的基本自由体系"正是一种现代政治自由的规范系统，这本身就是一种形下自由的建制。而罗尔斯为这种"正义原则"提供的理论前提乃是"纯粹假设"的"原初状态"，由是也不免让人质疑其合理性。所以，黄先生指出："正义原则的确立并不是基于一些哲学假设，而是源于生活的实情和作为一种生活感悟的正义感。"④这种基于儒家立场的"生活的实情"就是本源的仁爱情感（仁），"生活感悟"就是良知（义）。由此便知，罗尔斯所指的正义原则实为一种形下政治自由，而"中国正义论"则揭示出这种政治自由是以本源的仁爱良知为源头的。

这表明"中国正义论"虽然是通过批判罗尔斯"正义论"而建构的，但并没有否认个体自由的合理性。事实上，黄先生就是现代个体自由的积极倡导者，他直言：

> 自由是一个政治、社会层面上的概念，而且是一个主体性存

---

① 黄玉顺"中国正义论"的代表性著作有：《中国正义论的重建——儒家制度伦理学的当代阐释》（合肥：安徽人民出版社，2013年）（英文版 Voice From The East: The Chinese Theory of Justice 已由英国 Paths International Ltd. 出版）、《中国正义论的形成——周孔孟荀的制度伦理学传统》（北京：东方出版社，2015年）。
② 约翰·罗尔斯：《正义论》，何怀宏等译，北京：中国社会科学出版社，1988年，第302页。
③ 约翰·罗尔斯：《正义论》，何怀宏等译，第302页。
④ 黄玉顺：《作为基础伦理学的正义论——罗尔斯正义论批判》，《社会科学战线》2013年第8期。

者的概念，还是一个个体主体性的概念。这是无须论证的。①

政治民主是为保障公民个人自由权利而设置的，自由永远是目的，绝不能沦为一种手段。②

对此，他首先从历史哲学的维度上做了宏观的理论说明，即随生活方式的历时演变造就了各时代（王权时代、皇权时代和民权时代）不同的社会主体，而政治自由作为社会主体的一种确证，势必要与其当时代的社会主体相一致。由于政治自由作为一种形下自由属于儒家"礼"的层面，而任何"礼"都是因地制宜、随时因革的，通过不断损益"礼"才能恰当地维护社会生活秩序。这正是孔子"礼有损益"思想的体现。

进而，他针对现代性生活方式下的政治建构提出了"国民政治儒学"理论，明确指出"国民"概念虽然兼具集合性与个体性，但"以集合性观念优先，那是所有一切前现代的政治观念的一个基本特征；而这也就意味着，现代性的政治观念的对应特征，乃是以个体性观念优先"③。这说明现代生活方式本源地塑造了现代社会主体——个体性的国民，所以对国家的所有、所治、所享乃是每个个体的自由权利，所谓"国民所有；国民所治；国民所享"④。显然，这是为个体自由在现代社会的合理性做出了一种概括性的解释。笔者认为，以此为起点，可以对现代政治自由中的权利与权力、自由与平等、民主与君主、专制与共和等问题展开儒学的解释，进而可以提出一种不同于西方的儒家政治自由观念。

四、"自由儒学"的理论构想

由上可见，"生活儒学"为儒家回应自由问题开辟了广阔的思想空

---

① 黄玉顺：《前主体性对话：对话与人的解放问题——评哈贝马斯"对话伦理学"》，《江苏行政学院学报》2014年第5期。
② 黄德昌等：《中国之自由精神》，成都：四川人民出版社，2000年，第24页。
③ 黄玉顺：《国民政治儒学——儒家政治哲学的现代转型》，《东岳论丛》2015年第11期。
④ 黄玉顺：《国民政治儒学——儒家政治哲学的现代转型》，《东岳论丛》2015年第11期。

间。所以，笔者提出"自由儒学"的理论构想，尝试对自由问题进行一种系统的儒学言说。狭义地讲，"自由儒学"是一种政治哲学的理论，但与当今各种拒谈形而上学的儒家政治哲学理论不同，"自由儒学"不仅要以儒学话语解答现代政治自由问题，而且为此提供相应的儒学本体论依据，更进一步地揭示一切主体自由的本源。所以，"自由儒学"对自由的阐释既不是各种西方自由理论的"中国版本"；也不同于原教旨主义儒家对传统儒学理论的"复制"，而是作为一种当代儒学理论形态，发挥"生活儒学"的理论旨趣，进行"现代性诉求的民族性表达"。[①]

基于此，笔者所构想的"自由儒学"拟从本源自由、形上的良知自由、形下的政治自由三个层级展开论述。

（一）本源自由

本源自由是提出并解答自由的本源问题，即自由何以可能的问题，这是任何一个有本有源的自由理论所要解答的首要问题，其中包括何谓本源自由、本源自由与主体自由的关系等内容。本源自由作为源始的"生生"始终敞显着无限可能性，由是让主体自由的绽出成为可能，而在儒家看来，这种敞开的"生生"就是本源仁爱的涌现。也就是说，仁爱在本源意义上乃是"让……自由"，它对于主体自由的确立具有原初的奠基意义：共时地讲，本源仁爱作为自由之渊源使主体自由得以可能；历时地讲，它又使新的主体自由成为可能。据此，自由儒家将从思想之源头处区别于一切西方的自由理论。

（二）良知自由

良知自由是自由儒学力图构建的形上自由观念。无疑，自由首先是一个政治哲学层面的问题，但政治自由势必有其本体论基础，这就需要有

[①] 黄玉顺：《儒学与生活：民族性与现代性问题——作为儒学复兴的一种探索的生活儒学》，《人文杂志》2007年第4期。

一个奠基性的哲学观念。即便西方自由主义者不承认形上自由的存在，而实际上一切政治自由的主张却无法脱离本体论承诺而存在。据此也不难发现，当前儒家政治哲学的前沿理论虽然声势浩大，但也由于缺少形上学的奠基而显得脚跟不稳。总之，形上自由观念的缺席势必让政治自由的讨论陷入无休止争执，却得不到根本解决。因此，"自由儒学"有意在展开政治自由的阐释之前"先立乎其大"，通过形上自由的重建为政治自由奠定形上学基础。

事实上，历代儒家所言说的形上自由观念无不是对本源仁爱良知的对象化理解，这在思孟心学传统中尤为突出。众所周知，儒家从孟子开始就提出了"良知"概念①，而后发展到阳明建构"良知"本体的心学体系完成了传统儒学对"良知"的理论解释，再到现代新儒家张君劢、牟宗三等也继续以"良知"为本体建构现代儒学的理论体系。在这个意义上，"良知"早已成为历代儒家所持守的一种绝对主体性观念。笔者也将继承这一观念，建构以"良知自由"为核心的形上自由观念。据此，"自由儒学"将区别于西方自由主义所依赖的先验理性的意志自由；同时也区别于传统儒学基于家族伦理价值的自由观念，旨在立足现代性生活确证现代个体主体的绝对地位，为现代政治自由奠定本体论基础。

（三）政治自由

"自由儒学"的最终要落实在现代政治自由的发展问题上，笔者希望通过对政治自由的儒学阐释，为现代政治核心问题的解决提供一种儒学的思路。

现代政治核心问题集中体现为两个问题，这也是"自由儒学"在政治自由层面论述的重点：其一，如何阐明现代个体自由权利的合理性，这既是现代政治自由的核心问题，也是当代形下主体性建构的核心问题。可以说，这一问题是超越前现代观念的最直接的体现，如若不给予个体自由

---

① 孟子曰："人之所不学而能者，其良能也；所不虑而知者，其良知也。"（《孟子·尽心上》）

权利以合理地位就根本谈不上传统与现代的汇通，也谈不上传统儒学的现代转化。其二，如何超越民族国家的问题。超越民族国家乃是更好地发展个体自由的必然趋势。我们知道，欧盟虽然是当前超越民族国家的尝试中最成功的实例，但其面临的严峻考验也暴露着西方自由主义难以克服的困境。事实上，西方各国在发展个体自由的进程中，要么因奉行古典自由主义而导致孤立无序，要么因推崇新自由主义而埋下通往奴役的种子，这种两难困局意味着西方自由主义根本无法超越民族国家的局限性。"自由儒学"将阐明现代政治自由的实现不是以孤立个体的理性为前提的、冷漠的利害计算的结果，而是以仁爱为本源、以个体良知为根本依据来保障每个人的自由权利。这将为超越民族国家的理想提供一种新的可能。

《周易》对于儒家哲学当代重建的启示
——关于"重写儒学史"与"儒学现代化版本"问题的思考*

冯友兰先生曾指出:"一部《周易》是中华文明的精神现象学。"① 然而《周易》对于儒家哲学建构的重大意义,至今未能清晰地揭示出来。《周易》对于儒家哲学建构的意义,可称为"两度映射":一是《周易》文本的形成与儒家哲学在中国社会第一次大转型时期(先秦)即轴心时期的原初建构之间,具有历史的同步性和逻辑的同构性。为此,须"重写儒学史"——重写先秦时期的易学史、儒家哲学史。二是上述建构过程与儒家哲学在中国社会第二次大转型时期(当代)即所谓"新轴心期"的重建之间,也存在着逻辑的同构关系与历史的再现关系。略见表1:

表1 逻辑的同构与历史的再现

同构与再现	观念的转进		
	生活感悟	形而上学	形而下学
《周易》文本	易经古歌的生活感悟	易经占辞的神性形上学 易传的理性形上学	易传的形下学
儒家哲学的原初建构 (第一次社会大转型)	轴心时期的生活感悟	儒家形上学的原初建构	儒家形下学的原初建构
儒家哲学的当代重建 (第二次社会大转型)	新轴心期的生活感悟	儒家形上学的当代重建	儒家形下学的当代重建

具体来说,《周易》文本的形成过程乃是观念形态的这样一个转进跃迁的过程:《易经》古歌的本真生活情感;《易经》占辞的神性形上学、

---

* 原载《社会科学研究》2015年第3期。
① 转引自刘大钧:《20世纪的易学研究及其重要特色——〈百年易学菁华集成〉前言》,《周易研究》2010年第1期。

《易传》的理性形上学；《易传》的形下学（伦理政治哲学）。这一过程开显了儒家哲学的当代重建的典范进路：由当下生活情境及其仁爱情感显现的大本大源出发，去重建儒家哲学的形上学、形下学。这才是典范的"儒学现代化版本"。

一、原始要终：复归生活本源

复归生活本源，是儒家哲学在当今重建的前提，《易·系辞传下》所说的"原始要终"即是此意："《易》之为书也，原始要终，以为质也。"崔颢曰："言《易》之为书，原穷其事之初始……是原始也；又要会其事之末……是要终也。"① 《正义》引韩伯康注："质，体也。"所谓"原始"之"原"，本指水源，《说文解字》："原，水泉本也。"引申为事物的起源、开始，"万物之本原"②，做动词用为推究、追溯之意，如《管子·小匡》中"原本穷末"③之"原"。不过，"原始"不同于"原本"："原本"为推究根据（Gründen），而"原始"之"始"是"最早、起初、开头"之意，《说文解字》："始，女之初也。"因而"原始"是追溯最初、开始的样态，追溯源头。对于哲学上的"原始"，即推究始基（Fundierung），推究、追溯一切哲学观念，包括形上本体的源头活水。所谓"要终"，"要"，读为去声时意指重要、纲要、要点等；"终"与始相对，为末、止之意。"要终"是说追溯本源的最终目的是为针对现实问题进行形下的人伦与物理的建构，如《盐铁论·相刺》之谓："诗书负笈，不为有道。要在安国家、利人民。"④ "原始要终"表明《周易》一书的根本是由推究事物的原初本源出发，以达至其末端为目的；而儒家哲学的历史建构也是如此，即由本源的生活出发，建构形而上学，最终指向形下的政治伦理制度建构，那么本源的生活就是儒家哲学建构的大本大源。

---

① 李鼎祚：《周易集解》卷16，成都：巴蜀书社，1991年，第319页。
② 黎翔凤：《管子校注》，北京：中华书局，2004年，第813页。
③ 黎翔凤：《管子校注》，第396页。
④ 王利器：《盐铁论校注》，北京：中华书局，1992年，第254页。

现代考古发现和传世文献（主要是依据甲骨卜辞、"书"[虞夏商书]、"诗"①）都已经证明中国思想在跨入哲学的门槛之前，经历了漫长的前哲学时期，即此时哲学理性尚未觉醒，是文明的前轴心期。不论中西文明，前轴心期都是一个神学的、神话的、诗歌的时期，但二者仍有根本的不同，苏格拉底曾说，诗之本质是诗神所赋予的灵感，而诗人是神的代言人，与从事与神沟通的巫祝相仿。②而中国远古的诗歌首先显现出的是比神学更为本源的观念，即生活情感和生活领悟。成书于轴心时期的《周易》还保留了大量前轴心期的诗歌，已有学者发现《易经》的象辞③部分本身就是一部比《诗经》更为远古的诗集④，其中生动形象地再现了前轴心时期人们原初的生活情境，诗中所表达出的本源的生活情感和生活感悟正是儒家哲学的原发样态，在观念上为轴心期儒家的形上学和形下学的建构奠定基础。古歌是先民对本源生活"直观"的再现，这样的"直观"并没有具体的"物"而只有作为源始现象（ursprüngliche Phänomen）的生活本身、生命本身，比如："发蒙""包蒙""困蒙""击蒙"⑤所展现的劳动场景⑥，"童牛之牿""豶豕之牙"⑦直观饲养家畜、六畜兴旺的情境⑧，"包有鱼""包无鱼""以杞包瓜""姤其角"⑨再现了主妇操持家务的情形⑩，这些都是源始的"无我之境"⑪，其中人与物尚未对象化，主体的"我"还未突

---

① 《诗经》的时代与《周易》的有重叠，其中的诗歌可从春秋前期上溯到"商颂"。另有许多年代更早的"逸诗"未收入《诗经》，例如《易经》筮辞中就有蕴藏着商周之际的歌谣。参见黄玉顺：《易经古歌考释》，成都：巴蜀书社，1995年。此书有修订版，由上海古籍出版社2014年出版。
② 柏拉图：《伊安篇》，见《文艺对话集》，朱光潜译，北京：人民文学出版社，1963年，第9页。
③ 《易经》的筮辞分为象辞与占辞。象辞是生动形象的叙事描写，采用的是类似民歌的手法，如排比、反复等；占辞是关于吉凶祸福的断语，是笼统抽象的判断，往往反复使用大致相同的术语。
④ 发现并系统研究《易经》中所蕴藏的远古逸诗的代表性著作，是黄玉顺先生的《易经古歌考释》。
⑤ 《易·蒙》。
⑥ 黄玉顺：《易经古歌考释》，第29页。
⑦ 《易·大畜》。
⑧ 黄玉顺：《易经古歌考释》，第128页。
⑨ 《易·姤》。
⑩ 黄玉顺：《易经古歌考释》，第206—207页。
⑪ 王国维在《人间词话》中将文学意境分为"有我之境""无我之境"，在此借用这一说法表达古歌所显现出的本源生活情境。

显出来。作为源始的生存经验，生活、生命本身就是"事"的相续，所谓"事情"也就是生活的实情，原初的生活情感就在事中显现出来，如"鸣豫""盱豫""由豫""冥豫"①通过直观大象的种种神态，自然流露了喜爱之情；"咸其拇""咸其腓""咸其股，执其随""咸其辅颊""咸其脢"②质朴地显现出率真的感触之爱；"密云不雨，自我西郊""复自道""牵复""舆说辐""夫妻反目""既雨""既处"③的情境描写顿现不睦紧张的感触和情绪。这都是生活情境中的"现身情态"（Befindlichkeit／情绪），即身处其中的人"直观"到当下一幕顿时显现出某种本源的生活情感，诗歌就是基于此而作所谓"诗缘情"④。生活情感的涌动使人获得当下的生活领会和感悟，如"谦谦""鸣谦""劳谦""㧤谦"⑤，由看到鹣鸟比翼双飞触动对爱情的向往；进而在情境中缘发出本源的"思"，如"鸿渐于干""鸿渐于磐，饮食衎衎""鸿渐于陆，夫征不复，妇孕不育""鸿渐于木，或得其桷""鸿渐于陵，妇三岁不孕，终莫之胜""鸿渐于逵，其羽可用为仪"⑥，以鸿雁逐步高飞远去有层次地再现妇女对丈夫的思念和渴望生儿育女的心情。显然，这样的"思"不是作为认知对象的理性的思，而是源始性的情感思念之"思"，然而生活际遇的变化总是让人最终从本源的生活情境中出离，如《易·鼎》卦象辞所描写的情境，就表现了人由"混元"情境的出离，因"我仇有疾"（我妻有病难治）打破了原初的本源生活情境，主人公既感念妻子又对她无奈失望，纠结于"利出否"（是否应该休妻遣归）⑦，这已然是对象化的情感和思念，而作为主体的人也就在这样的"思量"中"绽出"（ek-sistent）。这可以表明，任何对象性的情感、观念和思想，包括神学的和哲学的，都源自前对象性的、本源性的情感、

---

① 《易·豫》。
② 《易·咸》。
③ 《易·小畜》。
④ 陆机：《文赋》，见张少康：《文赋集释》，北京：人民文学出版社，2002年，第99页。
⑤ 《易·谦》。
⑥ 《易·渐》。
⑦ 黄玉顺：《易经古歌考释》，第232页。

观念和"思",人的主体性也由此得以可能。

主体性的挺立意味着人由前主体性的"原在"转为主体性的"能在""去在",也由"自在生活"转向"自由生活"。人作为主体的这种"能在""去在"以至"自由"的生活,最终总是通过现实的参与既有生活的损益而体现出来。《易传》思想充分体现了人的"要终"情结,《系辞传》曰:"天地设位,圣人成能。人谋鬼谋,百姓与能。"《说卦》做了更详细的表述:"昔者圣人之作《易》也,幽赞于神明而生蓍,参天两地而倚数,观变于阴阳而立卦,发挥于刚柔而生爻,和顺于道德而理于义,穷理尽性以至于命。"而且"要终"并不是一个一劳永逸的过程,而是以周期性和开放性、发展性,与本源生活之间保持着积极永恒的往复,这一方面意味着"原始"与"要终"是一个互为终始的过程,《既济》与《未济》在《序卦传》中的排序及其卦爻辞的意涵可作为一个典型的说明:《既济》卦既代表着一种完成和终结,却也昭示着人们,如果固守其成则"初吉,终乱"[①];而《未济》卦本身象征着一种颠覆性的开始,但从卦序排列上却作为最后一卦。另一方面,也意味着人无限超越的可能,人通过自觉地放弃既有主体,再度"原始"地复归本源生活,在新的生活情境中重新确立起新的主体自我,保持自身的"不器"[②]。需要说明的是,不断复归当下生活,并不是简单的还原,当然也不可能还原到"原初所予"(primordial given)的"自在生活"情境,因为生活如流,再度复归的生活已经不是原初所予的生活了,而是经由主体参与损益的生活;并且主体也不是原初被抛式的投入而是自觉的自我超越,不断地追求并实现着"自由生活"的过程。这虽然充满未知的风险,如"小狐汔济,濡其尾,无攸利"[③],但唯有不断尝试才能将可能转为现实。这与《左传》《国语》筮例中强调的"吉凶由人",《易传》着力强调圣人的作为,"圣人则之""圣人效之",一切取决于人现实的努力和作为而非神意是一以贯之的。

---

① 《易·既济》。
② 《论语·为政》。
③ 《易·未济》。

《易经》古歌中所开显的是前轴心期人们的本源生活情感,与我们当下的生活情感截然不同,但它揭示了一个一般性的事实,即:一切哲学的建构都是由人"在世"(In-der-Welt-sein / 在世界之中存在)这一"首要的存在实情"①决定了的。这是因为人之初生"在世"是未经自我选择的一种原初所予(primordial given)的生活情境,人首先必然地身处这样本源性的生活中,源始地与他者"共同在世"(Mitsein)着。此境只是"生一活"(growing-living)、"存一在"(Being)本身的显现;此境中的"人"还只是前主体性的、浑然无觉的"自在",而不是主体性的有觉的"自由"。然在此本然"混元"的情境中,原初本真的生活情感随"一事又一事"呈现出来(所谓"事情"),人随之获得当下的生活领悟,这恰恰是一切哲学观念的原初发端样态,具有观念上的始基意义,人也由此从本源情境中"绽出"成为主体性的存在。因而,一切哲学的思考和建构不可逃避地必须首要地复归到本源性的生活中。然而"原始"旨在"要终",现实生活作为既有的、现成化的存在总是有缺陷的,作为主体的人总会反思现实,进而对现实的制度规范进行损益,这也是人实际的"赞天地之化育"②。通过对当下现实问题的解决,人印证并直观到自身作为主体的存在,因而,"要终"也就是主体的"能生活"和自觉地"去生活"或曰"去存在"。儒家认为,"诚者,非自成己而已也,所以成物也"。且"思诚"乃"人之道",所以人存在的价值和意义也体现在如何"能""去"的过程中,如海德格尔所说,人"这种存在者的'本质'在于它去存在(Zu-sein)";换句话说,"此在是什么,依赖于它怎样去是[它自己],依赖于它将是什么"。③ 如此这般,不断地复归本源并再度地"能""去""成己成物",就是人作为主体存在的自由自觉的要求。儒家哲学建构的历史已印证了这样的历程,当今儒家哲学也必然需要"原始要

---

① 海德格尔:《存在与时间》,陈嘉映、王庆节译,北京:生活·读书·新知三联书店,1999年,第62页。
② 朱熹:《四书章句集注·中庸》,北京:中华书局,1983年,第32页。
③ 海德格尔:《存在与时间》,陈嘉映、王庆节译,第49页。

终"才能得以重建。

事实上,我们已然处于当下的生活情境中,首先不自觉地直观着现代的生活,显现着现代的生活情感,收获着现代的生活感悟,因此,无论如何,我们的观念里总是渗透着时代的色彩,而这正是当代儒家哲学的重建的始基性观念,是最具生命力的思想源泉。在 20 世纪 90 年代,思想界已经提出"向生活世界的回归"①,但与我们的观念源自当下的本意生活不同,思想理论的建构始终在形上—形下的框架里纠结反复,也就是说,在我们的理论建构中没有体现出本源生活这一观念层级对于哲学建构的奠基作用,而失去养料与土壤的理论即便再精巧也不会成为活的思想,因而我们说,复归当下本源生活才是重建儒家哲学的首要前提。以当今现代性的生活为前提,最终指向当下现实的社会问题的解决,就是我们作为主体的"能在""去在"的确证,这既是一个朝向未来不断积极主动地去创造、去争取的过程,也是自觉自主地应对挑战、承担风险的过程。这意味着当下现成在手的一切总是需要通过不断地损益得以完善和发展,即所谓"天地革而四时成"②。也唯有如此生活才呈现为"生生不息"之流;同时表明作为主体,我们正是通过对当下现实制度规范的积极自觉的超越与重建,不断摆脱既有的不适宜的束缚,才能趋向自觉自由的生活。

由"原始"的生活本源出发,进行"要终"的形下制度重建之前尚需重建形而上学,因为任何形下的制度建构最终要诉诸一个形上的绝对本体,它们在观念层级上呈现为这样的奠基性关系:生活本源—形而上学—形而下学。

二、与时立极:重建形而上学

形而上学作为对世界的终极解释,为一切形下的政治制度、伦理规范以及科学知识的建构奠定基础,因此,由本源的生活出发进行儒家哲学

---

① 衣俊卿:《理性向生活世界的回归——20 世纪哲学的一个重要转向》,《中国社会科学》1994 年第 2 期。
② 《易·彖传下·革》。

的重建,首先要重建形而上学,这就是"与时立极"的问题。

所谓"立极"本义是指营造房屋时的立柱架梁,以确定建筑中的最高点,立本定向。"立"即"定""安""正"之意。"极"本指房屋最高处的大梁,《说文解字》:"极,栋也。"徐锴《系传》:"极,屋脊之栋也。"《说文解字》:"栋,极也。"段玉裁注:"极者,谓屋至高之处。"进入"理性觉醒"、开始建构形而上学的"轴心时期"以后,"立极"逐渐被赋予了哲学的意义,儒家哲学在形上本体意义上的"立极",最早的就是《易传》的"太极"观念,即所谓"易有太极"①,"太极"本指最高的大栋,其位居中,成为整座房屋最高,也是唯一的标准,引申为世界观、宇宙观的根本范畴,具有了哲学本体论的意义。因此,哲学上的"立极"就是本体论(Ontology)建构,也即建构形而上学。其实形而上学就是亚里士多德所说的,思考"所是之为所是";或如海德格尔所说,思考"存在者整体",也即对世界万物的本体、终极根据或统一性(不论哲学还是神学)的思考。当然,并不是人人都会思考形而上学,但形而上学作为万物存在的"本体论承诺",为形而下学奠定基础依旧是必不可少的,这也正是建构形而上学的意义所在。西方哲学中有一个与"立极"相对应的观念:"奠基",但二者又有实质的不同。康德首先提出哲学意义上的"奠基"问题,即"何以可能"的问题,他建构的批判哲学就是力图通过对理性自身的批判,为自然科学、数学以及形而上学奠定基础,并且认为自己查明了"心灵两个能力,即认识能力和欲求能力的先天原则"②,完成了奠基的任务。然而实际上,康德并没有完成这项任务,他所找到的"实践理性"不过是主体性存在的根据(Gründe),而非主体性本身何以可能的基础,也就是说并没有为主体性奠基(Fundierung),因此,海德格尔批判康德:"在他那里没有以此在为专题的存在论,用康德的口气说,就是没有先行对主体之主体性进行存在论分析。"③进而海德格尔提出以"基础存在论"

---

① 《易·系辞传上》。
② 康德:《实践理性批判》,韩水法译,北京:商务印书馆,1999年,序言,第9—10页。
③ 海德格尔:《存在与时间》,陈嘉映、王庆节译,第28页。

为主体性奠基，但他又以先行的"此在"来说明"存在"，实际在更高的层面上重新确立了"大写的人"的至上地位（德里达语），因此，也未完成形而上学的奠基任务。实质上，他们所做的都是"立极"的工作，即确立了形上的本体，为形下学奠基。而历史上的形而上学形态几经转变，使得"立极"必然涉及"与时"的问题。

"与时"在《周易》中见于七处，多言"与时偕行""与时行也""与时消息"等。"与"即伴随、参与之意。《说文解字》："与，党与也。"《广韵·御韵》："与，参与也。""时"本指"四时"，《说文解字》："时，四时也。"段玉裁注："本春夏秋冬之称。引申之为岁月日刻之用"。"时者，所以记岁也。"①，进而，时具有了时代之意，"世易时移，变法宜矣"②，"世易"即"时移"，此"时"即"世"，世指世代、时代，《易·系辞传下》："易之兴也，其当殷之末世。""时"即指时代，如《吕氏春秋·察今》所说"变法者因时而化"③。《周易》首先将"趋时""时中"作为解释筮法的一项重要原则，六爻的吉凶往往因时而变，进而，因时而行被视为美德，如《彖》释《随》卦，"天下随时，随时之义大矣哉"；释《损》卦，"损刚益柔有时，损益盈虚，与时偕行"；释《艮》卦，"时止则止，时行则行，动静不失其时，其道光明"；释《丰》卦，"天地盈虚，与时消息，而况于人乎，况于鬼神乎？"之所以要强调"时"是因为唯有"与时"才能得乎其"中"，所谓"中"，即正也，和也，恰当合适。《说文解字》："中，和也。""和，相应也。"《虞书·大禹谟》："允执厥中。"也是此意。孟子称孔子为"圣之时者也"④。也正是因为孔子的思想与其时代要求相适宜。在哲学上提出"与时立极"旨在表明要依据时代的特征建构相适宜的形而上学。

虽然历史上的本体论建构各不相同，但不论是中国的"太极""天

---

① 黎翔凤：《管子校注》，第1310页。
② 吕不韦：《吕氏春秋》，张双棣等译注，北京：中华书局，2007年，第145页。
③ 吕不韦：《吕氏春秋》，张双棣等译注，第145页。
④ 《孟子·万章下》。

道""天理""心体""性体",还是西方的世界本原、上帝、理性,其实都是人作为主体性的投射,可以说,形而上学就是主体性的事情。① 因此重建形而上学,实质就是重建主体性。

在轴心时期,儒家哲学初步建构了形上学,确立了人的主体性。《礼记·表记》记载:"殷人尊神,率民以事神,先鬼而后礼"②,"帝祖合一"的观念使人神原始地混杂在一起,祖先神具有绝对的权威性。殷末周初,"绝地天通"的观念代表着理性的觉醒,人神关系由相杂(殷商)到相分(西周),"吉凶由人"的蓍筮取代了"吉凶由神"的龟卜,神的权威性逐渐下降,呈现为一个"疑神疑鬼"的时代。形成于这一时期的《易经》,在占辞中虽然仍体现着对神的本体性预设,如"王假有庙"③、"王用亨于帝"④,但神的抽象性、神意的不确定性,都增强了人对神的解释性,使得神意相当程度上取决于人意,所谓"人谋鬼谋,百姓与能"⑤,显示着人的地位的提升和理性的发展。到《易传》时期,易象筮辞已不再是神意,而是圣人之意,"圣人立象以尽意,设卦以尽情伪,系辞焉以尽其言"⑥。神成为虚位,"天地设位,圣人成能"⑦,"昔者圣人之作《易》也,幽赞于神明而生蓍,参天两地而倚数,观变于阴阳而立卦,发挥于刚柔而生爻,和顺于道德而理于义,穷理尽性以至于命"⑧。这表明,一切取决于圣人而非神,人成为实质性的主体。秦汉以降,进入形而上学的统治时期,太极、天理、心性等本体性概念的设定实质都映射并证澄着人的主体性,发展到两宋时期,"立人极"遂成为儒者之所共向,对后世影响深远。然而,轴心期以来所确立的主体性的人是作为族群关系网罗中的人,也即作为"类

---

① 此观点参考了海德格尔的说法,参见海德格尔:《哲学的终结与思的任务》,见海德格尔:《面向思的事情》,陈小文、孙周兴译,北京:商务印书馆,1999年。
② 《十三经注疏·礼记正义》,阮元校刻,北京:中华书局,1980年,第1642页。
③ 《易·萃》。
④ 《易·益》。
⑤ 《易·系辞传下》。
⑥ 《易·系辞传上》。
⑦ 《易·系辞传下》。
⑧ 《易·说卦》。

存在"的群体的人，个体的价值只有在宗族礼法关系中才存在，最典型的就是亲亲尊尊的人伦关系，人本身的存在被绑缚在维护宗族存在的人伦关系之网上，个体并没有独立价值，如《同人》卦爻辞："同人于野，同人于门，同人于宗"（这在《易传》中更为突出，详见下文），因而所谓人的主体性是指作为群体存在的人的主体性而非个体的主体性。

"立极"须"与时"，基于现代的生活方式，西方社会以"上帝死了"为旗帜重建了主体性，确立了"个体"（Individual）的绝对主体地位。历史上，我们也具有个体的观念，在殷商的神学观念中，宗教性体验都是个体性的，"百姓各以其心为心"① 正是前轴心期个体观念的体现。进入轴心期后，虽然高扬了宗法伦理关系中存在的群体性的人，但个体观念并没有消亡殆尽，魏晋时期就是一个个体生命高扬的时代；而在帝国中后期（宋以后），随着市民社会的兴起，个体的价值再度得到认可，自阳明心学已将个体性的"良知"作为最高本体，即以个体自我成为宇宙的终极根据，显露出现代性观念的端倪，其后学更着力发扬了这一观念。此后从明清启蒙思潮到现代新儒学运动，在中国逐步向现代社会转型的过程中儒家的现代性个体观念越发明显，不论是明清之际的黄宗羲，还是现代新儒家梁漱溟、钱穆、牟宗三等，都是极有个体精神的思想家。可以说，确立"个体"的主体性是现代社会在观念上最基本的特质，因而，重建主体性就是要从本体的意义上确立"个体"的主体性。

不过，当今我们所要重建的主体性个体，并不是要回复到前轴心期，重建神学观念的宗教性个体，而是要重建人文精神的理性个体。同时，当今我们所要重建的主体性个体，也不同于传统儒家心性学和现代新儒家的本体性个体，这是因为，不论阳明的"良知"还是牟宗三的"道德形上学"，虽然都认为个体的"心性""良知"是不证自明的先验预设，极具个体性的色彩，但一方面对"天理""道心"的体证是个体性的，而另一方面"心性""良知"作为先验本体是普遍性的，因此，其理论上存在着无法

---

① 刘向著，向宗鲁校证：《说苑校证》，北京：中华书局，1987年，第8页。

克服的困境，即由个体体验如何切中普遍一般的"心性""良知"本体。

当今儒家所重建的个体性主体需要剔除任何的先验预设，是在本源的生活情境中，以"仁爱"作为前主体性的、最原初的生活情感来确立个体作为主体性的存在，如孟子所说的"乍见孺子将入井"人人皆见"怵惕恻隐之心"。因为在缘发的生活情境中，人所显现出的这种不虑而知的"良知"、不学而能的"良能"，并不是先验的预设（不论是宗法人伦的还是个体心性的预设），而是当下的生活感悟。正是这种对本源仁爱情感的"知"与"能"给出了人作为德性主体的存在。我们常说"生活造就了我"，其实就是在这个意义上说的，王夫之有个接近的说法"夫性者生理也，日生则日成也"①。

儒家基于本源生活所确立的个体性与西方近代以来所重建的个体性有着根本的不同：一是儒家以德性良知为根据确证着主体性的存在，关于这点下文详述；二是儒家重建的个体是与他者"共同在世"的个体，而非西方原子化、单子化、孤立存在的个体。在西方，不仅是明确以"单子"为本体的莱布尼茨如此，即便是建构"基础存在论"、消解一切主体性形上学的海德格尔也没能例外，他虽然以"此在"（Dasein）的"在世"（In-der-Welt-sein／在世界之中存在）作为"首要的存在实情"②，但是同时又认为"此在"首先是关注它自己的存在，人只有从人世退缩到自我中，才能真正感知 Dasein。正是基于这样的本体论，罗尔斯才提出"在原初状态中，各方是互相冷淡而非同情的"③这样的理论假设，作为西方政治伦理的前提。对于这种单子性主体观念，政治哲学家阿伦特曾提出批评，通过对海德格尔的观点的反对，指出只有在共同世界的人类共同生活中，才会有（真正的）存在④，不过她更多只是从现实政治意义上强调共同生活的

---

① 王夫之：《尚书引义》卷三，见《船山全书》第二册，第 299 页。
② 海德格尔：《存在与时间》，陈嘉映、王庆节译，第 62 页。
③ 约翰·罗尔斯：《正义论》，何怀宏等译，第 185 页。
④ Hannah Arendt, "What Is Extenz Philosophy", in Hannah Arendt, *Essays in Understanding: 1930-1954*, New York: Harcourt Brace, 1994, p. 186.

存在，而没有从本体论上进行彻底的颠覆，因而很难真正找到解决这一困境的理论途径，这也是受制于西方文化的基本立场所致。而事实上，我们始终根植于现世的"人生在世"之中，也就是在源始的人与人、人与天地万物的"共同在世""共同存在""共同生活"之中，这也是儒家的一个基本观念。

三、崇德广业：重建形而下学

由现代性主体的确立，我们最终要针对当下社会现实进行制度化的建构，也即重建形而下学。关于形下学之重建，主要包括伦理学和知识论两个方面，即"人伦"和"物理"。相较于"知识论"的重建，当今中国的伦理规范与政治制度的重建显得更为紧要，而《周易》哲学也恰恰在这一方面比当代儒家哲学的启示更丰富。因而，在此专就伦理政治之重建展开论述，即"崇德广业"，此语出自《易·系辞传上》："夫《易》，圣人所以崇德而广业也。"《正义》曰："言易道至极，圣人用之，增崇其德，广大其业，故云'崇德而广业也'。"

"崇德"据《正义》引韩康伯注为"穷理入神，其德崇也"。孔疏曰："《易》初章易为贤人之德，简为贤人之业，今总云'至德'者，对则德业别，散则业由德而来，俱为德也。""崇德"之"德"，谓形上的"德性"，即德性本体，儒家以此作为人的主体性确证的根据（gründen）。这点与西方以理性、意志等确证着人的主体性不同：如西方理性主义者，人以理性（认知理性）确证着主体性的存在，笛卡尔的命题"我思故我在"就是一个典型；而非理性主义者则以意欲、意志代表着人的本质存在，尼采所说的"世界除了强力意志之外，什么也不是；同样，你本人除了强力意志之外，什么也不是"[1]。而儒家在轴心时期就确立了以"德性"作为人的主体性存在的根本，西周初，周公怀着"以思患而预防之"[2]的忧患意

---

[1] 尼采：《权力意志》，张念东等译，北京：商务印书馆，1993年，第700页。
[2] 《易·既济》。

识,将族群的生死存亡归结到"德"上,认为"皇天无亲,惟德是辅",人之所以能得天受命就是因为有德,所谓"德者,得也"①,德性也随之成为儒家的传统话语。而人人具有"德性"是基于"人同此心,心同此理"的设定,这在传统心性学那里就是一个先验的预设,认为德性得之于天,即"天命之为性",程朱理学的"天理",阳明心学的"良知"都是这般先验既定的"德性",这其实是儒学形上学化之后理论建构的缺陷,如前文所提及的,人的德性良知并非先验的预设。从观念生成的逻辑上讲,人们在本源性的仁爱情感中获得当下的共同生活感悟,即本源性的良知,首先直接而具体地显现为日常伦理生活中的道德情感,而这些具体的道德情感,最终要上溯到一个终极的依据,就是作为形上本体的"德性",所谓"天德","天生德于予"②,由此,形上的"德性本体"为形下的"伦理德性"奠基。而从观念奠基的层序上讲,本源的生活情感、生活感悟首先为形上的"德性本体"奠基,而"德性本体"进一步为形下的"伦理德性"奠基,得此即"先立其大",基于形上德性本体,展开形下的伦理政治的建构,在现实的伦理生活需要充实地彰显"伦理道德"情感,"德性"作为充实的美德,需要如许慎所说的"行有所得",即是在实际的行为、生活实践中不断扩充之,推而广之,由"亲亲"到"仁民",由"仁民"到"泛爱众物",此所谓"广业",如韩康伯所注:"兼济万物,其广业也。"它体现为群体生活中的伦理规范和政治制度安排,旨在使天下万物各得其所。

　　轴心时期,基于宗法专制社会的生活方式,儒家哲学进行了相应的形下学建构。《易传》作者通过将六十四卦的内容逻辑化、体系化,给出一套适应一统专制社会生活的政治伦理结构安排,传文重点不在于解释卦辞的吉凶,而是依据卦象、卦名所体现的天道自然现象,映射群体的伦理生活的秩序和规范。首先是以"德性"为本,建构了天人与君民关系:一

---

① 《论语·为政》"为政以德"刑昺疏,见《十三经注疏·论语注疏》,阮元校刻,北京:中华书局,1980年,第2461页。
② 《论语·述而》。

是在天人关系上，天对人有决定性，《易·象·师》："'在师中吉'，承天宠也。"《易·象·大有》："大有上吉，自天佑也。"《易·象·无妄》："大亨以正，天之命也。"《易·象·中孚》："中孚以利贞，乃应乎天也。"因而人需要"以德配天"，"'不恒其德'，无所容也"①，特别强调"君子以反身修德"②，"君子以自昭明德"③，只有"顺奉天德"才能得到上天的庇佑。二是在君民关系上，君对民具有决定性，《易·象·屯》："君子以经纶。"《正义》曰："经谓经纬，纶谓纲纶，言君子法此屯象有为之时，以经纶天下，约束于物。"《礼记·中庸》："唯天下至诚，为能经纶天下之大经，立天下之大本，知天地之化育。"④君要"保民""牧民"：一方面，君"敬德保民"，所谓"君子以厚德载物"⑤，为君者要"容民畜众"⑥，"以懿文德"⑦，"振民育德"⑧，"以教思无穷，容保民无疆"⑨。另一方面，为君者要"莅众"⑩，即要治众，"辅相天地之宜，以左右民"⑪，"明罚敕法"⑫，君王对民众的统治就是顺应天命的行为，"君子以遏恶扬善，顺天休命"⑬，"后以施命诰四方"⑭，《正义》曰："'后以施命诰四方'者，风行草偃，天之威令，故人君法此，以施教命，诰于四方也。"表明人君是效法上天，号令施教，君王就是天的代理人。因此，在《易传》所建构的天—君—民的关系中，君主是沟通天人的中介，而天是虚设的神位，为君权的合法性提供了先天的终极根据，君主才是一切伦理政治规范的实际制定者，"君

---

① 《易·象·恒》。
② 《易·象·蹇》。
③ 《易·象·晋》。
④ 朱熹：《四书章句集注·中庸》，第38页。
⑤ 《易·象·坤》。
⑥ 《易·象·师》。
⑦ 《易·象·小畜》。
⑧ 《易·象·蛊》。
⑨ 《易·象·临》。
⑩ 《易·象·明夷》。
⑪ 《易·象·泰》。
⑫ 《易·象·噬嗑》。
⑬ 《易·象·大有》。
⑭ 《易·象·姤》。

子以制数度，议德行"①，实质确立了君主的核心地位，所谓"君之所以建极也"②。

此外，轴心期以来，作为族群存在的人的地位越来越高，而族群存在的典型就是"宗"即"宗族"，宗法观念成为《易传》思想的一个重要方面。《易传》从宇宙论意义上，将阴、阳视为"无实体性前提的纯粹关系"，进而推演出人间的群体伦理观念。《易·系辞传》开篇就讲："天尊地卑，乾坤定矣；卑高以陈，贵贱位矣。……乾道成男，坤道成女。"《序卦传》又进一步具体化："有天地然后有万物，有万物然后有男女，有男女然后有夫妇，有夫妇然后有父子，有父子然后有君臣，有君臣然后有上下，有上下然后礼义有所错。"这就论证了宗法伦理观念和等级尊卑观念的必然性与合理性。而《易·象·同人》直接提出"君子以类族辨物"的原则，"类族"显然是一个宗族群体概念。《易·象·家人》说："家人，女正位乎内，男正位乎外。男女正，天地之大义也。家人有严君焉，父母之谓也。父父子子、兄兄弟弟、夫夫妇妇，而家道正；正家，而天下定矣。"这是当时宗法伦理的明确表述。以宗族性的伦理道德为核心，所建立的"礼"就是维护尊卑等级的宗族礼法制度。《易·象·履》"君子以辩上下"，《正义》曰："取上下尊卑之义。"《易·象·大壮》："君子以非礼弗履。"意在明示尊卑之礼不能乱，要安守其位不能出位，如《易·象·艮》讲："君子以思不出其位。"《易·象·鼎》："君子以正位凝命。"个体价值被淹没在宗法关系中，人本身被关系化、礼法化。当然，个体价值在《易传》中也得到充分肯定，如《易·象·乾》："君子以自强不息。"《易·象·恒》："君子以立不易方。"《易·象·大过》："君子以独立不惧，遁世无闷。"《易·象·蛊》："'不事王侯'，志可则也。"这也造就了魏晋玄学时期个体精神的高扬。只是在帝制时代主要发挥了宗族伦理精神的一面，个体精神被长期遮蔽，因此，需要我们重新审视历史

---

① 《易·象·节》。
② 邱濬：《大学衍义补》，北京：京华出版社，1999 年，第 1379 页。

上的儒学。

由《易传》初步建构起来的伦理政治体系，在汉代经董仲舒的继承和发展，在理论上得到了更为全面和系统的建构，在实际政治中也得到了全面的推展和落实，董仲舒承袭《易传》思想而提出的思路"屈民而伸君，屈君而伸天"①，确立了此后整个帝制时代儒家哲学的基本历史走向。这套宗法伦理政治的建构，是依据宗法时代的天子或专制时代的皇帝、君主的意向而设立的，历史地看确有其合理性，特别是在宋以前，帝国处于发展时期，这套伦理建构促进了一统帝国的繁荣，但在帝国统治后半期，随着市民社会的兴起，宗法伦理逐渐暴露出了不适宜性，这点也可以从明清以来儒家哲学的多元走向，特别是启蒙思潮那里看出诸多端倪。

现代社会确立了个体的主体性，意味着宗法伦理不再适用于现代社会，而新的伦理政治制度的建构也不再取决于君王的意愿和权威，而是"惟民建极"，因此，我们需要基于现代生活方式对传统的礼法制度进行损益。其实即便在帝制时期，每朝每代的礼法制度也在不断地进行损益，北宋王安石曾作《非礼之礼》一文，即指明了礼法制度的时代性，随着时代的变迁，某些以往具有合理性的礼法或许不再具有合理性了，"事同于古人之迹，而异于其实，则其为天下之害莫大"②。而也有一些原本是"非礼"的，现在却具有了合理性。因此，孔子一方面肯定群体生活必须有制度规范，"不学礼，无以立"③，但另一方面强调制度规范随时代而变化，要"礼有损益"。所谓"有因有革"，"革之时，大矣哉"④，"二篇应有时，损刚益柔有时，损益盈虚，与时偕行"⑤。周易所开显的恒常之道正是"不可为典要，唯变所适"的"易道"。而面对传统的思想资源，我们不是要"法其迹"，照搬前现代的一套礼法制度，施用于当代，因为"其所遭之

---

① 董仲舒：《春秋繁露》，北京：中华书局，1992年，第32页。
② 王安石：《王文公文集》（上）卷28，上海：上海人民出版社，1974年，第323页。
③ 《论语·季氏》。
④ 《易·革》。
⑤ 《易·彖·损》。

变,所遇之势,亦各不同,其施设之方亦皆殊……当法其意而已"①,因而使现行的制度规范与当下生活的实情相适应。

如前所说,当今我们重建的个体性主体,是以个体的德性良知确证的主体性,此德性良知并非先验的预设,而是源于当下的生活情感和生活领悟。据此,当今社会的政治伦理建构,一是必然是基于个体主体性的民主建构,即"惟民建极";二是首要立足于现代性的生活方式。那么,儒家哲学在当今重建形而下学就将是这样一番过程:人们在当下共同的生活际遇、生活情境中,显现出源始的生活情感也即本源性的仁爱良知(仁),这一方面会因"爱有差等"而自然由"爱人之心"遂行"利人之事"(利),但人人所爱有别,就必然导致利益冲突,使群体生活陷入混乱,最终危及每个人的利益,于是人们会运用理性(智),设计相应的伦理规范和政治制度(礼),调节矛盾冲突,使利益得到保障;另一方面,作为本源性的"良知"乃"不学而能""不虑而知"的情感能力,是最原初的生活智慧,在伦理生活中体现为"共通的道德感"或者说"道德共识",这为一切政治制度和伦理规范的建构提供了一个基础性的原则:正义(义),"成性存存,道义之门"②;"成性",《本义》曰:"本成之性","存存"即存性,所谓"存心养性",人人所具有的这种本然的仁爱良知,彰显为一种"正义感",这正是实现社会正义、达到一体之仁的门径。而一切具体的制度和规范将在此原则下进行设计和损益。

综上,通过《周易》对轴心期儒家哲学建构的历史再现,我们可以看出,儒家哲学在轴心期的建构源发自当时的生活观念,前轴心期的本源的生活阶段不仅仅是作为历时性存在的一个历史阶段,与儒家哲学的建构具有同步性;同时也是作为共时性的存在,具有哲学观念上的奠基意义,与儒家哲学的建构具有同构性,如果忽视了这一阶段在观念层级上的奠基意义,势必造成对儒学历史的诸多误解。法国哲学家列菲伏尔也指出,传

---

① 王安石:《王文公文集》(上)卷1,上海:上海人民出版社,1974年,第2页。
② 《易·系辞传上》。

统哲学将日常生活视为"非哲学的"和"非真理的"存在而排斥在哲学的视野之外，是消极而危险的。这也提醒我们有必要重新审视儒学的历史。更进一步，《周易》与当今儒家哲学的重建具有逻辑上的同构性，启示我们首要的是要原始要终地复归当下生活，基于现代人的生活情感和生活感悟，确立起现代社会的主体性，进而进行现代社会的制度建构。这也是《周易》对当今儒家哲学重建的最大启示。

传统儒学与现代自由的紧张及可能出路*

我们知道，近现代以来的儒学都在自觉不自觉地回应现代自由问题，但时至今日二者依然存在着难以消除的紧张，这种紧张不仅体现在20世纪的现代新儒学之中，而且在21世纪的大陆新儒教（此处分别指康党和蒋庆的理论）那里更为突出。之所以如此，其学理原因在于，这些儒学理论并没有完成传统儒学的现代转化，根本上还只是传统儒学在当代，而不是真正的当代儒学。而且，这也不仅仅是一个理论上的难题，它还很可能会导致一些现实的风险，特别值得警惕，也亟待从理论上进行突破。所以，我借此机会想就这一问题谈谈自己的看法。这里大致讲三点：第一，我想指出从解决问题的积极意义上讲，20世纪现代新儒学比当前声势浩大的大陆新儒教更具理论参照价值。第二，现代新儒学也存在理论缺陷，因此还要超越现代新儒学。第三，简要讲下我解决这一问题所提供的一种可能出路。

第一，21世纪的大陆新儒教虽然比20世纪现代新儒学后起，但反而不及后者有积极意义。这可以从内圣、外王两个层面上看，虽然大陆新儒教都不愿以"内圣外王"这套话语开展自己的理论建构，但事实上，他们不仅价值立场大有危险，理论深度未超越现代新儒学，而且其思想架构依然与"内圣—外王"一样都是"形上—形下"的两级观念架构，所以我还是从内圣、外王两个层面来审视大陆新儒教。

在外王层面，现代新儒学是具有强烈现实关怀的儒学理论，现代新儒家大都既是哲学家也是民主政治人士，既参与民主政治实践，也进行了

---

* 原载《孟子研究》第一期，北京：中国文史出版社，2018年7月，第356—361页。本文系笔者2016年11月12日参加在邹城召开的"心性儒学与政治儒学研讨会"的发言稿。

政治哲学的思考。如徐复观、张君劢都为现代民族建国做了深入的思考并且积极参政；牟宗三也特著"外王三书"，并主张发展健康的自由主义。不仅其政治哲学有着重要的学理贡献，而且其价值立场本身就顺应和推动中国的现代化发展，这值得当代儒者继承和持守。

对此，大陆新儒教不仅无视，而且将自由民主等现代价值等同于西方价值，制造儒学与现代价值对立的假象，直接否定自由民主并提出"定于一"取而代之。为此，他们欲立儒教为国教，期待能借助政治权力"上位"成为"真理"，发挥意识形态的主导作用，并设想在"政教合一"的局面下进行立宪。如此一来，所谓的"士君子"就成为制礼作乐的"立法者"，实际享有特权。显然，由此建构的制度绝不是国民共同参政、议政而达成的共识，根本不具宪制的特质，与当前民权时代的政治理想背道而驰。

事实上，大陆新儒教拒斥自由民主，乃是以中西之别为旗号，否定古今之变，为复活前现代的价值观念和政治制度张目。需要警惕的是，这不仅无法复兴儒学，而且对当下还未完成现代转型的中国来说，会导致极权主义、民粹主义的现实危险。

在内圣层面，现代新儒家做了向现代转化的理论努力。他们借鉴康德、黑格尔等现代西方哲学理论家所建构的"道德形而上学"已经具备了明显的现代性特质，如张君劢所提出的"精神自由"就是指个体自由，体现出个体本位的特质。当然，现代新儒学还没有完成本体论上的现代转化，这点一会儿再谈。

反观大陆新儒教在内圣层面远不及现代新儒家积极。他们直接用传统公羊学的本体观念为其复古专制的政治立场正名，"老外王"以"老内圣"为依据的确名正言顺，但也暴露了他们彻头彻尾的拒斥现代自由的立场。不仅如此，他们还对传统儒学本体观念做了神学化的改造，从而背离了儒家以仁爱解释一切，不语怪力乱神的基本立场。众所周知，儒家经典不具有类似基督教《圣经》的神学意义，即如荀子所说"君子以为文，百姓以为神"。他们既以士君子自居就明知是"文"，却借复兴经学之名，曲解经典来造"神"。这岂能代表儒家的"道统"？

基于此，我认为大陆新儒教虽然以批判现代新儒学登场，但其反自由的立场并不能指引当代儒学的积极开展，而其理论本身也并未达到现代新儒学的高度。因此当代儒学的开展更需要参照现代新儒学，一方面要对其自由民主的价值立场加以继承，另一方面要对其做学理上的批判和超越。

第二，之所以要对现代新儒学做学理上的批判，是因其理论上存在着"老内圣"与"新外王"的断裂，最终导致了他们无法解决儒学与现代自由的紧张。

我们知道，现代新儒学以"返本开新"为理论进路，且所返之"本"乃宋明儒学，而宋明儒学的本体观念——天理、良知——都是对前现代的家族伦理观念做的形上学抽象，其根本是与帝制时代的皇权政治相一致的观念，具有明显的保守性。虽然，阳明心学的良知本体体现出鲜明的个体性，但那仅仅是从工夫论上强调个体具有行为的自觉主动性，在本体论上，良知与天理的实质含义一致，因为"心即理"，要以"心"迎合"天理"，这意味着宋儒所言的良知依然是以家族价值为根本，个体并不是价值主体。在这个意义上，现代新儒学建构的内圣之学根本上是宋儒本体观念的现代翻版，而他们并没意识到问题所在，甚至认为内圣是恒常不变，必须是"老"的。难怪蒋庆认为他与现代新儒家虽然政治理想相反，但在义理上还有相通之处。

然而，"老内圣"无法为现代自由这一诉求提供相应的本体依据。事实上，面对现代性的诉求，我们并没有现成的"本"可返，现代新儒学只是继承了传统的儒学理论，而没有真正继承儒学的传统。

之所以如此，是因为现代新儒学是依现代主义进路建构的一种先验哲学。先验论的困境根本阻碍了他们对现代"新内圣"的建构，而只能将既有的"老内圣"嫁接到现代。由此表明，当代儒学要超越现代新儒学，必须建构起"新内圣"为现代自由奠基。

第三，建构"新内圣"也就是基于现代语境建构相适宜的形而上学。其实早有学者指出这一点，例如黄玉顺教授强调随生活方式转变重建儒学，不仅要重建儒家形下学，而且更根本地要重建儒家形上学。① 林安梧教授指出，外王学有了变迁，我们生活世界的实况也有了变迁，内圣学其实也是应该调整的。② 梁涛教授今天发言也说，"天不变，道亦不变"，但如今天变了，道也应随之而变。这都是表明，儒学的现代转化绝不能停留在形下层面，而是要进行本体层面的现代转化。

当然，现代新儒学理论的缺陷已经暴露先验哲学的进路不能重建内圣，因此要通过思考内圣何以可能，找到新的思想途径。我认为应采取当代主义的进路。

我们知道，内圣作为本体，乃是绝对主体性观念，而任何主体性观念都是对社会主体的外在投射而形成的抽象概念。也就是说，主体性观念就是对社会主体的确证。因此，我们重建内圣之学，就要清楚主体从何而来。当代的思想前沿已经"转向生活世界"，"面向生活本身"，揭示了主体乃源于生活本身，而生活本身总是发展变化的，所以才有不同的历史时期。随着生活变化和历史的发展，主体也不断转化。那么，现代性社会是个体性的生活方式，由此造就的社会主体乃是个体，这需要在当代儒学中应有相应的体现，也即当代儒学的主体性观念，不论是绝对主体性（内圣）还是相对主体性（外王）都应确证现代性的主体：个体。当代儒学唯有通过"内圣"的重建，确立个体主体的绝对地位，才能为现代政治自由（外王学）奠定本体论基础，也才能根本解决儒学与现代自由的紧张。

个体作为现代主体的绝对至上性，也就意味着个体自由具有绝对价值，也就是个体自由并非实现任何其他价值的手段，而是最根本的目的。由此形下的政治自由才能获得根本的观念支撑。

对此，我们虽然没有现成的儒学理论可以照搬，但不意味着要放弃儒学传统，移植现代西方的理性个体观念。我认为，当前要做的是对儒家

---

① 参见黄玉顺：《儒学与生活：民族性与现代性问题——作为儒学复兴的一种探索的生活儒学》，《人文杂志》2007 年第 4 期。
② 参见林安梧：《孔子思想与"公民儒学"》，见黄俊杰主编：《当代儒学》第 1 辑，桂林：广西师范大学出版社，2011 年，第 41 页。

传统中的个体观念进行挖掘和转化。例如，孟子、魏晋玄学、阳明心学、泰州学派，这些思想都富有个体观念。可以从两方面看：一、个体是行为主体。孟子所言"舍我其谁""兼济天下"的担当，指的是士大夫精英，这种个体自主性属于一部分人的特权，而在明清时期，顾炎武提出"天下兴亡，匹夫有责"，就将个体的自主性推扩到了所有人，不论卿士大夫，还是愚夫愚妇都有担当的自觉性。二、个体是价值主体。这是阳明心学蕴藏的一种走向现代的可能性，到泰州学派那里开始展露出来，如王艮说"明哲保身"就是良知，这就是确证个体作为价值主体而存在。这些思想有必要进一步彰显，而且儒家所确证的个体主体性绝不同于西方，由此完全可以对现代自由做出儒学的解释。

近年，我一直在进行这方面的思考，也初步提出了关于"自由儒学"的理论构想。[①] 其主旨就是以仁爱为大本大源，确立个体的绝对主体性，进而以个体自由的根本价值进行相应的制度建构。在我看来，源始的仁爱情感乃是一切主体之源，也是自由之源（此即"本源自由"）。唯有仁爱给出良知主体，才能现实地展开"推己及人"的推爱过程，这具体落实为对当时代的群体生活进行相宜的制度安排（所谓"崇德广业"）。仁爱的推扩就是孟子讲的"亲亲而仁民，仁民而爱物"，"亲亲"是推爱的第一步，但并不是"亲""爱"的逻辑起点。因为"亲"首先不是指向一个他者（即便是自己的父母），而首先指向自身，"亲"本身涵盖着亲自、亲身之意，这饱含着对自身的爱。可以说，唯有自爱才能爱人。所以，仁爱确立起的良知本体首先是亲知，是自爱之知，在现代性的生活方式下，这种自爱的良知不仅确证个体是行为的自主者，而且确证个体本身就是根本价值所在。这意味着现实中的每个个体都有维护自身权利的首要诉求。从观念奠基的意义上讲，个体良知的发动即为个体性的良知自由，这是在本

[①] 本人于2016年8月22日在"黄玉顺生活儒学全国学术研讨会"上提交了《自由何以可能？——从"生活儒学"到"自由儒学"》一文，文中正式提出"自由儒学"的理论构想。该次会议发言稿为《自由儒学："生活儒学"自由之维的开展》，参见中国儒学网：http://www.confuchina.com/08%20xiandaihua/20161115c.htm。

体论上确立了个体自由的根本至上性,据此形下的政治自由便获得根本的观念支撑,进而以保障落实个体自由为目的,才进行民主政治制度的设计和现代民族国家其他各领域的建构。这些方面都可以做出一种儒学的解释,限于时间不再展开了。

　　总之,我希望通过这种新的理论尝试,能为解决儒学与现代自由的紧张提供一种可能出路。

儒家自由主义与自由儒学

——论儒家与自由主义对话的两种思想形态*

一、共存、共生、共享：儒学与自由主义对话的愿景

当前全球文明对话的一项最重要的内容就是中西文明之间的对话，而这在相当程度上集中体现为儒学与西方自由主义（以下简称为"儒西"）之间的对话。历史地看，儒西对话的展开恰恰是反思儒西冲突的积极结果。

从晚清"西学东渐"开始，作为文化保守主义的儒家学者与主张全盘西化的自由主义者就为如何实现"救亡图存"而相互对抗，一直到20世纪后期，才以徐复观与殷海光之间的论争暂告一段落。这一阶段的冲突，在很大程度上是处于世界文明边缘的儒家文明，对于中心地位的现代西方文明的反抗，而其中以自由主义为代表的西方文明对儒家文明的强势冲击，给中国知识分子带来的屈辱感一直持续到现在。因此在当代儒学复兴运动中，与自由主义势如水火的儒家原教旨主义仍然是一股强势的力量。他们不仅将"自由主义"视为儒家的陷阱[①]，而且力主剔除西方现代文明，进而以某种现代形态的原教旨主义儒学作为当今世界文明秩序的新中心。不得不说，儒家原教旨主义本身就奉行着一种"中心—边缘"的文明格局，而这非但不能化解儒西冲突，反而激化了冲突。因此，有学者一针见血地指出：

---

* 原载《文史哲》2023年第3期。
① 参见慕朵生2015年5月1日于《文史哲》杂志开展的"'性本善'还是'性本恶'——儒学与自由主义的对话"高端论坛上的发言：《儒学的自由主义陷阱》，见 http://sino.newdu.com/m/view.php?aid=225193。

直到今天，中国知识分子依然保留着一种强烈深刻的屈辱感，那就是近代以来伴随着"坚船利炮"而来的"西学东渐"造成的文明屈辱（civilizational humiliation）。作为这种屈辱感的一种心理反弹，中国知识分子当中始终存在着颇为强烈的文化民族主义的情绪，并将其转化为他们的哲学、人文学术，甚至社会科学的总论。近年，伴随着中国国力的提升，甚至产生了某种我称之为"文化帝国主义"的情绪，鼓吹中国统治世界的同时，中华文明统治世界文明。这正印证、助长了亨廷顿的"文明冲突论"。①

事实上，儒学与自由主义以相互对抗的态度参与中国的现代化进程，已经各自遭受到了沉重的失败。西化派的自由主义，不仅在言说方式上脱离了中国传统，而且在制度设计上脱离了中国实际，所以其主张至今难以在中国落地生根②；与此同时，传统儒学早已随"老大帝国"的解体而失去了存活的土壤，自然无法融入当下的现实生活而落得"花果飘零"。而今儒家原教旨主义在批判自由主义的旗号下，复活前现代的专制思想，拒斥现代文明，其结果自然是阻挠中国的现代化发展。这些历史的挫折和现实的风险，提醒我们儒西对抗绝不会引导人类文明向积极的方向发展；反之，儒西对话势在必行。

为此，当代儒家学者积极倡导"从轴心文明到对话文明"的转型，并以"多元共存、和谐共生、未来共享"为主旨开展全球文明对话③，以期促动世界各国、各民族、各文化体系之间的交流互鉴。此类努力不仅是对基于"中心—边缘"文明格局的各种"文化帝国主义"的超越，而且

---

① 黄玉顺：《未能成己，焉能成人——论儒家文明的自新与全球文明的共建》，《甘肃社会科学》2018年第3期。
② 黄玉顺：《"自由"的歧路——"五四"自由主义的两大脱离》，《学术界》2001年第3期。
③ "从轴心文明到对话文明"和"多元共存、和谐共生、未来共享"是"华夏文明与世界文明对话"论坛2012、2018年的主题。此外，由山东大学承办的"尼山世界文明论坛""世界儒学大会"等以"文明对话与全球合作"（2021年）、"人类文明多样性与人类共同价值"（2022年）为主题，积极促动了全球文明交流互鉴，尤其是拓宽了儒学与自由主义对话的维度。

也集中表达了儒学与自由主义对话的共同愿景。

不过，由于当前思想界对于"共存、共生、共享"的理解角度不同，理论上呈现出两种不同的对话模式：一种是"和而不同"的文明对话模式，也即调和世界上既有的不同文明之间的差异，通过彼此折中，缓解张力，保持均势平衡，旨在维持既有的世界不同文明的并存；另一种是"求同存异"的文明对话模式，也即不同文明面对人类现代社会生活中的共同问题，提供各自的理论阐释和解决方案，通过对话寻求共识，旨在创建一种新的全球共同文明。

具体到儒西对话中，这就体现为儒家与自由主义对话的两种不同的思想形态：一种是作为调和融通传统儒学与自由主义的"儒家自由主义"，意在实现彼此的优化和并存；另一种是以儒家的话语解释现代自由问题的"自由儒学"，意在提供一种不同于自由主义的解答现代自由问题的儒学方案，以与自由主义平等对话推动现代自由的深入发展。这两种思想形态虽然不乏思想共识，但根本是两种不同的思想视域和理论进路，其实质应对的是两个不同的问题，不能互相替代。

二、儒家自由主义：传统儒学与自由主义的调和融通

儒家自由主义（Confucian Liberalism）的出现可以追溯到晚清时期，在传统儒学与自由主义遭逢之初的相互对抗中，二者之间的调和也随之展开。维新派思想家，如严复、梁启超、谭嗣同等，可以说就是最早的儒家自由主义者，尤其是严复，他的儒家自由主义价值观异常鲜明，对此也早有学者指出："严复在中国近代思想史上是把自由主义与儒家思想兼收并蓄的第一人。他既是'西学圣人'，又是'硕学通儒'。"[①] 此后，20世纪现代新儒家在以传统儒学的内圣理想为根基的同时，又从政治伦理层面上表达了对自由主义思想的认同，前有贺麟提出"儒家的民主主义"之

---

① 刘军宁：《自由主义与儒教社会》，见陈明主编：《儒教新论》，贵阳：贵州人民出版社，2010年，第175页。

说①，后有张君劢、徐复观、牟宗三、唐君毅等联名发表的《为中国文化敬告世界人士宣言》，甚至如徐复观明确自称为儒家自由主义者。在当代，除了现代新儒家的后继者，越来越多的儒家学者也认为"对中国未来的发展来说，自由主义与文化保守主义合则两兴，离则两败"②。"儒学同政治自由主义不仅可以相容，而且可能相互支持。"③可以说，自近代至今，儒家内部已经自发形成了一个与自由主义融通的支脉，即儒家自由主义。

不过，这种调和融通传统儒学与自由主义的思想倾向也不仅仅来自于儒家内部，在自由主义阵营中，也出现了不少同情理解传统儒学的学者。尽管他们并不以儒家思想为根基，但是其思想主张都不同程度地主张与儒学联姻，因此也被视为儒家自由主义。这就是说，儒家自由主义不仅包括根植于儒学的自由主义，而且也应包括立足自由主义的儒学。最近二三十年来，后者的发展尤其令人瞩目，越来越多的自由主义学者通过反思西方自由主义的局限，以及自由主义在中国社会的种种不适，而提出"儒家传统和自由主义传统，一个代表中国的过去，一个代表1980年代的现实"④，但"无论是自由主义还是儒家，都不可能抛弃对方单独完成重建当代中国价值共识的历史使命。无论情愿与否，两大显学只有'携手'，才能成功"⑤。因此，他们试图通过对传统儒学的借鉴，弥补自由主义的缺陷以适应中国社会的需要，促进自由主义的中国化，使其成为中国思想的有机组成部分。

就此而言，所谓"儒家自由主义"实质没有一致的思想根基，也没有系统的理论形态，是一个内容驳杂、边界模糊的概念。尽管如此，儒家

---

① 贺麟：《儒家思想的新开展》，见宋志明编：《儒家思想的新开展——贺麟新儒学论著辑要》，北京：中国广播电视出版社，1995年，第98页。
② 李泽厚、陈明：《浮生论学——李泽厚、陈明2001年对谈录》，北京：华夏出版社，2002年，第156页。
③ 陈少明：《道德重构中的制度与修养问题——兼谈儒学与政治自由主义的关系》，见陈少明：《等待刺猬》，上海：上海三联书店，2004年，第185页。
④ 许纪霖、刘擎等：《儒家与自由主义如何在分歧中寻求共识》，《东方早报》2011年10月19日，B4—B5版。
⑤ 许纪霖：《核心价值，自由主义的还是儒家的？》，《天涯》2011年第6期。

自由主义诸家仍然体现出基本观点和致思方向的一致性，即认为儒学代表着一种中国的、传统的思想理论；自由主义代表一种现代的、西方的思想学说，那么在社会政治伦理制度建构的层面上，不论对中国社会的现代转型，还是对儒西的"共生、共存、共享"，都需要通过发展儒学以保持中华文明的传统，并由此克服自由主义的弊端，同时也需要以自由主义学说来剔除儒学中专制政治的内容，促进中国现代社会制度的建构，如此将二者结合起来才能形成现代社会发展的理想方案。所以，有学者曾总结性地指出："立足于传统而又兼纳自由主义这一'商业文明的哲学'（拉斯基语）的'儒家自由主义'，应当是'最不坏'的理论大思路与实践大方向。"①

既然如此，儒西冲突的焦点——儒家的伦理道德与现代自由民主的制度之间的对立——也就成为儒家自由主义以调和兼容的方式来解决的主要问题。在儒家自由主义者看来，传统儒学的伦理道德和自由主义的民主政治制度各有价值，也各有缺陷不足，因此需要取对方之长，补自身之短，这既是儒学与自由主义自身的完善发展之道，更是解除双方冲突、走向对话的理想途径。基于兼容传统儒学与自由主义的致思方向，儒家自由主义者从政治、经济、法治等不同的领域出发，对传统的儒家道德思想与自由主义民主政治制度进行了不同比例、不同程度的勾兑调和。

由于不同的思想根基，儒家自由主义者要么是以传统儒家的伦理道德为根基，统摄融通西方自由主义的民主政治；要么是从发展自由主义的政治理想出发，吸纳传统儒家的伦理道德。前者如现代新儒家徐复观自言："我的政治思想，是要把儒家精神，与民主政体，融合为一的。"② "儒家思想，为政治提供了道德的最高根据，而在观念上也已突破了专制政治。但……儒家人格的人文主义，没有完全客观的建构，以致仅能缓和了专制政治而不能解决专制政治"，需要发展民主政治；而"西方的民主

---

① 任剑涛：《社会政治儒学的重建——关于"儒家自由主义"的理论期待》，见陈明、朱汉民主编：《原道》第七辑，贵州：贵州人民出版社，2002年，第16页。
② 徐复观：《保持这颗"不容自己之心"——对另一位老友的答复》，见徐复观：《论智识分子》，北京：九州出版社，2014年，第422—423页。

政治，只有和儒家的基本精神接上了头，才算真正得到精神上的保障，安稳了它自身的基础"。① 因此，"儒家的政治思想必归结于民主政治，而民主政治之应以儒家思想为其精神之根据"②。这在更早的张君劢和同时期的牟宗三等人的政治伦理思想中都有印证。同样，第三代新儒家刘述先也认为，现代新儒学如果不与现代民主、自由、法治相结合，如果不深入到现实的政治经济改革中，那么"还不免为传统的格局所羁绊，走不出真正的道路来"③。当然，这仅仅只是现代新儒家在现实的政治伦理层面的主张，尚不足以体现其整体的理论旨趣。后者如林毓生主张"儒家道德理想主义与西方自由人文主义之间的新整合"，意在使自由个人主义始能在中国知识分子的意识里生根。任剑涛提出建构"儒家自由主义"也是强调一方面开放拥抱与"儒家自由主义"相关联的古典儒家的"内在资源"，另一方面积累有助于接通古典儒学与自由主义理论的"外部机遇"。④

可以说，儒家自由主义诸家的具体思想方案虽然各有侧重，但其意图则无不是传统儒学与自由主义为克服自身缺陷，完善发展而进行的必要调适，其基本模式是通过传统儒学的修身治平的道德理想与现代西方自由主义政治主张和制度相调和，实现二者在形下的政治制度、伦理规范层面的对接，由此形成一种儒西优化配置的思想综合体，当代美国学者安靖如也将秉持此类思想形态的学者统称为"综合儒家"（Synthetic Confucians）。⑤

现实地看，儒家自由主义不仅相当大程度地化解了传统儒学与自由主义在政治伦理层面的冲突，为儒西对话的深入开展提供了有利的现实

---

① 徐复观：《儒家对中国历史运命挣扎之一例——西汉政治与董仲舒》，见李维武编：《徐复观文集》第二卷，武汉：湖北人民出版社，2002年，第226页。
② 徐复观：《儒家精神之基本性格及其限定与新生》，见李维武编：《徐复观文集》第二卷，第52—53页。
③ 刘述先：《从民本到民主》，见景海峰编：《儒家思想与现代化——刘述先新儒学论著辑要》，北京：中国广播电视出版社，1992年，第32页。
④ 任剑涛：《社会政治儒学的重建——关于"儒家自由主义"的理论期待》，见陈明、朱汉民主编：《原道》第七辑，第20页。
⑤ 参见 Stephen C. Angle, *Contemporary Confucian Political Philosophy: Toward Progressive Confucianism*, Cambridge, U.K.: Polity Press, 2012, p.16。

条件和积极的思想准备，而且也使儒学与自由主义能以冷静的态度打量彼此，一方面为现代性儒学理论的创建提供了有益的思想启发，一方面也为反思纠偏自由主义理论的不足提供儒学的参考。不过，以传统儒学与自由主义的融通为思想进路，已然从根本上就决定了儒家自由主义终究是一种"异质共建"的产物①，而这就势必会面临一些理论困境和现实挑战。

第一，儒家自由主义难以对传统儒学与自由主义两种异质思想进行一致贯通性的理论解释。这里涉及两个维度上的难题：一方面，从民族话语独特性的维度上，儒学与自由主义分别代表着中西两种不同的思想话语，那么在同一个思想内部，首先就要应对二者如何相互切换，如何融通转化的问题。如若不然，儒家自由主义恐怕无法形成一种独立且一贯的理论话语。另一方面，从观念的时代性维度上，传统儒学体现的前现代观念与自由主义表达的现代观念之间始终横亘着古今差异的鸿沟，这意味着如果直接兼容二者，而不先行进行现代转化，传统儒学将无法贯穿古今与现代自由主义融通并存。这两个维度上的隔膜，意味着儒家自由主义虽然兼综了古今中西的异质性内容，但在学理上终究是两种思想"各自为政"的综合体，而非一种贯通一体的思想有机体。因此在当前研究中，我们时常发现如果运用自由主义话语对传统儒学进行现代诠释往往难以接续到儒学传统之中；而如果以传统儒学话语来格义自由主义的观念学说则普遍存在牵强附会、曲解误读的情况。

第二，儒家自由主义无法摆脱学理立场和现实选择中"双轨制"的尴尬②，尤其是对于儒学与自由主义之间存在的某些难以兼容的异质内容，

---

① 冯川：《"新传统"与"儒家自由主义"就"儒学与现代性话题"与杜维明教授对话》，《博览群书》2002年第3期。
② 笔者曾指出：这两套价值标准一致时，是不会暴露问题的，但两套标准不可能完全一致，否则也就不是"综合"的了。试想如果我们兼采两套标准，那么只能是一会儿"此是彼非"采取A标准，一会儿又"此非彼是"采取B标准，所以不可能有一个自始至终一以贯之的东西。也就是说，他们分析不同问题时实际采取了不同的标准，在前一件事情上，综合儒家可能选择儒家的价值标准，而在后一件事情上，则可能选择实用主义的价值标准，或者在分析同一问题时也在两套标准之间游移、切转。参见安靖如、郭萍：《德性、自由与"有根的全球哲学"——关于"进步儒学"与"自由儒学"的对话》，《齐鲁学刊》2017年第3期。

儒家自由主义最终不得不面临在儒家与自由主义之间做出取舍，也即要么执守儒学而放弃自由主义，要么坚守自由主义而背弃儒学。尽管也有学者提出"儒家与自由主义的对接，乃是一种价值互容的思想沟通与对话，不应先存一个价值上确认归属"①。但是对于现实的选择及其事后相应的理论解释，最终还是代表着某种价值上的归属，因此，如何摆脱在儒西之间徘徊的尴尬，保持一以贯之的价值归属，以维系自身思想的一致自洽性，也是儒家自由主义在理论与现实中都需要根本解决的难题。

这些问题实质表明：儒家自由主义并没有化解传统儒学与自由主义的冲突，而是将二者的外部对抗，转变为一种思想综合体内部的紧张，而且其自身"综合性"与"异质性"的特质也意味着儒家自由主义还不是一种解答现代自由问题的儒学方案。

三、自由儒学：现代自由问题的儒学阐释

面对现代自由问题以及儒西冲突的反思，笔者近年提出了"自由儒学"的理论构想。② 此理论虽然在坚守儒家立场和认同现代价值的意义上与儒家自由主义不乏共识，但由于其问题意识、思想进路的不同，从而决定了自由儒学是与儒家自由主义不同的另一种思想形态。自由儒学的问题意识是：当前中国与西方都处于现代性的生活境遇中，共同面对现代自由问题，而西方已经提供了以自由主义理论为代表的思想方案。那么，作为中华文化主流的儒学，又能对此提供一种怎样的理解和解答呢？显然，儒家唯有以自己的话语对现代自由问题做出一种系统的解释，拿出一套自己的思想方案，才能与自由主义展开平等的对话。

在这一问题意识下，自由儒学并不像儒家自由主义那样对传统的儒

---

① 任剑涛：《社会政治儒学的重建——关于"儒家自由主义"的理论期待》，见陈明、朱汉民主编：《原道》第七辑，第16页。
② 相关文章参见郭萍：《自由何以可能？——从"生活儒学"到"自由儒学"》，《齐鲁学刊》2017年第4期；《"自由儒学"纲要——现代自由诉求的儒家表达》，《兰州学刊》2017年第7期；《"自由儒学"导论——面向现代自由问题本身的儒家哲学建构》，《孔子研究》2018年第1期；等等。研究专著《自由儒学的先声——张君劢自由观研究》，济南：齐鲁书社，2017年。

学与既有的自由主义进行兼取融通，而是直截了当地思考儒家如何应对现代自由问题。这是因为，对中国而言，西方思想家虽然已经对现代自由问题提供了一种理论解释——自由主义，但它作为一种西方话语，无论其历史渊源，还是其理论思路、表达角度，都难以与中国人既有的经验和观念相融贯，因此往往难以被接受，也更无从体现中国人对自由理解的独特性；相反，传统的儒学理论虽然是一种中国话语，却并不是解答现代性问题的理论。而当前儒家需要对现代自由问题的积极回应，势必要兼顾现代性与民族性，即需要为中国人的现代自由诉求提供一种民族性表达。[①]

有鉴于此，自由儒学并不囿于传统的儒学理论和既有的自由主义，而是直面现代自由问题本身，尝试建构一种新的儒学理论进行层层深入的阐释：政治自由何以可能？本体自由何以可能？现代自由本身何以可能？所以，自由儒学至少在两个方面不同于儒家自由主义：

第一，自由儒学是一种儒学在自我更新的时代要求下回应现代自由问题而形成的新的理论学说，而不是传统儒学与自由主义"异质共建"的产物或某种"综合儒学"，因此不存在儒西"双轨"的两难问题，即如杜维明先生所说"不能把新儒学简单理解成一个综合体，一个各种新思想的杂烩。我们强调坚持儒学的根源性或者特殊性，因为只有这样，我们才能真正开发出儒学的普世价值"[②]。

第二，儒家自由主义仅仅涉及形下的政治伦理制度层面的内容，而自由儒学是以"溯源—重建"为思想进路的一种系统的儒家哲学理论，即通过追溯现代自由的大本大源，重建儒家的形而上学和形而下学对现代自由诉求做出一套儒学解释。为此，笔者最初构想的自由儒学包含三个观念层级：本源自由（自由的本源）→本体自由（形上的自由）→政治自由

[①] 此语是对黄玉顺所谓"现代性诉求的民族性表达"的一种具体化运用。参见黄玉顺：《生活儒学：黄玉顺说儒》，贵州：孔学堂书局，2014 年，第 10 页。
[②] 杜维明：《儒学的机遇与挑战——〈哈佛看中国〉访谈》，见"爱思想"网站 http://www.aisixiang.com/data/50499.html。

(形下的自由)。① 其中,在观念奠基的向度上,本源自由为本体自由奠基,本体自由为政治自由奠基;在观念生成的向度上,本源自由生成政治自由和本体自由。分而言之:

(一)本源自由。面对自由问题本身,我们发现,一切自由,不论是形下的政治自由,还是形上的本体自由,都必然是某种主体的自由,没有主体也就无所谓自由,同样主体必然总是自由的主体,不自由也就算不上真正的主体,由此可以说,自由与主体的存在具有同一性,自由问题即主体性问题。② 而自由作为一种主体性观念,必然来源于前主体性的"存在"本身,即前反思的、非现成的生活本身。这就是说,生活本身乃是一切自由的渊源:从历时维度讲,生活本身川流不息,不断演变,在不同时期呈现出不同的样态,而其当下的现身样态就是现代性的生活方式。在此境域中,"我"不再是传统宗族、家族的附庸,而是现代社会的价值主体——个体,个体主体挺立的同时,现代自由呼之欲出;从共时维度讲,主体性的形上自由和形下自由皆由前主体性的生活本身给出。然而,这却是当前各种基于经验假设,或先验预设的自由理论学说尚未触及的一个更具原初意义的问题,因此自由儒学提出"本源自由"表征一切自由产生的大本大源,以此阐明自由的渊源问题。虽然这一观念本身并不代表任何主体的自由,但是唯有通过本源自由的探究,我们才能揭示现代自由诉求与现代生活方式之间的源始关联,这才能对现代自由问题做出追根溯源的解答。

(二)本体自由。自由儒学为凸显儒家以仁爱为大本大源的思想特质,而将本体自由命名为良知自由,但同时强调良知自由作为现代个体自由的本体依据,并不是传统儒学"良知"概念的副本。因为:其一,良知

---

① 需要指出的是,现代新儒学虽然在形下学层面体现为儒家自由主义,但其思想弘旨不限于此,而是具有以儒家思想为根本解释现代自由问题的理论自觉,并做出了积极努力,如张君劢"精神自由—政治自由",牟宗三"良知坎陷"出民主、科学,徐复观"转仁成智",等等,只是他们止于"返本",没有"溯源"而导致了难以克服的理论困境,因而笔者也将之视为"自由儒学的先声"。参见郭萍:《自由儒学的先声——张君劢自由观研究》,第 27—30 页。
② 郭萍:《"自由儒学"导论——面对自由问题本身的儒家哲学建构》,《孔子研究》2018 年第 1 期。

自由不预设任何形下的道德价值,而是一个前道德的、形上的本体概念,因而不同于传统儒学(如宋明儒学)或现代新儒学所建构的道德形上学;其二,良知自由以现代性的生活方式为大本大源,根本确证着现代生活方式所孕育的个体主体价值,而不是表明一种维护前现代主体价值的个人道德自觉。不过,以惯常具有道德意味的语汇——"良知"——来表达本体自由总是难以彻底摆脱其自身所批评的"道德形上学"的嫌疑,因此还需要进一步推敲。

此外,任剑涛教授也对自由儒学设置本体自由的理论架构,提出过中肯的批评:

> "自由儒学"是完备性的儒学,跟晚清以来儒学的取向一样,始终想从传统中"开出"科学与民主。只要坚持开出的进路,就是坚持明显的完备性学说立场。而这个完备性立场,恰恰窒息了政治生机。所谓"自由主义儒学",并不是在体用角度讲的儒学。因为那样势必首先分辨你到底是信仰自由主义,还是信仰儒学的界限。两者并不是互斥的关系。这个问题,牟宗三已经解决了:现代儒家需要从传统的理性之运用表现转向理性之架构表现。这中间容有一个德性主体转向理性主体,生命价值领域转向客观事实领域的问题,立宪民主在这种转向中就有了生成的可能。①

无疑,"主体性哲学"作为传统形而上学的近代形态,始终追求完备的体系建构,其根本体现着形而上学的"大全"执念,这就无法摆脱其自身的封闭性。因此,自由儒学为避免重蹈覆辙也做了必要的理论努力:其一,自由儒学认为,如果以道德立场或价值信仰为限隔,那么儒学就不可能对自由问题做出一种具有公度性的解释,因此自由儒学没有效法现代新儒学的"返本—开新"进路,以既有的儒家道德来裁剪生活本身,即要

---

① 任剑涛:《自由儒学与自由主义儒学》,《天府新论》2018年第5期。

求生活本身为了儒学而存在；而是以"溯源—重建"为进路，翻转了儒学理论与生活本身的关系，也就是以儒家话语为生活本身的诉求提供合理性解释，即要求儒学为了生活而存在。自由儒学提出"本源自由"为本体自由奠基，就是为突破主体哲学的封闭性而做的理论努力。

其二，现代新儒学确立的心性本体，既充当一切现实得以可能的先验条件，又被设定为最高的价值实体，就此形成的一种完备封闭的思想体系，所体现的正是形而上学的"大全"执念。而这也是自由儒学所要解构的。不过，自由儒学同时看到，当代哲学虽然要全面解构形而上学，但实际上却无法放弃本体论的承诺。因为一切具有现实合理性的论说，一旦推至逻辑起点都离不开一个奠基性的观念。就现代自由学说而言，"在西方，从笛卡尔开始，就以'我思'建构了作为本体观念的绝对的个体自我；此后的哲学家不断发展、修订和完善，不论是理性主义、经验主义，还是意志主义，其实都是从本体论层面确证着个体的绝对主体地位。这实际上已经为西方现代政治哲学奠定了本体论基础；所以，现代西方政治哲学家往往是在默认这个主体的前提下，直接阐发政治自由的内容。但对于儒家而言，现代性的本体观念依然没有完全建立起来"[①]。因此，自由儒学还需要为现代自由提供一个儒学的本体依据，才能展开政治自由的论说。

不过，任教授的批评提醒自由儒学，除了为本体自由奠基之外，还需进一步阐明本源自由所孕育的本体自由只是适用于某一思想维度的一种本体论承诺，其接近于蒯因所言"本体论的相对性"即本体论总有其取值范围[②]，而不是没有边界、统摄一切的"存在者整体"。也就是说，自由儒学试图确立的本体自由既不是某种道德价值的抽象表达，也不是作为"大全"的形而上学，因此其效用不同于传统形而上学所体现出的决定形下学之必然性的基础主义，而仅仅是为阐明现实自由何以可能而提供一个奠基

[①] 郭萍：《儒家岂能拒绝自由？——驳陈明先生对自由儒学的质疑》，《中国文化论衡》第 7 期，北京：社会科学文献出版社，2019 年，第 33 页。
[②] 蒯因：《本体论的相对性》，贾可春译，陈波校，见陈波、韩林合主编：《逻辑与语言——分析哲学经典文选》，北京：东方出版社，2005 年，第 409—448 页。

性观念,即它既不意味着现实必然性,也不决定现实自由的实质内容和实现方式,而是奠定和指示着一种现实自由的可能性。

按"溯源—重建"的思路讲,由于生活方式的时代变迁和民族差异,本体自由的一般内容存在着古今之异,其具体表达方式也存在中西之别。仅就现代自由而言,自由儒学提出的本体自由乃是尚未展开的、纯形式的个体自由。这里提出的"个体"不是出于自主的价值选择,而是生活本身的塑造,即个体成为现代生活方式的基本单位。在这个意义上,"个体"是一个价值中立的概念,至于个体所具有的伦理价值内涵,则是以不同文明传统、不同思想流派所确立的最高价值实体为归旨的,其中的丰富性、多元性、差异性都将在现实自由的具体发展中逐步体现出来,对政治自由合理性的解释就是一个集中的体现。

(三)政治自由。自由儒学对政治自由的解释并不同于西方自由主义,即不是基于自然权利或先天理性,而是从仁爱的角度予以解释。这包含两个基本维度:

其一,"爱有差等"的向度决定了任何一个知爱、能爱的个体首先要自知、自爱[①],爱己、成己。试想不爱己、不自爱,又如何能亲亲、仁民、爱物?也就是说,唯爱己者,方能爱人;唯成己者,方能成人;这正是儒家"推爱"的前提。尽管传统儒学基于家族伦理的立场,认为唯有自觉"克己复礼"、不计其功、不谋其利才是"自爱",但是我们通过南宋"事功学派"对不计功利的批判,明清儒家戴震等对个体情欲的肯定,以及近现代儒家对个体权利的倡导都可以发现随着生活方式的转变,这些前现代的解读已经很难得到现代中国人的认同。在现代生活中,自爱最基本、最现实的内容,就是个体对自身权利(生命、财产、自由)的维护,唯有以此为前提,个体才能承当起相应的责任和义务,才有能力、有条件去爱人、爱物。不过,差等之爱也意味着在资源不足、利益冲突的情况下,人

---

① 《荀子·子道》载:颜渊入。子曰:"回,知者若何?仁者若何?"颜渊对曰:"知者自知,仁者自爱。"子曰:"可谓明君子矣。"

们总是会出于爱己、爱亲的欲求而相互争执、相互侵害，这就需要第三方对争执双方进行公正的裁决，同时对侵害他人权利的行为予以防范和惩戒。因此，正义的制度建构必不可少。

其二，"一体之仁"的向度意味着知爱、能爱的个体不仅仅限于满足自身利益，而是会进一步将爱人作为爱己的必要环节。从积极的意义上讲，这因为人们对他人存在着不同程度的同情与关爱，所以在不同程度上具有成全他人利益的主观倾向；从消极的意义上讲，在一个群体中，唯有公平维护每一个人的权利，其自身的权利才能得到长久的保障。此外，爱人以及维护群体和谐本身就是个体主体价值在公共领域的体现。因此，正义的制度建构是现实可能的。

上述两方面最终落实为政治自由的两项基本任务：一是现代公民人格的建立。其基本内容如严复所概括，即鼓民力、开民智、新民德[①]，意在培养自尊自爱、自治自立的现代公民。二是现代社会正义制度的构建。这一方面要明确正义制度宗旨是什么（what to do），即在现代社会生活中维护个体的主体价值，因此需要以群己权界为政治实践的基本原则；另一方面要探究怎么做（how to do it），即立足有效解决现实问题的角度来设计运作机制和具体制度，对此要明确作为一种"公器"，制度建构的首要基准在于实效，而不在于纠结其思想派别，因此需要将契约作为基本的工具性观念运用到现代制度建设中。

综观儒西对话的两种思想形态，虽然彼此独立，但并非相互隔绝，更不存在高低优劣。相反，儒家自由主义与自由儒学，作为两种不同的对话思路，不仅在相当程度上可以相互补充，而且为儒西对话的现实展开提供了多种可能。从既有的成效看，在缓解传统儒学与自由主义的紧张，维系二者并存的意义上，儒西对话已经取得了不少成果，这在很大程度上得益于儒家自由主义的发展；不过，在与自由主义共同回应现代社会问题，

[①] 严复：《原强修订稿》，选自胡伟希选注：《论世变之亟——严复集》，沈阳：辽宁人民出版社，1994年，第36页。

尤其在共同促进现代自由发展的意义上，儒西对话还没有真正展开，这其中一个重要原因是：当前儒学尚未完成自身的现代转型，因此基于既有的儒家思想与自由主义展开对话往往徒劳无功。在此局面下，自由儒学以现代生活本身为渊源，促动儒学理论进行现代转型的同时，回应现代自由问题，是一个亟待推进的理论方向。

第二编　自由儒学的历史文化渊源

殷周之变：中国自由观念的起源 *

在现代语境中，人们有意无意地将个体自由视为自由观念的唯一形态，以至于有人武断地认为古代社会不存在任何自由，或者牵强附会地强调古代社会已然存在个体自由。然而，19 世纪法国思想家贡斯当在《古代人的自由与现代人的自由》一文中已经敏锐地发现，个体自由乃是现代自由，古代社会存在着不同于现代的古代自由。尽管贡斯当的分析并不透彻，甚至不乏偏误（下文有述），但是依然能提醒我们，自由不仅仅是一个现代性观念，也不仅仅等同于个体自由，而是有其不同的历史形态和时代特质。就此而言，若要深入解读中国的自由问题，那么探明中国自由观念的起源乃是一个必不可少的环节。

一、自由观念的实质及其历史形态

在存在论层面上，自由作为主体的在世状态体现为不断的选择和恒久的超越，因而具有超越时空的一般性。但在经验生活中，任何选择与超越都不是抽象空洞的，而总有其现实具体的内容。也就是说，在存在论意义上的自由观念，最终也向来总是以现实的不同历史形态呈现出来。

而在笔者看来，自由观念历史形态的转变与社会主体的历史转变具有同步性，其根由在于自由问题的实质就是主体性问题。对此，笔者论道：

> 自由是与被束缚、受支配受摆布的对立状态，这无疑是对某种被动者、受动者的存在状态的否定。反过来说，自由是确证着一

---

* 原载《宁夏社会科学》2021 年第 1 期。国家社科基金项目"中国传统契约观念研究"（批准号：19BZX080）阶段性成果。

个自觉自动者、主动者、能动者的存在,这个自觉自动者,也就是主体。据此而言,自由乃是主体的内在必然性,或者说自由就是内在于主体的必然性。在这个意义上,自由与主体的存在具有直接同一性。这是因为,一方面,主体必定是自由的主体,没有自由就不能称为主体,自由是主体的存在方式;另一方面,自由具有向来属"我"性,亦即自由必定是主体的自由,没有主体也就谈不上自由。由此可以说,自由问题实质上就是主体性问题。①

进一步讲,在当代哲学的前沿思想视域下,任何主体观念,包括自由观念,都不是不证自明的,而是源于前主体性的"存在"本身,所谓"存在"本身即如黄玉顺先生"生活儒学"所讲,就是非现成化的、衍流不息的生活本身,此为一切存在者的大本大源。这不仅表明任何主体都由生活本身所造就,而且也意味着自由观念也源于生活本身。同时,生活本身不是一潭死水,而总是变动不居,这也就决定了社会主体必然随着生活方式的变迁而转变,由是自由观念也会随着社会主体的转变而演变,且始终表达着社会主体的价值诉求。也就是说,二者具有历史演变的同步性,而且在不同的历史时期,自由与社会主体都保持着一种相辅相成的关系。简言之,有什么样的主体就有什么样的自由,有什么样的自由就有什么样的主体。

不过,长期以来,普遍存在的社会主体二元论遮蔽了社会主体的历史转变性。这种观点认为,任何社会都并存着个体与群体(或集体)两种社会主体。我们看到,辨析古今自由差异的贡斯当也认为,集体主体向来对应于公共事务,个人主体向来对应于私人事务,从而将不同时代的社会主体替换为不同领域的社会主体,即把历时性问题偷换为共时性问题。②

---

① 郭萍:《"自由儒学"导论——面向自由问题本身的儒家哲学建构》,《孔子研究》2018 年第 1 期。
② 邦雅曼·贡斯当:《古代人的自由与现代人的自由》,阎克文、刘满贵译,上海:上海人民出版社,2005 年,第 45、48 页。

这种观点不仅没有意识到古代与现代的族群共同体存在着实质差异,即集体与群体的差异,而且错将个人(person)与个体(individual)混同,因此无法准确归纳自由观念的历史形态,更无法清晰把握自由观念的时代特质。

事实上,所谓社会主体就是指社会生活中价值自足的存在者,其自身就是当时社会生活的根本价值和目的,而不是实现其他价值和目的的手段或工具。因此,在任何社会都普遍存在着的个人,不一定是价值自足的存在者,也即不一定等于个体。不可否认的是,传统社会的个人也拥有一定的自主空间,但那些自主性的内容要么与传统社会的伦理政治秩序相一致,如传统儒家自主的"克己复礼",其意愿正是为了自觉以家族伦理规范来约束自身言行,以至自愿为家族利益献身;要么与传统社会的伦理价值无关无碍,如佛家出世的"自在"是以现实生活为"虚妄",或道家忘世的"自然"只寄情于"乌何有之乡",而但凡与家族或宗族价值相抵牾的个人言行则都是不被容许的。这恰恰表明,传统社会的个人根本不具价值自足性,因此根本不是当时的社会主体,而作为价值自足的个体,则完全是一个现代主体概念。由于个人与个体的本质不同,也进一步决定了古今族群的实质性差异,即传统社会的族群是单纯以族群(宗族、家族)为整体的集体,而现代社会的族群是基于独立个体的联合体,也即群体。

不同于社会主体二元论的静止观点,笔者在此依据社会主体转变,简要归纳出中国自由观念的历史形态,见表 2。①

表2 中国自由观念历史形态

	古代自由		现代自由
自由形态	宗族自由	家族自由	个体自由
历史时期	殷周之际—先秦	秦汉—清	民国至今
生活方式	宗族生活方式	家族生活方式	个体生活方式

---

① 这里笔者参考了黄玉顺教授的历史分期研究成果,参见黄玉顺:《国民政治儒学——儒家政治哲学的现代转型》,《东岳论丛》2015 年第 11 期。

续表

	古代自由		现代自由
社会主体	宗族主体	家族主体	个体主体
主权者	王族	皇族	国民
价值观念	宗族宗法观念	家族宗法观念	个体人权观念

此表说明，中国历史上先后经历了三种不同的生活方式，即宗族生活方式、家族生活方式以及当前的个体生活方式，因此社会主体经历了三次转变，即宗族、家族、个体。与此相应，中国自由观念形成了三种历史形态，即宗族自由、家族自由、个体自由。其中民权时代的个体自由是现代的自由（其思想代表不仅有中国的自由主义者，更有现代新儒家），而王权时代的宗族自由和皇权时代的家族自由属于古代自由的两种历史形态。

二、绝地天通：宗族主体的确立

春秋乃至西周之前的中国，与古希腊哲学之前的西方一样都处于前轴心文明时期，也就是一个原始宗教、神话诗歌盛行的时代。尽管通过甲骨卜辞、《尚书》、《诗经》等文献，我们可以发现殷商时期，人们已经自发地以宗族为基本单位组织社会生活了，但殷人的观念却仍然处于人神杂糅、帝祖合一、王权与神权交融的原始宗教阶段。例如，《诗经·商颂·玄鸟》记载，殷人深信"天命玄鸟，降而生商"，"帝"生前为王，死后为神，商纣王也自认为"我生不有命在天"[1]，这都没有流露出将人自身确立为价值主体的意识，是时众民皆天民，商王是天民之首，所谓"殷人尊神，率民以事神，先鬼而后礼"[2]，殷人也在天帝面前享有一种原始的平等性。

殷周之变打开了中国文化轴心时代的大门，人神共在的混沌状态随之打破，其标志性的事件就是"绝地天通"。虽然《今文尚书·周书·吕

---

[1] 司马迁：《史记》，北京：中华书局，2014年，第138页。
[2] 《礼记·表记》。

刑》记载"绝地天通"是周穆王所追溯的帝舜事迹，但"它实际反映的乃是原创时期的思想观念。说到底，神的存在并非物质世界的事实，而是观念世界的事实；这种观念事实不是历史上作为实事存在过的'客观实在'，而是历史陈述者自己所置身其中的生活样式的解释"①。这就是说，"绝地天通"事实上正是周穆王所处的西周前期的观念。《尚书孔氏传》曰："帝命羲、和，世掌天、地、四时之官，使人、神不扰，各得其序，是谓'绝地天通'。"②这标志着中国社会从"人神杂糅"的巫觋时代到"人神不杂"的人文时代的转变，而这种转变实质意味着主体意义上的人开始觉醒。

周人虽然敬天崇帝，以天启神迹的形式表达思想情感，但实质内容已具有了鲜明的人文理性色彩。如《史记·周本纪》记载："武王伐纣，卜龟，兆不吉，群公皆惧，惟太公强之。太公六韬云：卜战，龟兆焦，筮又不吉。太公曰：枯骨朽蓍，不踰人矣。"③这种用计算性和抽象性的占蓍，取代殷商的龟卜的现象，表明在吉凶预测中人为的诠释性已明显增强，原始的吉凶由神而定渐渐转为吉凶由人而定，随之而来的就是神地位的下降和人地位的提升。我们看到，周公虽然也通过占卜领受"天帝"的意旨，但同时提出"天不可信"，"惟命不于常"，"上帝不常"，并强调"惟天地，万物父母，惟人，万物之灵"。④这不仅已经质疑了天的神性，而且声明了人不同于万物，具有存在的特殊性和优越性，实际已自觉地将人放到了价值主体的位置上了。不过，此时的"人"并不是独立的个体，而是有别于万物的一种类群，其现实的存在形式就是殷周社会生活的基本组织单位——"宗族"（clan family）。"宗者何谓也？宗，尊也，为先祖主也；宗，人之所尊也。""族者何也？族者，凑也，聚也，谓恩爱相流凑也。上凑高祖下至玄孙，一家有吉，百家聚之，合而为亲，生相亲爱，

---

① 黄玉顺：《绝地天通：从生活感悟到形上建构》，《湖南社会科学》2005年第2期。
② 孔安国传，孔颖达正义：《尚书正义》，上海：上海古籍出版社，2007年，第775页。
③ 孔安国传，孔颖达正义：《尚书正义》，第410—411页。
④ 《尚书·泰誓》。

死相哀痛，有合聚之道，故谓之族"①。其实就是父系血缘为中轴的亲属集团，故曰"父之党为宗族"②。

当然，"绝地天通"并不意味着人神完全隔绝，而是将殷商时期人人与天神沟通的普遍权利转变为周天子独享的特权。这也就在人神相分的基础上，进一步形成了人与人之间的区别：包括男女有别，夫妇有别，父子有别，君臣有别，上下有别，等等。由此赋予了各宗族以及宗族内部各成员不同的身份地位和职责等级。其中，周王室（姬姓宗族）因其有"德"，而得到上天眷顾，周王作为周王室的宗主，成为上天唯一的子嗣和代言人，也即天子。基于此，只有周天子有资格、有能力沟通人神，这就打破了人在神面前的原始平等性。

在这种人神相分和人人有别的关照下，以周王室为至尊的宗族主体随即突显出来。周公通过一整套社会制度的建构，也就是"制礼作乐"，使上述种种区别以制度的方式稳固下来，所谓"礼以别异"，"礼者，天地之序也"③，"礼者……贵贱贤不肖之所以别也"④。这其中最主要的就是通过伦理上的宗法制和政治上的分封制⑤而确保了宗族的主体地位。

宗法制以天地尊卑为依据，规定了宗族内部成员不同的尊卑等级和身份职责，将每一个宗族成员作为宗族整体的一部分固定在宗法伦理网罗上。

> 天尊地卑，乾坤定矣；卑高以陈，贵贱位矣。⑥
> 有天地然后有万物，有万物然后有男女，有男女然后有夫妇，

---

① 陈立编：《白虎通疏证》卷八，北京：中华书局，1994年，第393页。
② 《十三经注疏·尔雅注疏》，阮元校刻，北京：中华书局，1980年，第2592页。
③ 《礼记·乐记》。
④ 《韩非子·解老》。
⑤ 殷商时期，诸侯国大多是经殷王朝在对各方国原有地位的承认的基础上颁授爵位而成，而周代的诸侯却是由周王将自家子弟和伐纣功臣分封而建立的。西周的分封开始于武王，"武王克商，光有天下，其兄弟之国者十有五人，姬姓之国者四十人"（《左传》昭公二十八年），但真正的大分封是周成王时期三监叛乱之后，由周公开创的。
⑥ 《易·系辞传上》。

有夫妇然后有父子，有父子然后有君臣，有君臣然后有上下，有上下然后礼义有所错。①

这种维护宗族整体性的宗法伦理涵盖了当时人伦生活的一切言听视动，例如：

> 君义、臣行、父慈、子孝、兄爱、弟敬，所谓六顺也。②
> 父慈、子孝、兄良、弟弟、夫义、妇听、长惠、幼顺、君仁、臣忠，十者谓之人义。③

同时由于"天子、诸侯虽无大宗之名，而有大宗之实"④，所以宗主与君主往往合一，所谓"惟在天子、诸侯则宗统与君统合，故不必以宗名"⑤。在各级建制中，上级对下级既行使宗族统率权，又行使行政管辖与指挥权，下级对上级，既承担着宗族依从方面的，又承担着行政隶属方面的经济、政治、军事、社会，以至于道义上的多种义务。这种权利义务，在同姓宗族系统中由上而下、由下而上一以贯之，整个社会结成一张"家国合一"式的极其庞大而又纲目分明宗法网罗，成为宗族生活方式下的人伦秩序。此如王国维《殷周制度论》所说："周之制度典礼，乃道德之器械，而尊尊、亲亲、贤贤、男女有别四者之结体也，此之谓民彝；其有不由此者，谓之非彝。"⑥这现实有效地确保了宗族既是权力与权利的主体，也是伦理价值的主体。

在宗族主体的主宰之下，每个人在宗族中的身份地位决定了每个人的生活内容和存在价值。其中身为臣、子、弟者处于服从地位，是被教化

---

① 《易·序卦传》。
② 《左传·隐公三年》。
③ 《礼记·礼运》。
④ 王国维：《殷周制度论》，见王国维：《观堂集林》，北京：中华书局，1959年，第236页。
⑤ 王国维：《殷周制度论》，见王国维：《观堂集林》，第236页。
⑥ 王国维：《殷周制度论》，见王国维：《观堂集林》，第242页。

者和听命者,如若"不孝不弟",就是无赦的大罪,而身为君、父、兄者则处于主导地位,肩负明德、敬德之责。

> 明乃服命,高乃听,用康乂民……勿替敬,典听朕告。①
> 聪听祖考之彝训……典听朕教。②
> 予一人惟听用德。③

这虽然是侧重强调卑贱者对尊贵者的服从性,而且尊贵者拥有决策宗族事务、奖惩宗族成员的权力,但并不意味着尊贵者具有价值上的独立性。在宗族生活中,任何人都不是价值主体,即便是宗主,也只是代表宗族整体的一个"符号",而不是独立的"自我"(independent self)。这是由当时社会所认同的宗族主体立场所决定了的,即从天子到庶民,一切个人行为都不是出于个体价值,而以宗族整体利益为出发点和目的,其中的每个人与宗族之间都是部分与整体的关系。

这种个人与宗族关系的放大也就形成了西周时期小宗与大宗、各宗族与周王室的关系。因此,西周时期天下共主与四方诸侯的关系已经大不同于夏商时代,是时"天子之尊,非复诸侯之长而为诸侯之君。……盖天子诸侯君臣之分始定于此,此周初大一统之规模"④。夏商王室虽然是其他宗族共同尊奉的共主,但宗族之间并没有实质的隶属服从关系,而周王室不仅是天下共主,而且是宗法伦理中的至尊者和政治上的最高统治者,其他宗族因伦理等级的卑贱和政治等级的低下而隶属于周王室统治。

> 周武王为天子。……而封殷后为诸侯,属周。⑤

---

① 《尚书·康诰》。
② 《尚书·酒诰》。
③ 《尚书·多士》。
④ 王国维:《殷周制度论》,见王国维:《观堂集林》,第467页。
⑤ 《史记·周本纪》。

《尚书正义》引《公羊传》云:"周公何为不之鲁?欲天下之一乎周也。"引何休云:"死则奔丧为主,所以一天下之心于周室。"①

众所周知,西周是以各宗族与周王室血缘亲疏为原则进行分封,而其根本目的则是"以藩屏周"。

> 皇天用训厥道,付畀四方,乃命建侯树屏,在我后之人。孔颖达疏:"文、武以得臣之力之故,乃施政令,封立贤臣为诸侯者,树之以为藩屏,令屏卫在我后之人。"②
>
> 封建亲戚,以藩屏周。③
>
> 捍御侮者,莫如亲亲,故以亲屏周。④
>
> 王当用公卿、诸侯及宗室之贵者,为藩屏垣干,为辅弼,无疏远之。⑤

可以说,"由于政治分封的外在推动,西周形成了一个以周氏宗族为核心、以姬姓异氏宗族为主干、以异姓异氏宗族为辅翼的宗族群"⑥。其中,大夫既是本宗宗子,又是地方行政长官,诸侯既是本宗之长,又是一国之首脑,周王室既是受各宗族供奉的至尊,也是统治各诸侯国的君王。这种基于伦理的尊卑贵贱等级而确立政治的统治服从关系,不仅通行于每个宗族内部,而且通行于各宗族之间,最终每个人通过其所属的宗族而统一于周王室。

由此可见,西周确立的宗族主体包含两个层面:一是指在诸侯国内部,同宗的各成员依父系血缘连接成宗族整体即宗族主体;二是在各诸侯国之间,以周王室为至尊大宗,将各宗族连接成一个有机的统一体,这是

---

① 孔安国传,孔颖达正义:《尚书正义》,第711—712页。
② 《尚书·康王之诰》。
③ 《左传·僖公二十四年》。
④ 《左传·僖公二十四年》。
⑤ 毛亨传,郑玄笺:《毛诗传笺》,北京:中华书局,2018年,第406页。
⑥ 钱杭:《周代宗法制度史研究》,上海:学林出版社,1991年,第59页。

更具根本意义的宗族主体。这种双层（宗族内部与宗族之间）、双向（伦理与政治）的等级从属秩序确保了以周王室为首的宗族主体的稳固地位。

随着春秋战国宗族生活方式的瓦解，宗族渐渐被家族所取代，如"三家分晋"，此时家国一体的社会逐步解体，社会政治结构也不再按照血缘的亲疏远近来安排。经周秦之变，中国社会便确立了以皇族为首的家族主体，此后的历代皇族通过"移孝作忠"的方式承袭了西周宗法制的精髓，从家族内部成员和各家族之间两个层面划分了上下尊卑等级，并据此确立起每个人以及各个家族政治上服从于皇族的价值合理性。

三、唯宗为尊：宗族自由的特质

在宗族主体确立的同时，中国自由观念形成了第一种历史形态——宗族自由，而宗族主体的权益就是宗族自由根本的，甚至唯一的内容，这也正是宗族主体的必然诉求。通过《礼记·大传》的一段描述，我们就可以觉察到实现宗族自由而达到的理想生活状态。

> 自仁率亲，等而上之至于祖；自义率祖，顺而下之至于祢，是故人道亲亲也。亲亲故尊祖，尊祖故敬宗，敬宗故收族，收族故宗庙严，宗庙严故重社稷，重社稷故爱百姓，爱百姓故刑罚中，刑罚中故庶民安，庶民安故财用足，财用足故百志成，百志成故礼俗刑，礼俗刑然后乐。①

毋庸置疑，宗族自由与其他族群自由，包括现代族群自由即民族国家自由一样，都是要通过军事、外交、经济、文化的竞争合作等手段尽可能地维护保全本族群的既有权益，同时不失时机地为本族群争取更多的权益。不过，前文提及，古今社会主体不同决定了古代族群与现代族群的性质不同。据此推知，宗族自由与现代国族自由也必然存在着实质性差异。简单说来，宗族自由只是维护宗族整体权益的集体自由，而不是维护宗族

---

① 郑玄注，孔颖达正义：《礼记正义》，上海：上海古籍出版社，2008年，第1367—1368页。

成员自身权益的个体自由。贡斯当关于"古代人的自由与现代人的自由"的锐见也在于此,即古代是集体的自由,没有个体自由,而现代是个体自由。他指出:

> 古代人的自由在于以集体的方式直接行使完整主权的若干部分:诸如在广场协商战争与和平问题,与外国政府缔结联盟,投票表决法律并做出判决,审查执政官的财务、法案及管理,宣召执政官出席人民的集会,对他们进行批评、谴责或豁免。然而,如果这就是古代人所谓的自由的话,他们亦承认个人对社群权威的完全服从是和这种集体性自由相容的。你几乎看不到他们享受任何我们上面所说的现代人的自由。所有私人行动都受到严格的监视。个人相对于舆论、劳动、特别是宗教的独立性未得到丝毫重视。我们今天视为弥足珍贵的个人选择自己宗教信仰的自由,在古代人看来简直是犯罪与亵渎。①

只不过,他并没有意识到现代自由不仅是个体自由,而且还存在着与宗族自由性质不同的现代族群自由。我们知道,现代民族国家(也即"国族")就是现代性族群,它是由独立个体组成的联合体,也即国民群体,其中国民与国族的关系是个体与群体的关系。与此相应,国族自由的最终目的正是为了维护每个国民的利益诉求,而国族自由的实现也是以独立个体的挺立为前提,所以在现代中国争取民族解放和国家独立的斗争中,有识之士向国民疾呼:"争你们个人的自由,便是为国家争自由!争自己的人格,便是为国家争人格!自由平等的国家不是一群奴才建造得起来的!"②

与此不同,宗族是一个否定个人独立价值的集体,宗族成员只作为

---

① 邦雅曼·贡斯当:《古代人的自由与现代人的自由》,阎克文、刘满贵译,第34页。
② 胡适:《介绍自己的思想》,见洪治纲主编:《胡适经典文存》,上海:上海大学出版社,2004年,第291页。

宗族整体的一部分而存在，因此，宗族自由只能是集体自由，而根本不存在个体自由。这也就决定了宗族自由的根本特质就是唯宗为尊，无私无己，任何个人诉求和个体权利都不具有正当性，自然也根本不在宗族自由所允许的范围内。

这在当时的政治伦理生活中有着明显的体现，特别是在天子即位、诸侯即位、卿大夫接受册命，出行征战等重要事件或场合，当事人都必须祭告祖庙，也称"告庙"。如《史记·周本纪》记载武王伐殷，载文王牌位于军中，"言奉文王以伐，不敢自专"①。《左传·桓公二年》记载："凡公行，告于宗庙；反行，饮至，舍爵，策勋焉，礼也。"②《左传·襄公十年》记载："晋侯有间，以逼阳子归，献于武宫，谓之夷俘。"③而"告庙"的意义就在于"古者明君爵有德而禄有功，必赐爵禄于太庙，示不敢专也"④。也就是说，任何人取得的功名利禄都不是他自己的荣耀和功劳，而是完全归于他所属的宗族。

不仅重大事件如此，涉及个人基本情感诉求的事情也是如此。在现代社会中，完全属于个人私事的婚丧嫁娶，在宗族社会中同样是宗族之间的事情，一切都要依照宗族交往的礼法来操办，其目的仍是为了宗族利益的实现，而并不顾及个人意愿。例如：《左传·文公十五年》记载：孟穆伯死，其从父兄弟襄仲，虽与穆伯有夺妻之恨，但在宗族利益的压力迫使下，还是放下个人恩怨，率领众兄弟前去哭丧，以此化解宗族矛盾，维系宗族整体团结。⑤这绝非个人行为或个别事件，而是宗族社会的一种普遍的制度规范要求。我们看到，《礼记·昏义》明确说："昏礼者，将合二姓之好，上以事宗庙，而下以继后世也，故君子重之。"⑥也就是说，婚姻的实质不是两个独立个体的结合，而是两个宗族的联姻（合二姓之好），其

---

① 司马迁：《史记》，第156页。
② 杨伯峻编著：《春秋左传注》，北京：中华书局，2009年，第91页。
③ 杨伯峻编著：《春秋左传注》，第977—978页。
④ 郑玄注，孔颖达正义：《礼记正义》，第1883页。
⑤ 杨伯峻编著：《春秋左传注》，第610—611页。
⑥ 郑玄注，孔颖达正义：《礼记正义》，第2274页。

目的也不是个体的幸福生活,而是宗族的繁衍兴旺。再有,《礼记·丧服传》规定父为"至尊",母为"私尊","至尊在不敢伸其私尊也",因此,为父者为其母亲治丧必须"降服";而在君面前,则君为"至尊",父又为"私尊",所以"不以家事辞王事,以王事辞家事"。① "有君丧,服于身,不敢私服。"② 同理,小宗也要为大宗利益无条件牺牲,如《仪礼·丧服传》曰:"大宗者,尊之统也,大宗者,收族者也,不可以绝。"③ 最终,各宗族都以周王室为全体宗族利益的代表,实现的是宗族整体的自由。至于个人权益则会对宗族自由带来威胁和伤害,所谓"事主之行,竭意尽力,微谏而不哗,应对而不怨,不逆上以自伐,不立私以为名。子道顺而不拂,臣行让而不争,子用私道者,家必乱;臣用私义者,国必危"④。

显而易见,唯宗为尊、无人专私的宗族自由正与当时宗族的主体地位相一致,这也为继起的家族自由奠定了基调,形成中国古代自由的一般特质。经过两千年的承袭深化,这种唯宗与唯家为尊的自由观念已逐步从外在自为的礼法束缚转变为内在自觉的道德自律,以至于传统社会的臣民不假思索地认为,将家族价值的实践作为自身毕生的追求是理所当然的事情。不过,在家族自由内化深入的同时,中国的自由观念也出现了现代性的转机,尤其是宋儒以深化认同家族价值为初衷的修身工夫,因其强调体认天理的个人自主性而不自觉地松动,甚至瓦解着家族价值,以至潜移默化地孕育着现代自由。⑤

四、易与德:宗族自由对现代自由的逻辑蕴涵

尽管中国自由观念发生了明显的时代转变,但古今之间绝未断为两截,而是前者对于后者具有一定的逻辑蕴涵性。当然,逻辑的蕴涵性并不等于现实的必然性,而是意味着中国自由观念有其一贯的思想基因,或者

---

① 《春秋公羊传·哀公三年》。
② 《礼记·曾子问》。
③ 郑玄注,贾公彦疏:《仪礼注疏》,北京:中华书局,1980年,第1106页。
④ 刘向集录:《战国策》,上海:上海古籍出版社,1988年,第671页。
⑤ 郭萍:《从两宋儒学的内在紧张看儒学的现代转向》,《周易研究》2018年第6期。

进一步说，殷周时期的某些思想观念就潜藏着演变转出现代自由的可能。

（一）易：变通

如前所说，自由问题实质是主体性问题，自由观念的演变总是与社会主体的转变同步。而从殷周之际的《易经》经过轴心时期的《易传》而形成的"易道"，不失为中国社会主体历史转变的一种本体论依据。

"易道"是中国先民对流变不居的生活本身的整体性把握，而以此为人自身存在的根本依据和至上法则，意味着人们自觉意识到自身应当顺应生活本身的变化，并由此与生活本身保持息息相通。这是因为：

其一，"易"意味着"变"。《易·系辞传下》曰：

> 《易》之为书也不可远，为道也屡迁，变动不居，周流六虚，上下无常，刚柔相易，不可为典要，唯变所适。

这种随时演变，与时偕行的本体观念在其他典籍中也有明显的体现，如《礼记·大学》中记载："汤之盘铭曰：'苟日新，日日新，又日新。'"还有："《康诰》曰：'作新民。'""《诗》曰：'周虽旧邦，其命维新。'"这些都表明西周的先民们已经自觉地意识到唯变所适的"易"才是天地万物背后唯一不变的特质。近年黄玉顺先生提出的"变易本体论"就专门揭明了这一点。他指出："中国哲学中的形而上者，有一种是流动的变易，这在《易传》哲学中是最为典型的，其形而上者不是凝滞的东西，而是'易'（变易）。"[①] 这种根本不同于西方本质主义的本体观念，意味着绝对主体（本体）乃是一种非固化的保持着无限可能性的存在者，正所谓"君子不器"[②]，人总是随生活流变而不断超越既有主体性，而生成自身新的本质规定性，如王夫之所说：性"日生而日成之也"。据此而论，现实的社

[①] 黄玉顺：《形而上学的黎明——生活儒学视域下的"变易本体论"建构》，《湖北大学学报（哲学社会科学版）》2015年第4期。

[②] 《论语·为政》。

会主体绝不会一成不变地以宗族为主体，而自然会与时更新。

其二，"易"意味着"通"。《易·系辞传下》曰：

> 易无思也，无为也，寂然不动，感而遂通天下之故。

这表明"易"本身的运作是自然而然，无意而为，动静不二，如周敦颐所说，"易"（也即太极）是"动而无动，静而无静"①，其与物之动静的根本区别在于"物则不通，神妙万物"②。因此，人也唯有"易"才能保持与生活本身息息相通，所谓"无思而无不通，为圣人"③。反过来，如程颢说："医书言手足痿痹为不仁，此言最善名状。仁者，以天地万物为一体，莫非己也。认得为己，何所不至？若不有诸己，自与己不相干。如手足不仁，气已不贯，皆不属己。"④也就是说，如若封闭固守自身，也就闭塞了与生活本身关联，自身必然陷入病态而失去生命力，相反与生活保持贯通，才能拥有恒久不衰地保持自身生命力。

可以说，"易道"表达的正是一种"变通本体"观念，正如《易·系辞传下》所谓"穷则变，变则通，通则久"，这本身就蕴涵着生发现代主体的思想基因。

（二）德：自得

殷周之际，周公强调"皇天无亲，惟德是辅"，声明周王室并非因"命"而是因有"德"而得到上天的眷顾。自此"德"就作为一个基本范畴贯穿于中国思想传统中，它不仅表征着主体的本质规定性，而且与动词"得"相通，即所谓"德者，得也"⑤，这都突显了人具有赢获天命的自主

---

① 周敦颐著，陈克明点校：《周敦颐集》，北京：中华书局，1990年，第26页。
② 周敦颐著，陈克明点校：《周敦颐集》，第26页。
③ 周敦颐著，陈克明点校：《周敦颐集》，第21页。
④ 程颢、程颐著，王孝鱼点校：《二程集》，北京：中华书局，2004年，第15页。
⑤ 《论语·为政》"为政以德"邢昺疏，见《十三经注疏·论语注疏》，阮元校刻，第2461页。

能动性，因而"德"本身体现出某种主体自由的意味。

不过，西周时期的"德"局限于"君德""政德"的范围内，故多言"王其德之用，祈天永命"①，"我道惟宁王德延，天不庸释于文王受命"②。在伦理生活中，只有周天子作为宗族整体的化身和象征，才具有"明德"的能力和资格，因此，西周时期宗族自由的赢获最终系于周天子一人，而其他任何人因不具备"德"的能力，自然无法在王权之外获得上天眷顾。如此一来，现实中每个人全部笼罩于王权之下，难以突破宗族自由。

但是随着周王室的衰落和春秋思潮的兴起，尤其是春秋战国以来，轴心文明步入繁荣和突破阶段，孔子以"仁"释"德"，孟子以"心""性"论"德"，促成了"德"的内在化、普遍化的趋向，所谓"'德'者，得也，自得于心"③，这为突破王权对最高价值的垄断，超越宗族自由提供了思想上的可能途径。

孔子通过发挥早前的"仁"观念，提出仁不单是一种人人可习得的德行，而且是生发、涵摄其他一切德行的本源之德和至上之德。如"孔子曰：'能行五者于天下为仁矣。''请问之。'曰：'恭、宽、信、敏、惠。恭则不侮，宽则得众，信则人任焉，敏则有功，惠则足以使人。'"④这就使狭隘特殊的"君德""政德"转变成了普遍内在化的"仁德"。正是基于仁德，孔子提出"天生德与予"，由此表明"以德配天"不是君王的特权，即使身为布衣也能依凭自身的"仁"而有"德"，而且"仁"本身也不假外求，是"我欲仁，斯仁至矣"⑤。这种以"仁"释"德"以及"为仁由己"的主张，可以说是对王权统摄下的宗族自由观念的一种突破。

继起的孟子以"性善论"为"德"的普遍内在性提供了一种先验哲

---

① 《尚书·多士》。
② 《尚书·君奭》。
③ 孔颖达疏《尚书·泰誓上》："同力度德，同德度义"，见《十三经注疏·尚书正义》，阮元校刻，北京：中华书局，1980年，第181页。
④ 《论语·阳货》。
⑤ 《论语·述而》。

学的根据。他提出"人性之善也，犹水之就下也"①，而人性善的根由在于人皆有"四心"，"四心"也即"四端"，是为仁义礼智"四德"之发端，而"人之有是四端也，犹其有四体也"②。也就是说，"四德"是先天普遍地存在于人的本性之中，所谓"仁义礼智，非由外铄我也，我固有之也"③。基于此，孟子通过"尽心—知性—知天"④的进路，阐明人人只要不断存养善性、扩充四心，就能具备完满的"德"，进而能通达最高的价值（天）。这就为人人由其本性而有"德"，且不依王权而"知天"提供了一种思想途径。

就此而言，孟子的心性理论不仅直接否定了君王对"德"的独占，而且实质否定了君王作为上天代理人的至上性和天然合理性，取而代之的是，他通过强调"四德"是"求则得之，舍则失之"⑤，"自得之，则居之安；居之安，则资之深；资之深，则取之左右逢其原，故君子欲其自得之"⑥，最终提出"人皆可以为尧舜"⑦，就此大大高扬了个人的独立自主性。不仅如此，孟子以"说大人，则藐之"⑧的不阿行为和"惟仁者宜在高位"⑨的价值立场，树立起一种"大丈夫"人格，也呼应了其心性理论突破王权统治与宗族自由的可能性。

随秦汉一统，虽然家族取代宗族成为新的社会主体，"德"也转变为家族之"德"，仍非现代个体之"德"，但"自得于心"的含义依然保留其中，这为个人自主性的释放，以及突破皇权统治和家族自由做了必要的思想准备。历史地看，经唐宋之变，市民生活兴起，宋明儒家就以"新儒

---

① 《孟子·告子上》。
② 《孟子·公孙丑上》。
③ 《孟子·告子上》。
④ 原文："尽其心者，知其性也。知其性，则知天矣。存其心，养其性，所以事天也。"（《孟子·尽心上》）
⑤ 《孟子·尽心上》。
⑥ 《孟子·离娄下》。
⑦ 《孟子·告子下》。
⑧ 《孟子·尽心下》。
⑨ 《孟子·离娄上》。

学"的理论样态显发了孔孟"道高于政"的思想基因,特别是通过发扬孟子的"自得"观念而建构的"工夫论",为个人与最高价值的沟通提供了系统论证和方法指导,在其推广发展中客观促动了个体主体意识的觉醒,以至与明清以来的中国现代自由观念的萌发密切相关。

总之,宗族自由中以"易"与"德"所表达的变通与自得思想,意味着人总是随着生活的流变而不断超出既有的规定性,生成新的主体性;而且显发着人的本质规定性并不是预置的、固化的"所是",而总是在当下生活中赢取新的"所得",这已在逻辑上蕴涵着转出现代自由的可能。

守成与开新
——从两宋儒学的内在紧张看儒学的现代转向*

一、两宋儒学与儒学的现代转向问题

"现代性"不仅仅是一个时间的标签,而且是一种承载着特定价值的思想观念。从哲学的层面看,"现代性"作为一种思想观念,不仅仅体现为一整套经济制度、政治制度和文化制度的架构(吉登斯)①,而且是某种"与传统抽象对立"(哈贝马斯语)的现代意识。对此,现代西方思想家往往将"现代性"根本归结为理性。然而,我们知道,作为反理性的唯意志主义或存在主义也同样被视为"现代性"思想。那么,现代性的根本特质究竟是什么呢?回到现代性发生的历史境域,不难发现,现代社会各领域的组织、运行,不论是商业资本、工业生产,还是民主政治,无不是以个体主体(individual subject)为基本单位而展开的;而诸如民主、自由、平等、法治等价值观念,其实在传统社会也存在,但我们之所以将之视为现代性价值观念,根本也是在于个体主体赋予其中;至于近现代哲学,不论是理性主义,还是非理性主义(唯意志主义等),更是深入到哲学本体层面确证着个体主体的绝对地位。据此可以说,个体主体乃是现代性的根本特质。

基于这一判断,反观儒学历史上出现的明清启蒙儒学、维新儒学、现代新儒学等儒学形态,我们不论从其中"启蒙""维新""现代"等称

---

* 原载《周易研究》2018 年第 6 期。原题为《守成与开新——从两宋儒学的内在紧张看儒学的现代转向》,刊发时正标题删除。教育部人文社会科学重点研究基地(山东大学易学与中国古代哲学研究中心)重大项目"儒家哲学现代转型研究"(批准号:16JJD720010)资助。

① 参见吉登斯:《现代性的后果》(南京:译林出版社,2007 年)和《现代性与自我认同:现代晚期的自我与社会》(北京:生活·读书·新知三联书店,1998 年)。

谓，还是从其问题意识、话语形态，都能发现它们对皇权专制的批判，对人权、民主、科学的提倡，已不同程度地彰显出个体主体的观念。这意味着儒学自身已然发生了某种现代性的转向。而我们如果沿着现代新儒学乃至明清启蒙儒学一路向上追溯，就能进一步发现这些具有现代意味的儒学形态无不与两宋儒学密切相关，不仅明清启蒙儒学直接师承于两宋儒学，而且现代新儒学也以"返本开新"的理路和"接着讲"的旨趣与两宋儒学相遥契。这实质提醒着我们，两宋儒学不仅仅是传统儒学的完备形态，而且可能也是儒学现代转向的发端。

其实，史学、文学等领域的研究早已表明，中华帝国发展至两宋时期，生活风貌发生了明显的转变：一方面，中唐的战乱和佛老的盛行，对汉唐建立的纲常伦理造成了严重破坏，两宋统治者需要新的儒学理论为皇权统治提供支撑；另一方面，随着两宋社会经济的繁荣发展，以商贸为主的坊间市井生活兴起，潜移默化地生发出具有现代特质的市民生活观念，由此形成了一股瓦解传统纲常伦理的思想趋向。据此来看，这种生活风貌作为一切思想的大本大源，势必会造就两宋儒学兼具守成与开新的两面性，即：一方面，它在更深层面上维护着传统的皇权专制、纲常伦理，成为一种日趋滞固的"守成"儒学；另一方面，它也潜藏着颠覆前现代价值观念的可能，孕育着某种现代意味的观念，成为一种趋向现代性的"开新"儒学。

但正如李泽厚所说："许多哲学史论著喜欢把宋明理学公式化地分割为宇宙观、认识论、社会政治思想几大块论述，反而掩盖了……基本特点。"[①] 也就是说，两宋儒学的时代特质尚未揭示出来。所以，有学者呼吁："宋明儒学当中必定已经存在着儒学的某种现代化版本，只不过被既有的'宋明理学'研究遮蔽了，需要我们将其揭示出来。"[②] 为此，本文尝试从形上的义理纠缠和形下的政治博弈、伦理对峙中，呈现两宋儒学守成

---

① 李泽厚：《中国古代思想史论》，北京：生活·读书·新知三联书店，2008年，第231页。
② 黄玉顺：《论"重写儒学史"与"儒学现代化版本"问题》，《现代哲学》2015年第2期。

与开新的两面性,以及由此所开启的一种现代转向的可能。

二、"理"与"心"的义理纠缠

就其理论建构而言,两宋儒学继承发展了思孟心学传统,不仅将外在的天道收摄到内在的心性之中,所谓"在天为命,在义为理,在人为性,主于身为心,其实一也"①。而且通过"本体—工夫"的理论设计,将"理"与"心"贯通为一,即"理"为"心"挺立的先验至上标准,同时"心"是体证彰显"理"的根本途径。然而,在"理"与"心"相辅相成的背后,却始终存在着以"心"融"理"与以"理"驭"心"两种对立的思想倾向。从儒学现代转向的维度看,"理"与"心"的义理纠缠根本引导着两种截然相反的价值方向。

这种紧张虽然是在二程理学建立后才凸显出来,但其逻辑起点却要追溯到北宋初期的道学。事实上,周敦颐提出"立人极"观念就已经蕴涵着两种不同的思想可能:一方面,他从宇宙生成的维度,论证并确立起普遍意义上的人,而非君主个人,乃是最高的价值主体,所谓"惟人也得其秀而最灵";另一方面,他强调"人极"的挺立必须以"天道"为至上标准。而二程理学的建构正是这两方面的深入发展,一方面,理学家将人之"最灵"明确为"心",由此明确了人作为价值主体的根据;另一方面,理学家提出伦理意味的"天理"作为"天道"的实质内容,并将之置于"人极"之前,据此压制乃至否定了人作为价值主体的至上性。这也就是理学家所谓的"继天立极"。

所谓"继天",自然不是匍匐于意志之天,而是意味着遵从"天理"。"天理",或曰"理",作为两宋理学家的核心范畴,虽然由二程体贴创发,但实质是继承发挥了《礼记》中的思想,如《礼记·仲尼燕居》曰:"礼者,理也。"《礼记·乐记》曰:"礼也者,理之不可易者也。"② 理学家

---

① 程颢、程颐著,王孝鱼点校:《二程集》,第204页。
② 《礼记》将"礼"作为人伦事物的根本原理,如《礼记·仲尼燕居》云"礼者,理也";《礼记·乐记》云"礼也者,理之不可易者也"。

不仅据此展开具体深入的哲学阐释，而且大加发挥，将帝制纲常伦理的"礼"提升到天道的高度，成为不可忤逆的最高法则，所谓"父子君臣，天下之定理，无所逃于天地之间"①，因而名为"天理"。据此可见，"天理"实质是宋儒对传统的家族纲常礼法的一种哲学抽象。

两宋儒学，不论是程朱理学，还是陆王心学，对"天理"蕴含的伦理价值及其至上权威性都有根本的认同，并将之作为"人极"挺立的标准。在这个意义上，两宋儒学体现出以"理"驭"心"的立场，也即有意以至上的"天理"作为"心"的真正主宰，其实质是在引导个人自觉的"克己复礼"，压制自身欲求，以更好地维护帝制纲常伦理，故而具有明显的"守成"性。对此，正如蒙培元先生所说："理学心性论，从本质上说是道德形上论，它以普遍、绝对、超越的道德法则为人性的根本标志，赋予社会伦理以本体论的意义，将其说成是人的最高存在。人的地位和价值被空前地提高了，但正因为它把人性仅仅归结为道德本性，因而从更全面的观点看，人的地位却又被降低了。"②

不过，从通达"天理"的工夫进路看，两宋儒学却不乏以"心"融"理"的思想倾向，这又在客观上大大发展了个人自主性。在这方面，程朱理学由于将"心"与"理"支离开来，突出强调"天理"的外在客观性而将之教条化，通过"格物穷理"的工夫，严苛地规范着个人的一言一行，因此不免更加趋向保守。但是与之争辩的心学派则突出了"理"与"心"一致不二的面向，通过自作主宰的"简易工夫"，体现出以一己之"心"融摄"天理"的倾向。③

其实，早在程颢的《识仁篇》中就敞显出这一倾向。他说：

---

① 程颢、程颐著，王孝鱼点校：《二程集》，第 77 页。
② 蒙培元：《理学范畴系统》，北京：人民出版社，1989 年，第 178 页。
③ 心学与理学的差别，类同于西方唯名论与实在论之间的差别。唯名论否认上帝是外在实体性存在，而认为其是寄于每个人的心中的共相观念，这一思想直接启发了以"因信称义"为核心理念的宗教改革，进而促进了西方的现代启蒙。而心学派提出"心即理"，在思想效用上与唯名论有相似之处。

> 仁者，以天地万物为一体，莫非己也。认得为己，何所不至？若不有诸己，自不与己相干。如手足不仁，气已不贯，皆不属己。①

时至南宋，陆九渊提出"心即理"的命题就使这一倾向更为明显。他直言：

> 天之所以与我者，即此心也。人皆有是心，心皆具是理，心即理也。②
> 心之体甚大，若能尽我之心，便与天同。③
> 宇宙便是吾心，吾心即是宇宙。④

继陆九渊之后，其弟子杨简（慈湖学派）也表达了类似的观点：

> 天地，我之天地；变化，我之变化，非他物也。……清明者，吾之清明；博厚者，吾之博厚，而人不自知也。……夫所以为我者，毋曰血气形貌而已也，吾性澄然清明而非物，吾性洞然无际而非量，天者，吾性中之象，地者，吾性中之形，故曰在天成象，在地成形，皆我之所为也，混融无内外，贯通无异殊。⑤

可以看出，其实质给出了一种循"心"求"理"的进路，也即认为每个人可顺从自身内心的直觉体悟来阐发天理。这就意味着天理不再是一个外在客观的实体性存在，而是依靠内心存在的一个观念，因此就在无意间消解了天理教条的至上权威性。

---

① 程颢、程颐著，王孝鱼点校：《二程集》，第 15 页。
② 陆九渊：《与李宰》，见陆九渊著，钟哲点校：《陆九渊集》，北京：中华书局，1980 年，第 149 页。
③ 陆九渊：《语录下》，见陆九渊著，钟哲点校：《陆九渊集》，第 444 页。
④ 陆九渊：《年谱》，见陆九渊著，钟哲点校：《陆九渊集》，第 483 页。
⑤ 黄宗羲：《宋元学案》卷七四，北京：中华书局，1986 年，第 2467—2468 页。

当然，这仅仅是两宋儒学在工夫进路上的面向，在根本的价值追求上，不论心学派的"心"，还是理学派的"理"，都同样承载着传统的纲常伦理价值，甚至在某种意义上，以"心"融"理"在更深层的意义上暗合了以"理"驭"心"的立场。因此，这并不代表两宋儒学已具有现代意义上的个体主体意识的自觉。

尽管如此，我们依然需要认识到，这种"吾心"的张扬实际起到了瓦解"天理"权威、释放个人自主空间的积极作用。从后续儒学发展看，两宋儒学以"心"融"理"的思想倾向，经阳明心学的发展得到了更为深入而系统的表达，而后又通过泰州学派的发挥和传播落实到了现实生活的方方面面，促进了个体主体意识的发展，是值得当代儒学继承转化的一个重要的思想观念。

三、人极与皇极的政治博弈

两宋儒学的两面性并不仅仅反映在抽象的哲学义理之中，而且还反映在具体的政治伦理观念中。其中，在政治领域内，"心"指引着人极的挺立，"理"则维护着皇极的权威，由是"心"与"理"的义理纠缠就现实地表现为人极与皇极的政治博弈。

一方面，就其自觉的政治立场看，宋儒始终尊奉着"皇极"。这也是自春秋时代就确立起来的传统政治观念，其最初见于《尚书》"洪范九畴"的第五"建用皇极"：

> 皇建其有极，敛时五福，用敷锡厥庶民。惟时厥庶民于汝极，锡汝保极。……惟皇作极。凡厥庶民……不协于极，不罹于咎，皇则受之。……时人斯其惟皇之极。……会其有极，归其有极。曰皇极之敷言，是彝是训，于帝其训。凡厥庶民，极之敷言，是训是行，以近天子之光。

这里所指的建"极"者乃是"皇"，也就是"皇建其有极""惟皇作极",而"时人斯其惟皇之极"。此"皇"在宗法时代是天子,而在专制时代则是皇帝。朱熹的弟子蔡沈就解释说:"极,犹北极之极,至极之义,标准之名,中立而四方之所取正焉者也";"皇极者,君之所以建极也";"皇极曰建,所以立极也"。又说:"言人君当尽人伦之至:语父子,则极其亲,而天下之为父子者,于此取则焉;语夫妇,则极其别,而天下之为夫妇者,于此取则焉;语兄弟,则极其爱,而天下之为兄弟者,于此取则焉;以至一事一物之接,一言一动之发,无不极其义理之当然,而无一毫过不及之差,则极建矣。"① 这就表明在伦理学的意义上,尤其在政治意义上,"皇极"乃是最高的准则。

但另一方面,宋儒认为唯有"立人极"才能传承儒家"道统"。② 这在现实中就落实为宋儒治平天下的责任担当和现实抱负,由是他们无不自觉践行"修齐治平"的工夫。这不仅促使宋儒积极地参政、议政,而且自觉秉承"道统""格君心之非",大有制衡皇权的作用。

因此,在两宋的政治生活中,呈现出"人极"与"皇极"相互博弈的局面,这在中央政治和地方政治中都有具体的表现。

(一)"共定国是"与得君行道

在中央层面,两宋政治的一大特色就是"共定国是",它是指君主与士大夫集团共同制订基本国策。虽然"建用皇极"实际已经赋予了皇帝独断"国是"的合理性,但"共定"却表明皇帝是与儒士分享治权。我们知道,先秦楚庄王就曾提出"愿相国与诸侯士大夫共定国是"③,宋代的"国是"就是秉承这一传统而来。南宋宰相李纲以此为据说:"古语有之云:'愿与诸君共定国是'。夫国是定,然后设施注措以次推行,上有

---

① 蔡沈注,钱宗武、钱忠弼整理:《书集传》,南京:凤凰出版社,2010年,第143—144页。
② 所谓"盖自上古圣神继天立极,而道统之传有自来矣"。参见朱熹:《四书章句集注·中庸章句序》,北京:中华书局,1983年,第14页。
③ 卢元骏:《新序今注今译》,台北:台湾商务印书馆,1977年,第70页。

素定之谋，下无趋向之惑，天下事不难举也。"①以"共定"的方式颁布的"国是"，对皇帝、廷臣都有约束力，皇帝想单独更改"国是"，并不是一件容易的事情。就此而言，"共定国是"起到了现实地弱化皇权独断性的作用。

当然，"共定国是"必须以维护"皇极"为根本目的才具有合理性，而且最终的落实和执行也还是要依靠皇帝的授权，此谓"得君行道"。对此，程颐曾通过对《易·乾卦》的解释做了阐明。他说："乾九二，以圣人言之，舜之田渔时也。利见大德之君，以行其道。君亦利见大德之臣，以共成其功。"②这在现实中最典型的例子就是北宋时期的"熙宁变法"，"得君行道"的王安石也因此成为后世儒者所羡慕的幸运儿。可以说，这在传统社会中具有相当的必要性和合理性，然而从发展现代价值的立场看，"得君行道"的观念也暴露了儒学的软弱性和保守性。另外，"共定国是"也还仅是儒士阶层的一种政治自觉，并不是一种民众的普遍意识，事实上，儒士大夫以精英自居而将百姓排除在"共定国是"之外，文彦博就认为皇帝"为与士大夫治天下，非与百姓治天下也"③。这都表明"共定国是"还远不能与现代的民主政治同日而语。

尽管如此，"共定国是"依然对于限制皇权专断具有积极的意义，这也是由其当时的社会生活境遇所决定的。一来，科举的普及使当时社会受教育的人数大幅增多，越来越多的寒门子弟进入到社会精英阶层④；二来，当时的中国已经失去了天下共主的地位，四夷崛起造成的边境危机使人们不再神化宋王朝的存在；三来，帝国体制的成熟和兵权的集中让儒士对皇权没有实质的威胁，而宋朝军政的羸弱也需要从文官集团中得到更多的援手。

---

① 李纲著，王瑞明点校：《李纲全集》卷五八，长沙：岳麓书社，2004年，第637页。
② 程颐撰，王孝鱼点校：《周易程氏传》，北京：中华书局，2011年，第2页。
③ 李焘：《续资治通鉴长编》卷二百二十一，北京：中华书局，1995年，第5370页。
④ 关于"宰辅专政"的说法，参见王瑞来：《宰相故事：士大夫政治下的权力场》，北京：中华书局，2010年，第304页。

这种政治小气候也使得儒士们在国家治理中得到了更多的话语权。当时"权归人主，政出中书，天下未有不治"①成为儒士们共同的治国理念。其中，程颐就曾明言："天下重任，唯宰相与经筵，天下治乱系宰相，君德成就责经筵。"②"夫以海宇之广，亿兆之众，一人不可以独治，必赖辅弼之贤，然后能成天下之务。自古圣王，未有不以求任辅相为先者也。"③此外，他还通过解《易·乾卦》为此提供哲学依据，指出："圣人既得天位，则利见在下大德之人，与共成天下之事。天下固利见夫大德之君也。"④历史地看，这些论说都对后世的社会政治观念产生了直接影响，特别是其中体现出的参政、议政的自觉意识，对明末东林党的崛起，以及清末政治性学社的发展起到了思想先导的作用。

（二）乡约自治与保甲连坐

在地方治理中，由于两宋时期，县以下不设治，而是实行户等制、乡役制、保甲制等乡村制度化管理，而且还有各种"私"系统，也即社会和民众自我发展、调适的运行程式，因此出现了各种乡民自我管理模式，诸如以书院为代表的私学，以社仓为代表的民间救济，以义约为代表的民间慈善，以义役为代表的经济合作组织，以弓箭社为代表的民间自卫武装，以及宗族、家族等乡规民约的管理模式等。其发起者和主导者大都是久居乡间的儒士，因而往往具有"修齐治平"的自觉意识，但因不能直接参与国是，遂将这种政治抱负在民间、乡里和宗族中加以施展。乡约自治正是其中最具代表性一种模式。

"乡约"最初由北宋关学代表人物吕大钧创建，是一种以"约"为单位的非政府性的民间自治组织。其制定的《吕氏乡约》规定："凡同约者，德业相劝，过失相规，礼俗相交，患难相恤，有善则书于籍，有过若

---

① 脱脱等：《宋史·洪咨夔传》第35册，卷四百〇六，北京：中华书局，1977年，第12265页。
② 程颢、程颐著，王孝鱼点校：《二程集》，第540页。
③ 程颢、程颐著，王孝鱼点校：《二程集》，第522页。
④ 程颢、程颐著，王孝鱼点校：《二程集》，第696页。

违约者亦书之,三犯而行罚,不悛者绝之。"① 此法为明代王阳明所效仿推行于南赣,由此进一步发展了民众的自觉性,并逐渐与保甲、社仓、社学一道构成了明代的乡治体系。这种自治模式是依靠舆论监督、劝诫相告等熟人社会的道德伦理的软性约束实现民户相互监督、自我牵制,村人一旦触犯道德礼法,不仅会受到道德谴责,还通过保甲、连坐等方式进行刑事处罚。

对此,现代新儒家张君劢认为"乡约和中国地方自治的关系相当于卢骚的社约(Social Contract)与西方民主政治的关系"②,"吕大钧和王阳明的乡约变成了一种劝人如何成为优良公民的方法"③。但就其实际效用看,与保甲连坐制度相关联的乡约自治,并不能简单等同于现代性的公民自治,而是"人极"与"皇极"在地方政治中相辅又相左的体现。

其实,久居乡间的儒士,既是国家政治权力在乡村中的代表,又是民间社会力量的代表,是介于州县政府和乡村大众之间衔接性的中介。④ 因此,一方面,他们作为国家权力的代表和家族伦理的维护者,自觉到"后世教化渐衰,民多放逸,有王法所不能及者。有心人关怀风教为之立规定制以济王法之穷。固都士人之责"⑤。这种自觉维护皇权专制和纲常礼法的意识也正是"本体—工夫"之间悖谬的具体体现,也就是说,乡间的儒士自觉地维护着王法,认为自身肩负着为皇权王法查缺补漏的责任。因此,乡约通过纲常伦理与户等制、保甲制的结合,将每个人编织在一个伦理网罗中,而无法发展出独立的个体主体,这实际更加深了中央集权的控制性和纲常礼法的禁锢性。在这个意义上,乡约绝非造就现代"优良公民"的良方,而是皇权向乡间渗透的手段和纲常伦理传布的渠道。

但另一方面,乡间儒士作为民间力量的主要代表,通过组织发展乡

---

① 脱脱等:《宋史·吕大防传》第31册,卷三百四十,北京:中华书局,1977年,第10844页。
② 吕希晨、陈莹选编:《张君劢新儒学论著辑要》,北京:中国广播电视出版社,1995年,第188页。
③ 吕希晨、陈莹选编:《张君劢新儒学论著辑要》,第190页。
④ 刁培俊、张国勇:《宋代国家权力渗透乡村的努力》,《江苏社会科学》2005年第4期。
⑤ 《吕氏乡约·题叙》,参见余治辑:《得一录》卷十四之一,清康熙十六年(1677)刻本。

约自治，对基层的官方势力形成有效制衡，从而间接地削弱了中央集权对民众的统治。在这方面，乡约确实与现代性的公民自治有类似之处。此外，乡约等自治模式的确立，都蕴含了一种积极的平民观念，即愚夫愚妇也同样具有明德达理的能力，也同样有资格参与公共事务的管理。这实际已经转变了基于"民者，暝也"①的传统"牧民"思想，进而有效地促进了普通民众主体意识的觉醒。

就历史实情看，不论在中央，还是在地方，两宋儒家的政治立场根本还是为了维护皇权，而且政治实践也往往以"皇极"压倒"人极"告终，这无疑使两宋儒学在政治层面的现代转向薄弱无力。不过，我们不能否认，这其中萌动着政治世俗化的趋势，客观地刺激着个体政治意识的觉醒和一种现代政治的走向。

四、理欲、义利的伦理对峙

除却政治领域的博弈，两宋儒学的两面性更为广泛地体现在百姓日用伦常中天理与人欲、道义与事功的对峙。

（一）理欲之辩

在现实的伦常生活中，两宋儒学表现出两种对立的伦理态度，即存理灭欲与以欲为理。

一方面，由于纲常伦理作为"天理"而占据先验至上的地位，所以宋儒的道德践履不仅要求个人认同现实的纲常伦理，而且要求人人自觉履行之，时时自省，克制自身欲求。这方面最为典型的就是程朱理学，但事实上，与之论辩的心学派也是如此，陆九渊就认为，不患善心之不存，而患欲望之不去，"欲去，则心自存矣"②，至明代王阳明也强调"破心中贼"，甚至认为"减得一分人欲，便是复得一分天理"③，何等轻快脱洒！

---

① 苏舆撰，钟哲点校：《春秋繁露义证》，北京：中华书局，1992年，第279页。
② 陆九渊著，钟哲点校：《陆九渊集》，第380页。
③ 王阳明：《传习录》，见《王阳明全集》，吴光等编校，上海：上海古籍出版社，1992年，第28页。

可以说,"存理灭欲"是两宋儒家一种共同的伦理主张。

另一方面,宋儒主张的修身工夫,并不是依仗外在礼法的惩戒或律令的震慑,而是依靠个体自觉的行为和内心的认同。这在实际践行中就渐渐形成了人欲与天理合一的伦理态度。例如湖湘学派胡宏就提出:"天理人欲同体而异用,同行而异情。进修君子,亦深别焉。"① 进而认为个人的欲求和利益也具有正当合理性。

> 夫妇之道,人丑之者,以淫欲为事也,圣人安之者,以保合为义也,接而知有礼焉,交而知有道焉,惟敬者为能守而勿失也,《论语》曰"乐而不淫",则得性命之正矣,谓之淫欲者,非陋庸人而何?②

这一观念积极引导了明清儒家对理学"以理杀人"的批判,以及对个人欲求的进一步肯定和张扬。例如李贽直言,"夫私者,人之心也。人必有私而后其心乃见,若无私则无心矣"③,"趋利避害,人人同心,是谓天成"④;王夫之认为,"饮食男女之欲,人之大共也"⑤;戴震强调,"今以情之不爽失为理,是理者存乎欲者也"⑥。可以说,两宋儒家对人欲的正视和辩护,正是儒家自身在伦理生活中解构纲常伦理的开端。

(二)义利之争

在经济生活中,两宋儒学的两面性集中体现为功利与道义之间的争辩。对此,程朱理学坚持主张自汉以来的主流义利观,即"正其义不谋其利,明其道不计其功"。但两宋儒家中重视功利价值的也大有人在。例

---

① 胡宏:《胡宏集》,北京:中华书局,1987年,第329页。
② 胡宏:《胡宏集》,第7页。
③ 张建业主编:《李贽文集》第三卷,北京:社会科学文献出版社,2000年,第626页。
④ 张建业主编:《李贽文集》第一卷,北京:社会科学文献出版社,2000年,第38页。
⑤ 王夫之:《诗广传》卷二,见《船山全书》第三册,长沙:岳麓书社,2011年,第375页。
⑥ 戴震:《孟子字义疏证》卷上,北京:中华书局,1961年,第8页。

如，北宋李觏就提出"人非利不生"①的观点；而王安石特将《周易》所说的"利者，义之和"重新解释为"义固所为利也"②，正与程颐"利者和合于义也"的解释相对。不过，大力主张发展事功，并向朱熹义利观发起直接挑战的，还是南宋时期兴起的事功学派，这其中尤以永嘉学派的叶适和永康学派的陈亮为典型。

叶适认为，"仁人正谊不谋利，明道不计功。此语初看极好，细看全疏阔。古人以利与人，而不自居其功，故道义光明。后世儒者，行董仲舒之论，既无功利，则道义者，乃无用之虚语耳"③。陈亮则不仅主张农商并重，而且认为"古今异宜，圣贤之事不可尽以为法"，故"法令不必酌之古，要以必行"④，义要体现在利上，故利也就是义，义利双行缺一不可，所以"功到成处便是有德；事到济处便是有理"⑤。由是，他指出不能离开事而空言义利、理欲，而要在事中察其"真心"，"大其眼以观之，平其心以参酌之"，"眼目既高，于驳杂中有以得其真心故也。波流犇进，利欲万端，宛转于其中而能察其真心之所在者"⑥。

从其主张看，事功主义与近代功利主义或有相似之处，但从其根本价值立场看，二者还是有着本质的区别。事实上，事功学派所谓的"利"，多是泛指"生民之利"，即使肯定个体利益也是强调要"君长"以权柄为之节制，因此最终还是主张以霸王之术"执赏罚以驱天下"。⑦据此而言，事功学派虽然主张发展工商业，增加经济利益，但并没有真正摆脱传统王霸义利的观念，所以并不等同于现代社会鼓励个体权利和利益的发展。

不过，事功主义的兴起还是对儒家义利观的现代转向起到了推动作

---

① 李觏：《李觏集》，北京：中华书局，1981年，第326页。
② 李焘：《续资治通鉴长编》卷二百一十七，北京：中华书局，1995年，第5321页。
③ 叶适：《习学记言序目》，北京：中华书局，1977年，第324页。
④ 陈亮著，邓广铭点校：《陈亮集》，北京：中华书局，1987年，第178页。
⑤ 陈傅良：《止斋文集》卷三六《答陈同父三》，见永瑢、纪昀等编纂：《四库全书》影印版，第1150册，第782页上。
⑥ 陈亮著，邓广铭点校：《陈亮集》，第349页。
⑦ 陈亮著，邓广铭点校：《陈亮集》，第42页。

用，特别通过对朱熹片面强调道义的驳斥，有效地将追求事功价值的思想观念传播渗透到了社会各领域之中，促进了个人对现实功利的认同和追求，直接为浙东地区工商业的发展提供了有利的思想支撑。在明清之际经世致用的思潮中，经世学者对事功学派的功利思想也都特别推崇，从王夫之的富民强国思想到颜元的义利统一观念，都可以看到事功主义的影子。

五、余论

两宋儒学的内在紧张实质指引着两种截然相反的价值趋向，即固守前现代价值与开启现代价值。历史地看，这两种价值趋向在后世的儒学发展中并没有得到弥合，反而是渐行渐远，形成了日趋扩大的"剪刀叉"格局。因此，我们看到，明清时期，一方面出现了具有启蒙色彩的儒学思想，将通往现代性的可能一步步彰显出来，对理学家"以理杀人"的批判日趋高涨；另一方面，明清统治者通过对程朱理学进一步意识形态化，加强了思想钳制，使得儒家思想越发保守，而最终成为"吃人的礼教"。近现代时期，一方面出现了维新派、现代新儒家等提倡现代价值的儒学；另一方面却也始终存在着抱守残缺的"国粹派"。而在当代儒学中，更进一步分化为推进儒学现代转型与发展原教旨儒学，这样两种相反的理论方向。

积极地看，这种分裂和撕扯，正是儒学自身孕育新生和向现代转型的阵痛。其现代性的观念必须经过不断发展，才能逐步脱离传统的母体，获得一种独立的思想形态。这一过程势必伴随着母体的不适，因此不免充满冲突和对抗，并带有明显的过渡性。但不论怎样，生活本身浩浩荡荡朝向现代发展的趋势，自然地，而且已然地，簇拥着儒学走向现代。

因此，当下我们有必要从顺应和发展现代生活的意义上，认清两宋儒学的两面性及其思想的时代效用，对其中有利于发展现代价值观念的思想因子进行新的诠释，赋予其新的理论形态，推动儒学现代转型的进程。

儒学现代转型的"引桥"
——宋明儒学的时代性再认识*

近现代儒学理论的创建以及当代儒学的发展，其实已经表明儒学的现代转型并不是一种理论设想，而是一种已经发生，并且仍在继续发生的事实。在这个意义上，"儒学能否发生现代转型"已是一个不攻自破的伪问题。不过，人们对于儒学究竟何时、如何萌动了现代转型却往往含混不清，而这恰恰是解释儒学现代转型问题时首先要回答的内容。对此，我们必须要给出一个正面的、明确的解答。

一、儒学现代转型问题的基本观点

"现代性"不仅是一个时间节点，也不仅是有别于传统社会的一套经济制度、政治制度和文化制度架构①，而且是代表着一种有别于以往任何时代的思想观念——个体观念。之所以这样讲，乃在于现代社会各领域生活的展开都是建立在个体主体的基础上，不论是民主政治，还是科技工业、商业资本等无不如此；并且从近现代哲学的发展看，不论是理性主义，还是各种非理性主义（唯意志主义、存在主义等），其实质都是为个体主体的确立提供的一种根本依据。因此，不仅西方学者直接将个体主义视为现代性的本质原则，就连现代新儒家也认为，"近代化国家建立之基石存于个体性之自觉与普遍性之透彻。无个体性之自觉，下而不能言权利

---

* 原载《哲学研究》2018年第7期。教育部人文社会科学重点研究基地（山东大学易学与中国古代哲学研究中心）重大项目"儒家哲学现代转型研究"（批准号：16JJD720010）阶段性成果。
① 安东尼·吉登斯：《现代性的后果》，田禾译，南京：译林出版社，2007年；安东尼·吉登斯：《现代性与自我认同：现代晚期的自我与社会》，赵旭东、方文译，北京：生活·读书·新知三联书店，1998年，第49—56页。

（诸自由）与义务，上而不能言真实的普遍性"①。

这里需要注意的是，作为现代性根本观念的个体（individual）并不同于通常所说的个人（person）。显然，任何社会都存在着个人，任何时代也都不乏个人化的言行，但我们并不能就此认为任何社会都具有个体观念，或认为任何时代都以个体为主体。也就是说，个人的存在并不必然意味着个体的确立。事实上，由个人转变为个体乃是进入现代社会之后的事情。不过，应当承认的是，个体的确立必然是以个人的存在为前提，并且必然以个人自主性的张扬和充分发展为先行环节。唯有如此，前现代社会的个人才能逐步意识到，自身不仅仅是实现宗族、家族、国族等群体价值的手段，而且更是群体性存在的根本目的和整个社会的根本价值，这样个体的主体价值才可能被唤醒。由此可以说，个人自主性的发展总是与个体主体性的挺立密切关联。

以个体观念的挺立为线索，反观儒学的历史，我们发现，现代新儒学、维新儒学，甚至明清启蒙儒学，这些儒学形态不论从"启蒙""维新""现代"等称谓上，还是其思想观念上，都已经不同程度地体现出现代性的根本特质。例如，现代新儒学在形下学层面，力主发展现代民主与科学，培养个体性的公民人格，在形上学层面，通过借鉴近现代西方哲学重新阐释宋明儒学的本体观念，试图确立个体主体的本体地位；而在此之前的维新儒学也大力提倡民主、自由，并通过"新民"的主张积极推动个体觉醒。凡此种种都昭示着儒学自身已经发生了现代转型。

当然，有不少人将之视为"西方冲击"的结果，但如此一来必然导出两种极端的立场，即要发展现代性就必须与儒学传统切断联系，或要保持儒学发展就必须以拒绝现代性为前提。现实中，前一种立场以"五四"时期"全盘西化"和"全盘反传统"为典型，其结果是导致了近代中国的"文化自宫"；后一种立场则体现为当前儒学复兴热潮中，儒家原教旨主义的盛行。其中的原因在于，不论前者，还是后者，都是将"古今之变"

---

① 牟宗三：《历史哲学》，桂林：广西师范大学出版社，2007年，第367页。

混同为"中西之别",而其混淆的后果就是直接宣判了现代儒学与传统儒学的断裂。

其实,关于现代与传统的"断裂说"也盛行于西方学界,最典型的就是英国社会学家吉登斯在《现代性的后果》中的说法,即现代与传统社会的制度结构完全不同,乃至诸多价值观念发生了背离,社会结构和生活组织方式形成了变革,据此他说这是因为现代与传统之间发生了"断裂"。但事实上,这种社会学意义上的"断裂",在人类社会每一次大转型时都存在,而这些具体社会内容的变化并不意味着其思想传统的"断裂"。对此,早有西方学者通过对西方现代性的追溯,指出"现代世界的出现,不是一种与古代世界截然断裂式的文化—社会演化,它与古代的社会和思想保持着连续性"[1];"古代文化仍是现代世界的实质基因之一,它通过晚期中世纪文化和文艺复兴而成为近代世界的形成因素"[2]。

这不只是西方,在中国从传统转型现代的过程中,同样体现着思想发展的连续性。只要我们进一步追溯这些富有现代性的儒学思想渊源就可以发现,它们或者与宋明儒学有着密不可分的师承关系(如明清启蒙思想家黄宗羲就是归宗心学,王夫之则是对张载气学的继承);或者是在思想进路上自觉保持着某种遥契(如现代新儒学所坚持的"返本开新"的理路就是为开出现代的民主科学而坚持"返本"到宋明儒学,其旨趣在于接着宋明儒学讲)。这都预示着宋明儒学与现代观念之间具有密切的思想关联,或者说宋明儒学已然孕育了某种现代性的观念。另外,还有文学、史学、民俗学等领域的诸多研究成果也已证实,宋明时期的社会观念出现了现代转型的迹象,而这一切都必然会在当时的儒学理论中有所反映。因此,当代儒者黄玉顺直言:"宋明儒学当中必定已经存在着儒学的某种现代化版本,只不过被既有的'宋明理学'研究遮蔽了,需要我们将其揭示

---

[1] 刘小枫:《现代性社会理论绪论:现代晚期的自我与社会》,上海:上海三联书店,1998年,第67页。

[2] 刘小枫:《现代性社会理论绪论:现代晚期的自我与社会》,第68页。

出来。"① 这些线索促使我们推定这样一个基本观点：儒学的现代转型根本是从传统儒学的母体中孕育出来的一种思想趋向，而宋明儒学不仅是传统儒学的一座理论高峰，而且也是儒学现代转型的一座思想"引桥"。

二、儒学现代转型的"引桥"之喻

如果说儒学的现代转型是一种思想的跨越，那么，这种跨越绝不会凭空发生，其势必需要通过一座思想的"桥梁"。进一步看，这座思想的桥梁不仅仅要由"正桥"构成（例如前文所提及的现代新儒学、维新儒学等就是"正桥"的一个阶段），而且还需要有一段导引传统儒学驶入正桥的"引桥"。

所谓"引桥"（approach bridge），本义是一种连接码头与陆域的桥式建筑物（approach road of bridge），也即一种连接正桥和路堤的桥（road-approach-bridge section），相当于桥和路之间的"过渡"，其作用是为把路面逐渐抬高，或逐渐降低，使车辆能平缓地由路面驶入正桥，或由正桥平缓地着陆。对儒学现代转型而言，"引桥"意味着在传统儒学（路堤）与现代转型中的儒学（正桥）之间，尚有一段重要的思想过渡，它兼具"路"与"桥"的双重特质：一方面，它依然站在传统儒学的路堤上，并没有形成现代转型的自觉；但另一方面，它又在发展过程中逐步偏离了传统儒学的路堤，不自觉地导引着传统儒学向正桥的方向行使，直至开始真正的跨越。

在笔者看来，宋明儒学正是这样一座"引桥"。就其产生的渊源看，中国帝制社会发展到两宋时期，生活风貌发生了明显的转变：一方面，帝制统治日趋滞固，中央集权日益加强；另一方面，民间社会兴起，坊间生活日趋平民化、世俗化，现代性的生活方式悄然萌生。这种社会生活的两面性就本然地塑造着一种守成与开新的思想混合体——宋明儒学。

就宋明儒学本身看，也明确印证了这一时代特质。一方面，从理论

---

① 黄玉顺：《论"重写儒学史"与"儒学现代化版本"问题》，《现代哲学》2015 年第 2 期。

归旨和价值立场讲，宋明儒学是为了当时重振帝制纲常而进行的儒学理论建构，它使帝制纲纪在失去两汉意志之天的庇护之后，获得了以"天理"为核心的新的理论支撑。尽管宋明儒学内部不乏分歧，但不论理学还是心学，根本上都是以纲常伦理为先验至上的价值准则，所谓"凡生于天地之间者，又各得之以为性，其张之为三纲，其纪之为五常，盖皆此理之流行，无所适而不在"①。在这个意义上，宋明儒学体现出明显的守成性，并且日趋滞固乃至成为杀人的礼教。但是就其思想路径和实际效用讲，宋明儒学却通过对个人自主性的重视孕育了个体观念。这是由于宋明儒学不再以灾异谴告或暴力强制作为"重振纲纪"的进路，而是通过加强每个人内心对纲常伦理的价值认同来实现。因此，宋明儒学提出对"天理"的体认和把握方式，要么是通过个人内在的直觉体验，要么是通过个人的经验认知，其目的都是为了使个人通过道德自律，自主自觉地践行帝制纲常伦理，但这种方式在现实中却恰恰使个人的自主性得到了空前的肯认和高扬。尽管儒家历来都注重个人的身体力行，但是以一套系统的理论对个人自主的必要性和现实可能性提供论证却是宋明儒家的创建，也正是因此，宋明儒学实际有效地促动了个体主体的觉醒，逐步离析了儒学与帝制纲常的伴生关系，呈现出一种开新性。

三、儒学现代转型之"引桥"的逻辑展开

从其逻辑发展的脉络看，宋明儒学作为一座"引桥"，大可划分为三段：

（一）前段："立人极"——以人道彰显天道

北宋初期，周敦颐提出的"立人极"思想虽然是基于"重振纲纪"的初衷，但从儒学现代转型的意义上看，却是传统儒学萌生现代转型的临界点，或者可以说，"立人极"已站在儒学现代转型之"引桥"的前端。

---

① 朱熹撰，朱杰人、严佐之、刘永翔主编：《朱子全书》第 23 册，上海：上海古籍出版社、合肥：安徽教育出版社，2002 年，第 3376 页。

我们知道,"立极"本来是一个房屋营造的术语,如《说文解字》:"极,栋也。"段玉裁注:"极者,谓屋至高之处。"在中国哲学中,"立极"作为一种隐喻而具有明确的哲学意义,最初是《洪范》以"建用皇极"代表政治哲学意义上的最高价值,而自《易传》之后,"立极"具有了宇宙本体的意义,其中最为人们所熟悉的就是下面《易·系辞传上》中的这段话:

> 易有太极,是生两仪,两仪生四象,四象生八卦,八卦定吉凶,吉凶生大业。①

这是以营造房屋的隐喻描述了宇宙的生化过程及其逻辑结构,其中"极"或者"太极"象征着外在于人的、客观至上的自然天道,实际是一个宇宙本体观念。因此,在一般哲学意义上的"立极"就是指宇宙本体的确立。

而周敦颐却通过对"太极"本体的重新阐发,从宇宙生成的维度论证了人的至上价值,也即所谓"立人极"。他说:

> 无极而太极。太极动而生阳,动极而静,静而生阴,静极复动。一动一静,互为其根;分阴分阳,两仪立焉。阳变阴合,而生水火木金土;五气顺布,四时行焉。五行一阴阳也,阴阳一太极也。太极本无极也。五行之生也,各一其性。无极之真,二五之精,妙合而凝。"乾道成男,坤道成女。"二气交感,化生万物,万物生生,而变化无穷焉。惟人也得其秀而最灵。形既生矣,神发知矣,五性感动而善恶分、万事出矣。圣人定之以中正仁义而主静,立人极焉。故圣人"与天地合其德,日月合其明,四时合其序,鬼神合其吉凶"。君子修之吉,小人悖之凶。故曰:"立天之道,曰阴与阳;立

---

① 《易·系辞传上》。

地之道，曰柔与刚；立人之道，曰仁与义。"又曰："原始反终，故知死生之说。"大哉《易》也，斯其至矣！①

这段话有两方面的意思：其一，易道太极，而立三才之道，亦即三极；其中，圣人立人之道，就是立人极；圣人之立人极，也就是"代天立极"（或如朱子曰"继天立极"）。而人极，就是中正仁义，那么，彰显中正仁义也就是体现天道之阴阳、地道之柔刚，所谓"继之者善也，成之者性也"②，由此论证了"立人极"具有必要性。其二，人先天具有彰显天道的能力，所谓"惟人也得其秀而最灵"，据此说明"立人极"具有现实可能性。基于这两点，他将宇宙本体的"太极"转为心性本体的"人极"，完成了儒学从宇宙本体论到心性本体论的转变，其实质已把人自身确立为最高价值。

当然，"立人极"只是在类存在的意义上突显了人的价值，并没有指向个体价值的确立，但其中周敦颐将个人的"主静"修养作为"人极"挺立与否根本途径，却意味着个人并不是执行天意的被动性存在，而是具有一定价值担当的自主性存在。其实，"立"字（甲骨文写作🔺）的字形本身就示意着一个人挺立于大地上，但在周敦颐之前，特别是在汉儒那里，"立极"乃是突出宇宙天道的至上性，人只能匍匐其下并没有自身价值，更无个人自主性可言。而周敦颐以"立人极"从本体论的层面复显了孔孟等原始儒家具有的个人自主精神，并发展出一套学理的论证，这就使个人自主性首次获得了一种哲学理论的表达。

从此后的儒学发展看，"立人极"的思想影响极为深远，如明儒罗汝芳说："夫所谓立身者，立天下之大本也：首柱天焉，足镇地焉，以立人极于宇宙之间。"③又如明清之际大儒王船山说："存人道以配天地，保天

---

① 周敦颐：《太极图说》，见周敦颐著，陈克明点校：《周敦颐集》，第3页。
② 《易·系辞传上》。
③ 罗汝芳：《孝经宗旨》，明万历绣水沈氏刻宝颜堂秘笈本，第30—31页。

心以立人极"①，"圣人之所以依人而建极也"②，等等。同时，在"立人极"的启发下，宋明儒家越来越注重通过自觉提升个人的心性修养来彰显最高价值，并由此发展出系统的工夫论为个人自主性提供了全面的理论论证和具体的践行方法（如格物穷理、致良知等）。在这个意义上，"立人极"的提出实际已经为个体主体观念的发展做了最初的理论铺垫。

（二）中段："格物穷理"—— 以个人认知证成天理

程朱理学基于"立人极"即"代天立极"的逻辑进一步推进，通过精致的理学论证实现了以人道关照天道，也即以人伦之应然作为万物之必然的根据。当然，人伦之应然，也即天理，其实质内容不外乎帝制纲常，这本身非但没有开启个体主体价值的意味，反而更压制了个人的自主性。然而，程朱理学对天理的证成方式却又客观地张扬了个人的自主性。

这是由于程朱理学认为，自然宇宙的万事万物皆是符合天理的存在，而天理必然在自然万物万事中得到经验的实证才能令人信服。因此，他们主张通过一套经验的、实证的方法在现实中证成天理，所谓"进学则在致知"③、"致知在格物"④。为此，程颐就提出要"格物穷理"，所谓"格犹穷也，物犹理也。犹曰穷其理而已矣。穷其理，然后足以致知"⑤。朱熹对这一方法尤为看重，在他看来，"万理虽只是一理，学者且要去万理中千头万绪都理会，四面凑合来，自见得是一理。不去理会那万理，只管去理会那一理，只是空想像"⑥。为此，他还专作"格物补传"进行深入阐发：

---

① 王夫之：《船山全书》第一册，长沙：岳麓书社，2011 年，第 883 页。
② 王夫之：《船山全书》第一册，第 850 页。
③ 程颢、程颐著，王孝鱼点校：《二程集》，第 188 页。
④ 《礼记·大学》。
⑤ 程颢、程颐著，王孝鱼点校：《二程集》，第 135 页。
⑥ 朱熹：《朱子语类》卷一一七，见朱熹撰，朱杰人、严传之、刘永翔主编：《朱子全书》第 18 册，上海：上海古籍出版社、合肥：安徽教育出版社，2002 年，第 3692 页。

> 所谓致知在格物者,言欲致吾之知,在即物而穷其理也。盖人心之灵莫不有知,而天下之物莫不有理,惟于理有未穷,故其知有不尽也。是以《大学》始教,必使学者即凡天下之物,莫不因其已知之理而益穷之,以求至乎其极。至于用力之久,而一旦豁然贯通焉,则众物之表里精粗无不到,而吾心之全体大用无不明矣。此谓物格,此谓知之至也。①

这番解释无非是强调个人必须通过认知万事万物(格物),才能逐步穷尽万物之理(穷理),最终达到对先验天理的认知、体悟(致知)。那么,经验实证性的个人认知也就是把握体认天理的最为主要,甚至唯一的途径。理学对经验认知的重视可以说是继承发挥了荀子开启的儒家理智主义传统。我们知道,荀子不仅提出"心有征知",而且特别注重发挥人的认知能力。

> 凡以知,人之性也;可以知,物之理也。②
> 今使涂之人者以其可以知之质,可以能之具,本夫仁义之可知之理,可能之具,然则其可以为禹明矣。③

如韦政通所说,荀子"以'知'规定人之'性',即无异以'知'规定人之'心',此性乃智性之性,与性恶之性有异,有智性而见之心,即认知心,此属能知,有能知,必有所知,盖认知心的表现"④。而这种认知心被程朱理学继承过来,就成了证成天理纲常的有效方法。

此举一如西方经院哲学集大成者托马斯·阿奎那借鉴亚里士多德经

---

① 朱熹:《四书章句集注·大学章句》,北京:中华书局,1983年,第6—7页。
② 《荀子·解蔽》。
③ 《荀子·性恶》。
④ 韦政通:《荀子与古代哲学》,台北:台湾商务印书馆,1992年,第141页。

验主义的理性方法,来证明上帝的现实存在。^①历史上,这使得经院哲学达到了空前的繁盛,但也就此埋下了瓦解神学的"特洛伊木马"。要知道,阿奎那的"五路"理性论证恰恰张扬了个人理性认知的价值,与此同时也相应削弱了上帝存在的宗教性和至上性,因此,反而成了驱魅启蒙的助力。正如有学者所指出的:

> 托马斯所代表的理性主义使经院哲学达到了空前的繁荣,但是这种繁荣对于经院哲学来说却无异于饮鸩止渴。威尔·杜兰曾把亚里士多德哲学比做希腊人留给基督教的'特洛伊木马',就此而论,正是托马斯把这匹木马拖进了经院哲学。^②

西方近现代哲学的发展正是以理性不断消化上帝的过程,直到康德将上帝作为理性的三大公设之一彻底将神学消化到理性哲学之中,而这一切正是神学自身所孕育出的一种思想趋向。

反观理学家以"格物穷理"证成天理,实际上也发挥着类似的作用。一来,当他们将"天理"作为一个依靠个人经验认知来把握的客观实体时,实际已经充分肯定了个人的认知能力具有重要价值;二来,他们对"格物穷理"的重视和强调,直接促使个人在"格物"实践中越来越充分地发展了自身的认知能力。在这个意义上,"格物穷理"不但不会使人无条件地信服天理,反而会客观地激发个人对天理纲常的理性反思,而这种反思终将在相当程度上发挥着祛除天理之昧、启发个体主体意识觉醒的作用。

---

① 虽然朱子理学与阿奎那的神学在问题意识、理论形态以及表达方式等方面都大不相同,但二者的理论旨趣和论证方式却存在着很大程度的对应性:朱子的"天理"与阿奎那的"上帝"是其各自理论的最高范畴和根本旨趣,代表着绝对至上的价值,且都是外在的客观实体。朱子通过个体理智的"格物穷理"来体认天理,而阿奎那则运用经验主义的理性方法证明上帝存在。相关研究可参阅刘光顺:《宇宙生成论的中西比较——以朱熹和托马斯·阿奎那为例》,《世界宗教研究》2011年第1期;刘京虹:《浅析程朱理学与经院哲学之异同——以朱熹和托马斯·阿奎那为例》,《常州大学学报(社会科学版)》2012年第4期。

② 张志伟:《西方哲学十五讲》,北京:北京大学出版社,2004年,第163页。

（三）后段："心即理"——以个人良知消融天理

不过，以"格物穷理"证成天理，也使得"理"与"心"、"道心"与"人心"、"天理"与"人欲"相互支离，其中"天理"作为一个高悬在外的客观权威，必须遵照明确固定的解释，而个人并没有自主诠释天理的空间。对此，陆王心学就针对程朱的支离之学提出"心即理"，由此将"天理"统合于"心"，为个人直接解释天理释放出了开阔的可能空间，并在理论上打开了个体价值消融天理权威的通道。其中，先有陆九渊从思想主张上强调："人皆有是心，心皆具是理，心即理也。"① "心之体甚大，若能尽我之心，便与天同。"② 后有阳明心学以"良知"为心之本体，为天理内在于人心的必然性提供了深入的理论阐释。例如：

> 可知充天塞地中间，只有这个灵明；人只为形体自间隔了。我的灵明，便是天地鬼神的主宰。③
> 虚灵不昧，众理具而万事出。心外无理，心外无事。④
> 知是心之本体，心自然会知的。见父自然知孝，见兄自然知弟，见孺子入井自然知恻隐，此便是良知，不假外求。⑤
> 良知是天理之昭明灵觉处，故良知即是天理。⑥

在这里，"良知"既是人之本体，也是宇宙的本体，这就表明良知本身就包括了天理，而不必在良知之外另寻一个天理。因此，阳明强调"尔那一点良知，是尔自家准则"⑦。只要"实实落落依着他做去，善便存，恶便去"⑧。也就是说，人人只要"致良知"便能把握天理。这意味着"天

---

① 陆九渊著，钟哲点校：《陆九渊集》，第149页。
② 陆九渊著，钟哲点校：《陆九渊集》，第444页。
③ 《王阳明全集》，吴光等编校，第124页。
④ 《王阳明全集》，吴光等编校，第15页。
⑤ 《王阳明全集》，吴光等编校，第6页。
⑥ 《王阳明全集》，吴光等编校，第72页。
⑦ 《王阳明全集》，吴光等编校，第92页。
⑧ 《王阳明全集》，吴光等编校，第92页。

理"不再是一种外在的客观实体,而只是内在于个人的良知,如此一来,"天理"便渐渐由实转虚,成为一种个人性的、观念性的存在。

心学派将"天理"内在化、观念化的思想趋向与西方的唯名论可谓异曲同工。事实上,宋明儒学内部的心学与理学之争正类似于西方经院哲学内部的唯名论与唯实论(以托马斯·阿奎那为代表)之争。而唯名论与唯实论的根本不同就在于,唯名论否认上帝是一个外在客观的实体,而是视之为一个共相的观念性存在。现实地看,这一思想直接推动了西方的宗教改革,并与其现代启蒙相贯通。要知道,领导宗教改革的马丁·路德,不仅自称是唯名论奥卡姆派的学者,而且其神学理论也是源于唯名论的启发。路德的核心理念"因信称义",就是强调上帝存在于个人内心,主张唯以自身良知理解上帝方能得到恩典,由此给予了个人直接与上帝沟通的自主性,使其从教会的束缚下解放出来,这就启发了个体对自身主体价值的发现,从而导向了现代启蒙。

同样,心学派也体现出相似的思想效用,尤其是阳明心学,可以说是直接接通了现代启蒙的暗道,尽管阳明所指的"良知"实质内容与"天理"无二,但"天理"内化为"良知"却意味着对"天理"的理解可以因人而异,由此个人实际获得了诠释天理的自主权,这也就让个人与最高价值的直接沟通甚至合而为一成为可能。另外,阳明心学还强调,在圣愚之间,"良知"只是斤两的不同,并没有成色的差异,因而,不论圣愚,只要依靠自身良知行事都可以直通天理,这种平民化的思想导向在更普遍的意义上鼓动了个体主体意识的觉醒。所以,早有学者将王阳明誉为中国的马丁·路德,而从思想逻辑看,阳明心学与路德思想也确有明显的一致性。参见表3。[①]

[①] 引自黄玉顺:《关于狄百瑞"人格"观念的一封信》,见杨永明主编:《当代儒学》第14期,成都:四川人民出版社,2018年,第6页。

表3　宋明理学与基督教的思想转型对比

时代	宋明理学	基督教
前现代	理学：人心情欲—道心性体—天理	个人—教会—上帝
现代性	心学：人心情性—天理	个人—上帝

可以说，阳明心学将个体直接与最高价值相贯通，迈出了儒学现代转型的关键一步。自阳明心学之后，儒学已然发展出一条富有现代色彩的思想支脉，泰州学派就是其中一个典型，如王艮认为"造命却由我"①，王栋强调"意为心之主宰"②，这种个体意欲的张扬正瓦解着传统的帝制纲常，而"天理"已不再是自身的主宰；此外，更有李贽直言："夫天生一人，自有一人之用，不待取给于孔子而后足也"③，"夫私者，人之心也。人必有私而后其心乃见，若无私则无心矣"④，"趋利避害，人人同心，是谓天成"⑤，这就开始由肯定个人自主言行发展出个体主体价值的自觉，由此也预示着儒学的现代转型即将驶入"正桥"。

四、儒学现代转型的再推进

由上可以看出，宋明儒学对于个人的（personal）自觉意识和自我认知的高扬，虽然是出于对传统伦理纲常的维护，并不具有现代转向的思想自觉，其内容也根本不同于现代政治哲学意义上的权利个体（individual having right），但它在学理上释放出的越来越开阔的个人自主意识，客观上为现代性主体观念——个体观念的发展提供了可能，同时这也是儒学现代转型的本土思想因素。就此而言，当前从确立儒家现代性主体观念的

---

① 王艮撰，陈祝生等校点：《王心斋全集》，南京：江苏教育出版社，2001年，第53页。
② 语出王栋《会语正集》，原文为："盖自身之主宰而言，谓之心；自心之主宰而言，谓之意。心则灵虚而善应，意有定向而中涵，非谓心无主宰，赖意主之。自心虚灵之中，确然有主者，而名之曰意耳。"参见黄宗羲著，沈芝盈点校：《明儒学案·泰州学案一》，北京：中华书局，1985年，第732页。
③ 张建业主编：《李贽文集》第一卷，第15页。
④ 张建业主编：《李贽文集》第三卷，第626页。
⑤ 张建业主编：《李贽文集》第一卷，第38页。

意义上，批判性地发展宋明儒学中蕴含的积极资源，正是推进儒学现代转型的必要环节。事实上，近现代儒学，特别是20世纪的现代新儒学，已经通过自觉发展宋明儒学，在很大程度上建构起了儒家的现代主体观念。不过，本文的"引桥"之喻也表明，宋明儒学不仅具有开新性，同时也具有明显的保守性，而现代新儒学正是由于没有彻底地批判其保守性，甚至自愿执守于宋明儒学的"老内圣"，最终导致无法开出"新外王"。这一弊病提醒我们，当前对宋明儒学仅仅通过"返本"式的继承和"释本"式的发展，还不足以完成儒学的现代转型；如果要进一步推进儒学的现代转型，还必须从学理上对宋明儒学做出深入的反思和批判。简而言之，这需要在形上学层面，祛除隐含在"天理""良知"等本体观念中的纲常伦理价值预设；在形下学层面，克服纲常伦理规范下的臣民性的人格，由此根本超越其主体观念的保守性。

当然，要实现这种超越，并不单纯是思想内容上的更新，更根本的是要对既成的概念化思维模式进行突破。换言之，唯有通过思维模式上的根本改变，才能完成思想内容上的更新。为此，我们在继承宋明儒学理论之前，必须先对现代主体观念进行追溯，也即回到现代主体观念产生的大本大源——现代性的生活本身，从当下的生活中获得对新的主体性的初步感知，进而才能在顺应现代生活趋势的前提下，对宋明儒学展开积极的继承、批判，并由此建构起儒家现代性的主体观念。就此可以说，深入推进儒学的现代转型的关键，就是要从现代性生活出发，批判地发展宋明儒学所孕育的个体观念的雏形，实现儒家主体观念的自我超越。

宋儒"立极"与"立身"的开新面向*

面对近现代儒学发展的事实,当代儒者真正需要思考的已经不是儒学能否发生现代转型的问题,而是儒学现代转型是如何发生的问题。对此,笔者曾撰文指出,兼具保守与开新两面性的两宋儒学,不仅是传统儒学的高峰,更是儒学现代转型的"引桥"。[①] 据此,针对性地阐明两宋儒学的开新面相,正是进一步理解儒学现代转向发端的必要工作。

一、儒学现代转向的基点

"现代性"不是一个单薄的概念,而是展现为一套价值系统[②] 以及据此而建构的一系列社会组织和制度。然而,我们也意识到任何价值都是对于某种主体而言的,有主体方有价值,或者直接说,价值本身就是主体性观念。这意味着主体的确立总是逻辑地先于每一种具体的价值观念,事实上,也唯有基于主体,价值才具有实际内容而不会只是一个"真而不实"的观念。据此而言,一切现代性价值都必然建立在现代性的主体之上,而个体作为现代性主体,也就是现代性的根基。

现代性主体之所以是个体(individual),不仅可以从我们身处其中的现代生活中得到现实具体的印证,"而且从近现代哲学的发展看,不论是理性主义,还是各种非理性主义(唯意志主义、存在主义等等),其实质

---

* 原载《中州学刊》2021年第3期。教育部人文社会科学重点研究基地(山东大学易学与中国古代哲学研究中心)重大项目"儒家哲学现代转型研究"(批准号:16JJD720010)阶段性成果。
① 郭萍:《儒学现代转型的"引桥"——宋明儒学时代性再认识》,《哲学研究》2018年第7期;郭萍:《从两宋儒学的内在紧张看儒学的现代转型》,《周易研究》2018年第6期。
② 所谓现代性的价值系统,主要是指人类社会在近代平民化、世俗化发展中逐步形成的一系列共识性价值观念,如自由、平等、民主、博爱、宪制、法治等,这些价值观念连接为一体,主导着现代社会的制度建构和组织运行,并彰显着现代社会生活的风貌。

都是为个体主体的确立提供的一种根本依据"①。更进一步地,我们还可以通过社会主体的时代性转变的历史哲学的审视,对个体取代传统的宗族、家族成为现代主体做出系统的证明和解释。②正是基于个体,诸多古已有之的价值观念才具备了现代性内容,成为现代性的价值,也就是说,"个体性乃是所有一切现代性观念的核心枢纽;这是因为一旦离开了现代性的'个体'观念,诸如'自由''平等''博爱''情感''理性''民主''宪制''共和'这些在西方历史上古已有之的观念都不足以称为'现代性观念'"③。因此,个体正是我们考察儒学现代转向的基点。

关于个体与儒学的关系,近现代学者一直不乏思考,但是占据主流的"附会说"和"对立说"却并不能对儒学的现代转向提供恰当的解释。

第一,"附会说"的偏误。近现代儒家在回应西方挑战的压力下,采取了古今附会的方式,试图为儒学的现代基因提供相应的论证。其中不少学者将原始儒家,如孔子的"从心所欲"、孟子的"大丈夫"人格,以及魏晋儒家"越名教而任自然"等思想直接与现代个体观念相附会;而20世纪的现代儒家也将宋明儒学视为体现儒家现代个体思想的典型例证。

然而,早前法国思想家贡斯当就通过古今社会差异的辨析,揭示传统社会根本不存在现代意义上的独立个体。④当前也有学者指出:"无论是钱穆、余英时,还是牟宗三、李明辉,甚至狄百瑞,都试图论证儒家传统与现代'个体'意识是相一致的。……但这仍是一种浮表之见。……事实上,《礼记·大学》八条目中的'修身'与现代社会的'个体本位'有着根本区别。"⑤另外,笔者也曾以狄百瑞为例,具体分析了宋明儒家修

---

① 郭萍:《儒学现代转型的"引桥"——宋明儒学时代性再认识》,《哲学研究》2018年第7期。
② 参见黄玉顺:《论儒学的现代性》,《社会科学研究》2016年第6期。
③ 黄玉顺:《阳明心学与儒学现代化问题——〈阳明心学与儒家现代性观念的展开〉读后》,见杨永明主编:《当代儒学》第15辑,成都:四川人民出版社,2019年,第333页。
④ 参见邦雅曼·贡斯当:《古代人的自由与现代人的自由》,阎克文、刘满贵、李强译,上海:上海人民出版社,2017年。
⑤ 孙向晨:《现代个体权利与儒家传统中的"个体"》,《文史哲》2017年第3期。

身工夫塑造的主体性与现代个体主体性的根本区别。①

可是,"附会说"错误地将传统社会中言行自主的个人与现代作为主体的个体混为一谈。殊不知,所谓主体乃是指价值自足的存在者,个体主体意味着个体是价值自足的存在者,自身具有整体性,虽然个体在现实生活中离不开群体,但在现代社会,群体并不具有根本目的性,或者说,群体的根本价值就在于维护和实现个体的价值,而不是相反。因此,个体作为主体意味着,个体是现代社会的根本价值与目的所在,现代社会建构的初衷和意义就在于实现每一个个体的主体价值。这根本不同于传统社会为实现宗族或家族价值而存在的个人。

不过,需要注意的是,传统社会的个人与现代性个体之间也不能简单归结成一种浮表的相似,二者也存在着密切的历史关联性和隐匿的逻辑蕴涵性,现实地看,个人自主性的充分发展正是个体觉醒的先行环节。

第二,"对立说"的偏见。与"附会说"相反,不少学者不假思索地认为,个体是西方固有的观念,而儒家思想始终与个体观念对立。这种偏见使不少人认为,儒家个体观念的出现以及由此发生的现代性转向,乃是西方冲击的结果。这无异于说,儒学的现代转向是一种外在刺激之下偶然的突变,而且与其自身传统相断裂。

然而,发生学上的先后并不能作为观念特殊性的依据,现代个体虽然早发于西方,却并不表示个体观念是西方特有的观念。否则的话,不同的文化传统之间就根本不存在任何观念共识,而这不仅有悖事实,其后果自然也是不堪设想的。事实上,不论中西在步入现代社会之前,其社会主体都不是个体,而是前现代社会的族群性主体,如家族等,同样个体观念也是人类社会由传统向现代发展过程中形成的普遍观念。只不过中西现代性发生的早晚不同和进程有别,因此儒家的个体观念至今还不成熟。

此外,现代个体脱胎于前现代社会,因而并不能隔断其与传统的关系。当前,西方学者提出:"现代世界的出现,不是一种与古代世界

---

① 郭萍:《"儒家人格主义"之省察》,《哲学动态》2019年第5期。

截然断裂式的文化——社会演化，它与古代的社会和思想保持着连续性。"①"古代文化仍是现代世界的实质基因之一，它通过晚期中世纪文化和文艺复兴而成为近代世界的形成因素。"②众所周知，被视为西方现代民主政治基石的《大宪章》原本就是一个中世纪文本，其内容只是关于贵族与国王的权利规定，而平民的个体权利则是经过此后几百年的不断斗争才争取到的。然而，谁又能否认它与现代个体之间的密切关系呢？同样，中国的现代性也不可能是无根由的激变，而是必然有其内在的驱动力和长久的孕育生发过程。对此，余英时先生就曾指出，中国出现的"三千年未有之变局"，正是中国社会内在渐变的积累后的爆发，只是人们过多地聚焦变局本身，而将之前漫长的悄无声息的积累酝酿掩埋在声势浩大的巨变之下。③可以说，"对立—断裂"的解释既不合乎逻辑，也不符合中国社会发展的实情。

与上述两种解释不同，笔者认为，作为现代性根基的个体，既不是古已有之，也不是源自外因的激变，而是脱胎于传统社会的个人，是经过个人自主性的充分发展，才激发了个体主体意识的觉醒。这一点，不论中西都概莫能外。

因此，对儒家而言，个体观念也是根本起于传统儒学自身的异变。要知道，现代新儒学、近代维新儒学甚至明清启蒙儒学都已不同程度地主张个体具有主体价值，如果追溯其思想渊源，"就能进一步发现这些具有现代意味的儒学形态无不与两宋儒学密切相关，不仅明清启蒙儒学直接师承于两宋儒学，而且现代新儒学也以'返本开新'的理路和'接着讲'的旨趣与两宋儒学相遥契"④。同时，从传统儒学的演变脉络看，唐宋之际传统儒学出现了明显的异动，汉唐儒学遭到了全面鄙弃，随即出现了两宋的"新儒学"（Neo-Confucianism）。两宋儒学之"新"不仅在于其消化佛

---

① 转引自刘小枫：《现代性社会理论绪论：现代晚期的自我与社会》，第67页。
② 刘小枫：《现代性社会理论绪论：现代晚期的自我与社会》，第68页。
③ 余英时：《士商互动与儒学转向——明清社会史与思想史之一面相》，见余英时著，沈志佳编：《余英时文集》第三卷《儒家伦理与商人精神》，桂林：广西师范大学出版社，2004年，第162页。
④ 郭萍：《从两宋儒学的内在紧张看儒学的现代转向》，《周易研究》2018年第6期。

老思想，构建了精致的理论，而且在于它反映着与汉唐儒学不同的价值诉求，其中它对个人（person）自主性的充分发挥实质已经不自觉地促动了现代个体（individual）的觉醒（下文详述）。这提醒我们意识到，"不论是在中国，还是在西方，现代化过程的发生均始于中古时代的后期，在西方是始于罗马帝国解体之后的封建时代，在中国是始于大唐帝国解体之后的宋代。这就是中西各自的'内源现代性'，表明中国的现代化并非近代以来才由西方强加于中国的"①。

当然，作为发端，两宋时期既不是儒学现代化的自觉发展阶段，更不是儒学现代化的实现与成熟阶段，两宋儒学体现出的开新面相是自发的、微弱的，也是有限的，但在漫长曲折的儒学现代转型过程中，却具有不可忽视的开路、起步之功。正如任剑涛教授所说："儒学的现代转向与现代突破是两种大不相同的状态：前者是为儒学建构现代形态进行的必要准备，后者才是儒学呈现现代样式的结果情形……尽管两者具有如此巨大的差异，但前者为后者奠基，后者是前者的实现。如果缺乏现代转向的意欲，现代突破根本就不可能出现。"②

二、两宋本源生活的开新性风貌

早前日本学者就提出："唐代是中世纪的结束，而宋代则是近世的开始。"③ 尽管学界对这一观点见仁见智，但唐宋之际生活风貌的巨大转变却是史学、社会学、民俗学等多个领域研究成果所呈现的一个基本共识。这种生活本身的流变所呈现出的最直观的对象化形式就是两宋时期市民生活方式的兴起：在传统的农田耕作活动之外，人们的市井商贸活动日益增多，经济的繁荣和商业的发展，使各领域的交易往来日趋频繁，集市店

---

① 黄玉顺：《阳明心学与儒学现代化问题——〈阳明心学与儒家现代性观念的展开〉读后》，见杨永明主编：《当代儒学》第 15 辑，第 329 页。
② 任剑涛：《内圣的归内圣，外王的归外王：儒学的现代突破》，《中国人民大学学报》2018 年第 1 期。
③ 内藤湖南：《概括的唐宋时代观》，见刘俊文主编：《日本学者研究中国史论著选译》第一卷《通论》，黄约瑟译，北京：中华书局，1992 年，第 18 页。

铺日渐增多，由是"宋朝时期……发生了一场对整个欧亚大陆有重大意义的商业革命。……中国首次出现了主要以商业，而不是以行政管理为中心的大城市"①。我们透过坊巷的革命、瓦舍的喧嚣，便能窥探出两宋市井生活的丰富，尤其发展到南宋之后，城区的不断扩展已经使城郊和市区连成一片，中古时期的政治、军事型城镇开始向近世的经济城市转型，农民也加速向商品生产者或贸易者转化，因而当时的市镇数量激增，规模宏大，城市人口比重已高达 13%—14%。

两宋市井之间的经济、文化的交易往来已经成为一种新兴的百姓日常，日常生活的基本内容和结构悄然改变，这自然而然地加速了人口的流动，丰富了个人生活的内容，从而扩大了个人自主活动的空间。当然，身处其中的人们仍旧心安理得地做着宋王朝的臣民，更没有现代社会经济主体的自觉意识，但是作为日常经济商贸活动的实践者、从业者，人们已自发地开始采取了更加个人化、自主化的方式营生、过活，而不再像汉唐子民那样无动于衷地在礼法教条的规诫束缚之下机械行事了。这意味着两宋民众在当时的市井生活中已经获得了一些新的感悟和领会，也萌生了一些新的诉求，尽管他们自身对此浑然不觉。从现代转向的意义上看，这些新的感悟和诉求作为一种本源性的生活观念正在潜移默化地促发着个体的觉醒。

要强调的是，这里作为孕育生发新观念的"生活"，并不是作为"思想背景"的"生活"。尽管有诸多研究也很关注生活对思想形成的作用，但大都还是将"生活"视为一种"背景"，这使得生活与思想处于一种主客对待的关系中，也就是"总以作为'焦点'的非时机、非势域的硬性'对象'为前提，因而无论怎样指的都是某种对象被置于其中的现成的或专题化了的背景"②。实际上，生活始终被搁置在思想之外，而思想本身好像另有一套与生活无关的、自行发生的运作机制。这无疑是把思想视为一

---

① 斯塔夫里阿诺斯：《全球通史：从史前史到 21 世纪》（上），董书慧等译，北京：北京大学出版社，2005 年，第 260 页。
② 余平：《海德格尔存在之思的伦理境域》，《哲学研究》2003 年第 10 期。

种无源无本的概念游戏，而不能揭示思想产生和变迁的实情。与此不同，笔者强调"生活"是先行于任何对象的本源性观念，是一切对象化存在者的源头和土壤。当然，这并非唯物史观所说的客观的社会存在派生主观的社会意识，而是说前对象化的、先于主客二分的生活本身，生成了对象化的主体与客体，同时生活本身的变动不居本源地导致了一切主体及相应的价值观念发生转变。

就此而言，儒学作为一种主体建构的思想理论，不论其产生，还是转向，皆是由生活本身变迁使然。反过来讲，生活中涌现的本源观念在儒学理论中也总是有相应的体现。具体说来，唐宋之际生活风貌的转变，特别是两宋生活本身对个体觉醒的孕育，也在当时的儒学发展中有迹可循。早在中晚唐韩愈发起的儒学复兴运动中，儒家就表露出对汉唐儒学无力回应生活诉求的不满。时至北宋初，儒家掀起的疑经风潮，更是"视汉儒之学若土梗"，他们通过质疑汉唐儒家对《易》《春秋》等经典的解读，否定了汉唐经学所构建的价值模式以及相应的礼法制度。[①] 在此期间，一向不为汉唐儒家重视的孟子，也因其极富独立精神的思想而一跃成为宋儒推崇的对象。而两宋时期形成的"新儒学"正是宋儒对当时生活观念和价值诉求的哲学表达，尤其是其中对于两宋市民生活观念的回应，展现了积极的开新面相[②]，也正是在这个意义上，两宋儒学迈出了儒学现代转向的第一步。

三、本体"立极"的开新性感召

唐宋生活变迁导致的观念变化最隐匿也最深刻地体现在两宋儒学的本体观念中。其中宋儒通过对天人关系的重建，从本体层面感召着个体的觉醒。

---

① 参见徐洪兴：《唐宋间的孟子升格运动》，《中国社会科学》1993年第5期；周淑萍：《宋代孟子升格运动与宋代儒学转型》，《史学月刊》2007年第8期。
② 两宋儒学具有开新与守成的两面性，开新性仅仅是其中一个面相。参见郭萍：《从两宋儒学的内在紧张看儒学的现代转向》，《周易研究》2018年第6期。

此前，以董仲舒为代表的汉唐儒学体现着当时"屈民而伸君，屈君而伸天"①的观念，维护着"天—君—民"的垂直型等级关系。当然，这种价值等级体系并非董仲舒首创，而是可以追溯到殷周之变。周公通过"绝地天通"②使君王作为"天之子"，垄断了天人交通，成为唯一通达最高价值的人，而民作为一个整体，虽然贵为邦本，但每一个"民"却是卑贱、冥顽的，因此，天子要"保民"同时更要"牧民"。此外，由于"民"冥顽无知，无法与天沟通，所以一切民意、民情只能全靠"天"居高临下地体察而无法由民直接反馈给天，这使得民对君的监督制衡位同虚设，因此实际形成了天—君—民之间的垂直等级关系。两汉儒家"奉天法古"，依据这套等级价值观念建构了一系列社会制度，并且建构了神学色彩的儒学理论为之提供支撑，特别通过"天副人数""天人感应"之类的比附，强调了天、君、民之间尊卑贵贱的差异，其中"民"没有自觉自主性（所谓"民者，瞑也"③）而只能匍匐在意志之天脚下，并听由天子——君王役使。

然而，北宋周敦颐通过对"太极"本体的重新阐发，将宇宙本体的"太极"转为心性本体的"人极"，颠覆了汉唐时期的天人关系，赋予了人至高的地位。所谓"极，犹北极之极，至极之义，标准之名，中立而四方之所取正焉者也"④，此前，在一般哲学意义上，"立极"是指宇宙本体的确立，而"立人极"则是把人自身确立为最高的价值标准。这首先涤除了人受意志之天赏罚役使的蒙昧观念，再而表明了人不是一种卑微的存在者，而是天之灵秀者。周敦颐从宇宙论角度给出的论证是：

无极之真，二五之精，妙合而凝。乾道成男，坤道成女。二气交

---

① 苏舆撰，钟哲点校：《春秋繁露义证·玉杯》，第29—30页。
② 《尚书孔氏传》曰："帝命羲、和，世掌天地四时之官，使人神不扰，各得其序，是谓绝地天通。"参见孔国安传，孔颖达正义：《尚书正义》，第775页。
③ 苏舆撰，钟哲点校：《春秋繁露义证·深察名号》，第286页。
④ 蔡沉撰，王丰先点校：《书集传》，北京：中华书局，2018年，第165页。

感，化生万物，万物生生，而变化无穷焉。惟人也得其秀而最灵。①

可以说，这在最普遍意义上肯定了人自身价值的高贵，同时也示意着人人具有与天沟通的能力以及相应的合理性，因此他强调人的价值不是对役使的被动接受，而是通过自觉地尽人之道来承当、弘扬天之道，并以此彰显人之为人的最高价值，此所谓"圣人定之以中正仁义而主静，立人极焉。……故曰：'立天之道，曰阴与阳；立地之道，曰柔与刚；立人之道，曰仁与义。'"②北宋张载的《西铭》四句，"为天地立心，为生民立命，为往圣继绝学，为万世开太平"，可以说是对"人极"寄托的价值理想的一种集中概括。当然，"人极"观念所指的"人"还只是一个类群概念，并不是现代性的个体，但仍不可否认其积极意义，尤其是它彰显了所有人，而不仅仅是君王一个人，在价值上的高贵性，而且指出只要坚守"中正仁义"就可以成为最高价值的代言人。这实质否定了汉唐儒学的价值等级观念，敞开了每个人与天（最高价值）建立联系的可能性。随着两宋儒学的推进，"人极"观念得到了理论的深化，对儒士精英乃至普通民众的个体觉醒起到了积极的感召作用。

南宋朱熹就在"人极"基础上，提出了"继天立极"③的思想。基于此，他从儒家道统传承的意义上，论证了"圣高于王"的合理性。

> 盖自上古圣神继天立极，而道统之传有自来矣。
> 自是以来，圣圣相承：若成汤、文、武之为君，皋陶、伊、傅、周、召之为臣，既皆以此而接夫道统之传，若吾夫子，则虽不得其位，而所以继往圣、开来学，其功反有贤于尧舜者。④

---

① 周敦颐：《太极图说》，见周敦颐著，陈克明点校：《周敦颐集》，第3页。
② 周敦颐：《太极图说》，见周敦颐著，陈克明点校：《周敦颐集》，第3页。
③ 朱熹：《四书章句集注·中庸章句集注·中庸章句序》，北京：中华书局，1983年，第14页。
④ 朱熹：《四书章句集注·中庸章句集注》，第14—15页。

这里朱熹着意强调儒家道统向来是"圣圣相承",因此伏羲、神农、黄帝、尧、舜之所以能"继天立极",根本不在于他们是政治权威,而在于他们自身道德的完美。为此,他特别以孔子为例,说明"圣"即便"不得其位",也因其"继往圣、开来学"而贤于君,由此表明"圣"是理所当然地高于"王"。不仅如此,他还直言:"尧舜三王周公孔子所传之道,未尝一日得行于天地之间!"① 这无疑是否定了君王对最高价值具有传承弘扬作用。由此,他将最高价值的代言人,由唯一的政治权威——皇帝转为了群体性的道德权威——儒士。不难发现,这种"道高于君""圣贤于王"的观念,曾在先秦儒学,尤其是孟子思想中大量存在,例如孟子有言:"君有大过则谏,反复之而不听,则易位"②;"贼仁者谓之贼,贼义者谓之残,残贼之人谓之一夫。闻诛一夫纣矣,未闻弑君也"③;等等。不过,随着秦汉一统帝国的建立,儒士作为臣子屈膝于君王,而且君与臣的关系定位远远优先于圣与王,因此儒士丧失了独立的价值。而朱熹以"继天立极"的论说从本体意义上将儒士确立为最高价值的传承者和弘扬者,改变了此前的帝王道统观念。当然,这种对儒士圣贤价值的高扬并没有什么现代性的意味,但它由此赋予儒士阶层的使命感和崇高感,却对其个体意识的觉醒具有强烈的感召和鼓舞作用。可以说,不论两宋儒家的参政议政,还是明清儒家对皇权专制的批判背后都是以"人极"作为根本的观念支撑。

与朱子不同,心学提出依"心"立极,使"人极"观念对个体觉醒的感召扩展到了普罗大众。如陆九渊说:

> 天之所以与我者,即此心也。人皆有是心,心皆具是理,心即理也。④

---

① 朱熹:《答陈同甫》,见朱熹撰,朱杰人、严佐之、刘永翔主编:《朱子全书》第21册,上海:上海古籍出版社、合肥:安徽教育出版社,2002年,第1583页。
② 《孟子·万章下》。
③ 《孟子·梁惠王下》。
④ 陆九渊:《与李宰》,见陆九渊著,钟哲点校:《陆九渊集》,第149页。

> 宇宙之间，如此广阔，吾身立于其中，须大做一个人。①
> 若某则不识一个字，也须还我堂堂做一个人！②

这意味着"立人极"不仅属于儒士精英，也属于目不识丁的普通民众。即便民众不能像圣贤精英那样传承道统，但是只要"能尽我之心，便与天同"③，因而同样可以挺立人极。

尽管在两宋时期这一观念还没有全面发酵，但是发展到阳明心学，特别是阳明后学时就有了明显的体现。阳明讲"良知良能，愚夫愚妇与圣人同"④，即明确地肯定了民众的自身价值，其对民众个体觉醒的感召作用随着心学平民化的发展而不断扩大。此外，阳明在依"心"立极的基础上进一步强调，"无心则无身，无身则无心"⑤，将普遍意义的"心"依托在现实自我之"身"上，体现出了明显的现实性与个体性趋向。随后，阳明后学又进一步提出："谓至善为心之本体……。止于至善者，安身也；安身者，立天下之大本也。"⑥"夫所谓立身者，立天下之大本也。"⑦对此，如蒙培元先生所说："身就是'极'，就是'中'，并不是超越于身之外另有所谓本体，'立极'就是立身。"⑧

四、工夫"立身"的开新性引导

因此，宋儒所言"立极"不仅仅是一个价值理想，而且也是一个通过学习、修炼而挺立自身（"立身"）的现实目标。周敦颐《通书·圣学》载："'圣可学乎？'曰：'可。'"程颐《颜子所好何学论》载："圣人可

---

① 陆九渊：《语录下》，见陆九渊著，钟哲点校：《陆九渊集》，第439页。
② 陆九渊：《语录下》，见陆九渊著，钟哲点校：《陆九渊集》，第447页。
③ 陆九渊著，钟哲点校：《陆九渊集》，第444页。
④ 王守仁：《答顾东桥书》，见《王阳明全集》，吴光等编校，第49页。
⑤ 王守仁：《传习录下》，见《王阳明全集》，吴光等编校，第91页。
⑥ 王艮：《王心斋先生遗集》卷一，《问答补遗》，清宣统二年东台袁氏据原刻本重编校刊本。
⑦ 罗汝芳：《孝经宗旨》，明万历绣水沈氏刻宝颜堂秘笈本。
⑧ 蒙培元：《理学范畴系统》，第217页。

学而至与？曰：然。"① 为此，两宋儒家在孔孟等原始儒家修身践行的思想基础上，创建了系统的"工夫论"，针对实现人极价值理想的具体方法和内容做了系统论述。

工夫论是以《礼记·大学》的"三纲八目"为基本内容，以修身立极为目的，从知、行两方面展开：一方面通过"格致正诚"形成"知"的工夫，旨在认识理解圣人之道；一方面通过"修齐治平"形成"行"的工夫，旨在实践履行圣人之道。从其积极效用看，工夫论迎合了两宋民众的知行方式，打破了汉唐时期以五经权威解释为"知"，以礼法规诫或灾异祥瑞等他律主导"行事"的个人生活局面。

1. 就知的工夫言，从北宋周敦颐的"主静"、张载的"大其心"，到大程的"定性"和"识仁"、小程的"主敬"和"涵养"，再到南宋朱子的"格物穷理"、陆九渊的"简易工夫"等，各派不尽相同。然而，种种修身方法的实质却都是把自我的认知或体悟作为把捉、通晓最高价值的不二途径。

虽然宋儒无不以"天理"为最高的价值衡量标准，但按照工夫论的指引，一切认知活动根本还是以自身为依据的自知自得。以最具代表性的心学与理学为例，心学强调"天理"内在于"心"，因而主张"先立乎其大"，直接以一己之"心"为度量，由是一切认知判定都是"自作主宰""自立自重"，其所谓的"格物致知"实乃"格心中之物""致心中之知"。所以，对心学派来说，认识圣人之道也就是"发明本心"，其实质就是依靠自身的直觉体悟进行认知、辨察和评判。而理学强调"天理"是外在于人的客观实存，因而主张向外格物，意在通过穷尽万物之理来认识理解天理。然而，"格物穷理"乃是基于自身理性展开的认知活动，尽管外在的天理容易僵化为死板的教条，限制个人理性的运用，但从根本上讲，不论对万物之理，还是对"天理"的认识，都是个人理性辨察判定的结果。就此而言，不论"天理"内在于心，还是高悬于外，只要是通过个

---

① 程颢、程颐著，王孝鱼点校：《二程集》，第577页。

人做工夫来把握,都必然是一种基于自身直觉体悟或理性认知的自得之知。这对于恪守经学权威解释的汉唐儒学来说,自然是不容许的,也是不可能的,而在宋儒那里却视之为"善学"。如二程所说:"思索经义,不能于简策之外脱然有独见,资之何由深?居之何由安?非特误己,亦且误人。""义有至精,理有自奥,能自得之,可谓善学矣。"① 而陆九渊也坦言其思想是"因读《孟子》而自得之"②。其实,宋儒这种追求"自得"的认知工夫,正是源自孟子。

> 君子深造之以道,欲其自得之也。自得之则居之安;居之安,则资之深;资之深,则取之左右逢其原,故君子欲其自得之也。③

对此,朱子解释说:"自得于己,则所以处之者安固而不摇。"④ 此外,他通过注《大学》《中庸》进一步示意修身工夫的根本就在于"人所不知而己所独知之地"的"独知"。

> 独者,人所不知而己所独知之地也。言欲自修者知为善以去其恶,则当实用其力,而禁止其自欺。使其恶恶则如恶恶臭,好善则如好好色,皆务决去,而求必得之,以自快足于己,不可徒苟且以徇外而为人也。然其实与不实,盖有他人所不及知而己独知之者,故必谨之于此以审其几焉。⑤
>
> 独者,人所不知而己所独知之地也。言幽暗之中,细微之事,迹虽未形而几则已动,人虽不知而己独知之,则是天下之事无有著见明显而过于此者,是以君子既常戒惧,而于此尤加谨焉,所以遏

---

① 程颢、程颐著,王孝鱼点校:《二程集》,第 1189 页。
② 陆九渊著,钟哲点校:《陆九渊集》,第 471 页。
③ 《孟子·离娄下》。
④ 朱熹:《四书章句集注·孟子集注》,北京:中华书局,1983 年,第 292 页。
⑤ 朱熹:《四书章句集注·大学章句集注》,北京:中华书局,1983 年,第 7 页。

人欲于将萌，而不使其潜滋暗长于隐微之中，以至离道之远也。①

由这两段解释可以看出，"独知"涵盖了认知活动的两个向度：一是指人对他事、他物的认知判定要依靠个人的自知自觉，要发自内心的认同或否定，切勿自欺，迎合他人之见；一是指人对自身言行思虑的省察判定要依靠个人的自省自律，切勿欺人，助长自身恶欲。宋儒就是通过这两个向度的修炼达到"脱然有独见"，从而真正地理解圣人之道。

对于工夫的"独知"特质，宋儒尚不自觉，但时至明代，陈白沙便提出了"自得"之学，胡庐山更明确说："'独知'一语，乃千古圣学真脉，更无可拟议者。……晦翁独知之训，已得千古圣学真脉。……阳明先生虽忧传注之蔽，所云'良知即独知也'，又岂能舍此而别为异说哉？"②这种对"独知"的自觉意识和不断发扬在心学的发展中尤为明显。我们看到，阳明就对于理学家"认欲作理"、师心自用的批评不以为然，他认为是非之心，人皆有之，只有在自心上"体当"与"精察"才能真正将天理与人欲、本心与习心区别开来，正所谓"讲求亦只是体当自心所见"③，"精察天理于此心之良知"④。此后，不仅刘蕺山以"慎独"为思想核心，而且陈确敢于坚持一己之见，直接对《大学》的权威提出挑战，指出"向使确幸得亲承孔、曾之教，而于心有未安，犹当辨而正之"⑤。可以说，这都离不开"独知"工夫的指引。

就此而言，宋儒为认识理解圣人之道而提出的修身方法，实际将普遍一般性的圣人之道建基于个体性的、经验性的自我体验之上，如此一来，是非判断的权柄就放在了个人身上。这虽然无意否定传统的伦理价值，但是根本改变了汉唐时期对外在他律的过分依赖，由此转而将自身认

---

① 朱熹：《四书章句集注·中庸章句集注》，第18页。
② 胡直：《答程太守问学》，《衡庐精舍藏稿》卷二十，四库明人文集丛刊，上海：上海古籍出版社，1993年，第477页。
③ 王守仁：《传习录上》，见《王阳明全集》，吴光等编校，第27页。
④ 王守仁：《传习录中》，见《王阳明全集》，吴光等编校，第47页。
⑤ 陈确：《陈确集》，北京：中华书局，1979年，第558页。

同和自觉自律作为社会价值的实现途径。正如内藤湖南所说，有别于汉唐的"礼教"社会特征，进入宋代之后，人们开始相对于社会理性的个人理性的独立化、自律化，到明代得以完成。① 仅就其积极性讲，做工夫而形成的自觉自主、自省自律，实际地培养和训练了个人通过切身体悟和自身理性进行独立思考和判断的能力，进而引导了个人有意识地以自身认同为前提来行事，实际有效地瓦解外在权威对个人思想的束缚，促进了个人独立自主意识的发展，不失为一种自我启蒙的方法。

2. 就"行"的工夫言，宋儒以"修齐治平"为内容，主张亲身参与到现实的伦理生活和社会事务之中，倡导通过个人的身体力行来亲证和实现圣人之道，这与埋头训诂章句的汉唐儒家形成了鲜明的对比。

其中，朝堂之上的儒士精英就将传承道统、挺立人极的价值理想贯彻到参政议政的政治实践中。他们通过对皇权的制衡，扩大了儒士在中央政治事务中的话语权，形成了"共定国是"的政治局面。如南宋初宰相李纲说："古语有之云：'愿与诸君共定国是。'夫国是定，然后设施注措以次推行，上有素定之谋，下无趋向之惑，天下事不难举也。"② 这里"共定"表明儒士与皇帝分享治权，即如程颐说："天下重任，唯宰相与经筵，天下治乱系宰相，君德成就责经筵。"③ 可以说，两宋儒士通过长期的参政实践已形成了"权归人主，政出中书，天下未有不治"④ 的共识。对此，余英时指出："宋代'士'以政治主体自居，他们虽然都寄望于'得君行道'，但却并不承认自己只是皇帝的'工具'，而要求与皇帝'同治天下'。最后的权源虽在皇帝手上，但'治天下'之'权'并非皇帝所能独占，而是与'士'共同享有的。他们理想中的'君'是'无为'得虚名，实际政权则应由懂得'道'的士来运用。"⑤ 这对于抵制君权独断、皇权专

---

① 参见内藤湖南：《中国近世史》，东京：弘文堂，1947年。
② 李纲著，王瑞明点校：《李纲全集》卷五八，第637页。
③ 程颢、程颐著，王孝鱼点校：《二程集》，第540页。
④ 脱脱等：《宋史·洪咨夔传》第35册，卷四〇六，第12265页。
⑤ 余英时：《中国文化史通释》，北京：生活·读书·新知三联书店，2012年，第18页。

制无疑有积极意义,同时也锻炼了儒士参政议政的能力。

当然,"共定国是"只是少数精英才有机会践行的工夫,对于普通儒士来说并不现实。宋儒工夫论设计的"士希贤,贤希圣,圣希天"的进阶次第,使大量落第的儒士通过各种民间事务的实践获得了新的价值认可,由此也直接带动了广大民众对公共事务的参与性。例如,由落第儒士主导和组织的"乡约自治",其初衷虽然带有自觉效忠皇权的保守性,所谓"有王法所不能及者。有心人关怀风教为之立规定制以济王法之穷。固都士人之责"①,但其独立于官府管辖之外的运作模式,也使"乡约"成为一股制衡皇权的民间力量。不仅如此,随着儒学的平民化发展,"乡约自治"模式有效地激发了民众参与社会管理的自觉意识和热情,实际给予了民众自我管理的机会和条件,在其中,儒士和民众的个人自主空间都得到了新的拓展,人们的自身价值也得到一种直观的体现。

此外,在社会价值世俗化、务实化的趋势下,南宋兴起的"事功学派"直接为浙东地区工商业的发展提供了思想支撑,同时进一步也激发了个人对现实功利的认同和追求,宋儒的道德践行工夫也由政治领域,进一步拓展到了经济领域。发展到明清时,"弃儒就贾"也被广泛地视为一种修身践行的工夫了。由此,商贾通过财富的积累开拓了在民间社会的发展空间,以及对公共事务的组织管理权。他们与儒士联合,共同发展民间事业,建宗祠、修宗谱、建书院、设义塾、刊行图书等,同时联手对抗皇权专制。②现实地看,这种新的"修齐治平"途径不仅使儒士和民众在传统的政治道德领域之外找到了自我价值。

可以看出,两宋儒家的实践活动乃是从道德维度切入,来辐射、涵盖社会一切领域,而政治、经济活动则是作为道德实践的必要函项来推展。这不同于西方近代启蒙思想家的理路,后者是以自然权利和自然法等学说,从经济角度确立个体的主体地位,进而基于经济主体之间的共同契

---

① 《吕氏乡约·题叙》,参见余治辑:《得一录》卷十四之一,清康熙十六年(1677)刻本。
② 余英时:《士商互动与儒学转向——明清社会史与思想史之一面相》,见余英时著,沈志佳编:《余英时文集》第三卷《儒家伦理与商人精神》,第192页。

约而确定其政治主体（公民）的身份。对于两宋儒者而言，"壹是皆以修身为本"①，道德主体的确立才是宋儒社会实践活动的出发点和最终归旨，其积极投身经济、政治活动终究还是为了成就道德主体。应当看到，就宋儒的自觉意识而言，其成就的道德主体还是根于传统的"天理"，因此并不是现代性的道德主体，而且更没有成为经济主体、政治主体的自觉意识，但是这种"立身"践行活动的普遍流行，大大释放了个人自身的能力和活动空间，同时客观地带动了社会工商业的发展和民间自治的风尚，这都实际地促动了传统社会结构的松动，潜移默化地激发着个体主体意识的觉醒。

上述的开新面相并不是两宋儒学的全貌，甚至不是其理论初衷。事实上，两宋时期，既是市民生活兴起的时期，也是中华帝国盛极而衰、中央集权大大加强的开始。所以，在开新的同时，其日趋保守的面相在两宋儒学中同样有着相应的体现，从其自觉的价值追求看，将代表着传统纲常伦理的"天理"置于"人极"之前，就理所当然地把人的欲求压制在了"天理"之下；而与此相应的修身工夫不免起到了自我驯化的作用。试想，据"天理"做工夫所强调的是"克己复礼"，即在不断地自省自责中消磨着个性，就此迎合纲常伦理规范的要求，而不做积极地批判。如从这个面向上看，两宋儒学，尤其是程朱理学在元明时期的意识形态化过程中，就逐步蜕变成了吃人的礼教。②也正因如此，明清启蒙儒家戴震、黄宗羲等一面继承着两宋儒学的遗产，一面又对程朱理学展开了深刻的批判。事实上，时至今日儒学的现代转型依然没有完成，所以两宋以来的儒学都在不同程度上呈现出新旧掺杂的过渡性，这其实也恰恰表明现代儒学与传统儒学具有一脉相承的连续性，甚至更进一步说，现代性儒学的萌生就是一种传统儒学自身的孕育和发展。

---

① 《礼记·大学》。
② 与教条化的执守"天理"相反，两宋儒学沿着以"心"或"性"为理，将天理内化为心性的进路发展，则存在着吞噬超越性价值的危险。要知道，如若世俗生活彻底失去超越维度的价值指引，则终将遁入价值虚无。这不仅会导致社会的失范失序，而且同样会使人丧失反思批判传统纲纪的自觉意识。

此外，与明清启蒙儒学相比，两宋儒学的开新面相微弱而有限，然而，作为儒学现代转向的发端却需要抓住深究，毕竟其对后世儒学的发展，特别是儒学的现代化进路有着深远的影响。所以，清末严复也特别指出："若研究人心政俗之变，则赵宋一代历史最宜究心。中国所以成为今日现象者。为善为恶，姑不俱论，而为宋人之所造就，什八九可断言也。"[①] 而今我们要理解并推动儒学的现代转向，势必需要重新审视两宋儒学，尤其要洞悉其与传统儒学之间不自觉的疏离，深究其与现代性观念之间隐匿的关联，唯其如此才能摸索出当代儒学的积极方向。

---

① 王栻主编：《严复集》第三册《书信》，北京：中华书局，1986年，第668页。

儒家的契约观念

——基于"自由儒学"的解读*

如果考察现代自由发展的历史,我们就不难发现,现代契约观念与现代自由的发展密切相关。事实上在西方,现代契约观念,包括各种契约理论,本身就是现代自由理论的重要组成部分。然而,儒家在发展现代自由的过程中,尚未对契约与自由的关系以及现代契约观念背后的哲学原理等不可回避的问题做出必要的理论回应。为此,笔者尝试基于"自由儒学"[①]的视角对这一问题做出一种儒学的阐释。

一、儒家语境中"契约"概念的一般含义和基本特质

人们往往不假思索地将契约视为一个现代的、西方的概念,但诸多存世文献、儒家典籍以及相关研究成果都早已证明儒家语境下的"契约"概念既不是一个西方的舶来品,也不是一个现代社会的新名词,而是儒家自身古已有之的概念。

据此事实,我们可以做两点推断:第一,"契约"作为一个古已有之的儒家概念至今还在使用,这表明由古至今的"契约"概念都没有脱离"契""约"二字的基本含义。因此,我们可以通过考察汉语"契约"一词的含义来窥探儒家"契约"概念的一般含义和基本特质。第二,我们以

---

* 原载《齐鲁学刊》2019 年第 2 期。
① "自由儒学"是笔者提出的一种当代儒家哲学理论构想,相关论著可参阅郭萍《自由儒学的先声——张君劢自由观研究》(济南:齐鲁书社,2017 年)、《"自由儒学"导论——面对自由问题本身的儒家哲学建构》(《孔子研究》2018 年第 1 期)、《"自由儒学"纲要——现代自由诉求的儒家表达》(《兰州学刊》2017 年第 7 期)、《自由何以可能——从"生活儒学"到"自由儒学"》(《齐鲁学刊》2017 年第 4 期)、《儒家的自由观念及其人性论基础——与西方自由主义的比较》(孙聚友主编:《国际儒学论丛》第 2 辑,北京:社会科学文献出版社,2016 年)等。

汉语的"契约"与英文的"contract"对译,实际表明二者的基本内涵虽然不尽等同,但是一定有很大程度的对应性。因此,儒家"契约"概念的一般含义和基本特质也能体现古今中西"契约"概念的根本共同性。基于这两点,我们在展开政治哲学的讨论之前,有必要先澄清一下儒家语境中"契约"概念的一般含义和基本特质。

(一)儒家"契约"概念的一般含义

在汉语中,作为复合名词的"契约"始见于三国魏晋时期,而在此之前,作为单音节词的"契""约"早已广泛存在于各类典籍中。

1. 汉语"契"字释义

"契"字的本义是灼刻龟甲、兽骨的刀具。《说文解字·大部》曰:"栔,大约也。从大从㓞。""㓞"右边是"刀",左边是一竖三横,表示用刀在一块小木条上刻下的三个记号,由此形象地反映出上古时代一种主要的记事方法——契刻记事,所以《释名·释书契》曰:"契,刻也,刻识其数也。"[①]又有《易·系辞传下》曰:"上古结绳而治,后世圣人易之以书契。"这表明"契"是指在龟甲、兽骨上刀刻的记号、文字,用来记数、记事,进而人们也将刻有契文的器物本身称为"契",马瑞辰《毛诗传笺通释》曰:"契,本以刀判契之称,因之凡以刀刻物谓之契。"[②]

由于契文深刻不易更改、损毁,所以人们便以"契"作为参验的信物,也称"符契",通常是将刻有契文的铜牌、木牌等从中一分为二,双方各执一半,参验时两半契文相合为信。如《宋史》记载宋代政府制作的符契就是"腹背刻字而中分之……却置池槽,牙缝相合"[③],"刻篆而中分之,以左契给诸路,右契藏之"[④]。其实《礼记·曲礼上》就有记载:"献粟者执右契。"对此,郑玄注:"契,券之要也。"孔颖达疏:"契,谓两书

[①] 刘熙撰,愚若点校:《释名》,北京:中华书局,1985年。
[②] 马瑞辰撰,陈金生点校:《毛诗传笺通释》,北京:中华书局,1989年,第817页。
[③] 脱脱等:《宋史》,第3595页。
[④] 脱脱等:《宋史》,第3597页。

一札，同而别之。"①《周礼·质人》也载："掌稽布之书契。"注曰："取予市物之券也，其券之象书两札，刻其侧。"可以说，"契"在古代就作为参验的信物或凭据，其功用大致相当于现代文据上的骑缝印。

由于"符契"是双方各执一半，单凭任何一方都无法达成预期目的，这就意味着双方必须以合作的方式才能达到目的，缺一不为"契"。所以，"契"本身就体现着主体之间的合作关系。不仅如此，这种合作关系一旦以"契"的方式确定下来，就成为一种无法随意变更或撤销的凭据，故而对双方具有束缚性。所以，《文心雕龙·书记》曰："契者，结也。上古纯质，结绳执契，今羌胡征数，负贩记缗，其遗风欤！券者，束也，明白约束，以备情伪，字形'半''分'，故周称'判书'。"②

2. 汉语"约"字释义

"约"字本义是绳索，义符为"纟"，指细丝，有缠束作用，因此表示缠束、环束，《说文解字》曰："约，缠束也。从纟，勺声。"段玉裁注："缠束也。束者，缚也。从纟，勺声。"据此推知"约"有结绳之意，而这代表着一种比契刻记事更久远的记事方法——结绳记事。由此"约"引申为邀约、结盟之意，表明一种双方交往、结合的关系。如：

我能为君约与国。朱熹集注："约，要结也。"③
约为婚姻。④

同时，"约"字本身有缠束之意，因此表征约束，如"约之以礼"⑤就是指以礼来约束自身的言行，另有《广韵·乐韵》直接指出，"约，约束"，《广雅·释诂三》《玉篇·糸部》以及《集韵·效韵》也有称，"约，

---

① 《十三经注疏·礼记注疏》，阮元校刻，北京：中华书局，1980年，第1244页。
② 刘勰：《文心雕龙》，杭州：浙江古籍出版社，2001年，第146页。
③ 朱熹：《四书章句集注》，北京：中华书局，1983年，第345—346页。
④ 司马迁：《史记》，第398页。
⑤ 《论语·颜渊》。

束也"。可见,"约"字表明主体之间相互合作且彼此束缚的关系,由此引申为双方以文字形式确定下来的共同遵守的条约或合同,例如"约法三章"即是此意,这也一直保留在现代汉语中。

3. 汉语"契约"所蕴含的"契约"概念的一般含义

由上可以看出"契""约"二字具有相当的互释性,所以《说文解字》的"契,大约也",《广韵·霁韵》的"契,契约"等,就是以"约"释"契";而《集韵·笑韵》的"约,契也",则是以"契"释"约"。这都表明"契"与"约"的字义上互有交叉,存在着某些共同或共通的内容。根据《易·系辞传下》所谓"上古结绳而治,后世圣人易之以书契"以及孔安国在《尚书序》中所谓"古者伏牺氏之王天下也,始画八卦,造书契,以代结绳之政,由是文籍生焉"[①],都可以推知"契"与"约"很可能是上古时期的记事方式,其中"约"与"结绳"相对应,"契"与"书契"相对应,由此自然引申出合同、凭据的意思。

当然,"契""约"也常作为复合词使用,有时用作"约契",其中"约"为动词,指约定;"契"为名词,指双方协商达成共识之后订立的凭据或文书;也就是说,"约契"是立契为凭,以防食言。如:

> 事之以货宝,则宝单(殚)而交不结;约契盟誓,则约定而反无日。[②]
>
> 明其约契,正其会要,定其时日,通其言语,达其情志,天下不可一日无文也。[③]

而作为复合名词使用的就是"契约",这种用法一直保留至今。如:

---

① 《十三经注疏·尚书正义》,阮元校刻,第113页。
② 韩婴撰,许维遹校释:《韩诗外传集释》,北京:中华书局,1980年,第228页。
③ 归有光:《归震川全集》,上海:上海中央书店,1936年,第98页。

契约既固,未旬,综果降。[①]
欲求契约,固合允从。[②]
武宁节度使王德用自陈所置马得于马商陈贵,契约具在。[③]

其实作为复合名词的"契约"与单音节词的"契""约"含义大致相同,都是表明主体之间就某事而进行交往合作,达成某种一致约束双方的内容并以文字确立下来作为凭据。契约的传统形态可参考郑玄的解释:"书两札,刻其侧",这是说"书契"一式两份,在两片简牍上用文字写明有关的事项、条款,同时把两者并在一起,在相接的一侧刻上一定数量的齿,然后由当事双方各执其一,作为相互验证的凭据,这其实也是现代契约凭据的雏形。

(二)儒家语境中契约的基本特质

基于"契约"在儒家典籍中的一般含义,以及保留下来的传统契据实物,我们可以看出,儒家语境中契约的基本特质。

其一,自愿协议。其实"协议"本身就表明缔约不能出于强制,而是双方自愿进行协商的结果,体现着双方共同的意愿。这不仅在西方有"合意成契约为法律"[④]的谚语,而且在《唐律疏议》等文献所收录的传统契约中也有"两情和同""两和立契"或者"两共对面平章"[⑤]等套语,金、元、明时期的契约凭据也都注明"此系两愿,各无抑勒""系是二比情愿,原非逼勒""系是两愿,原非逼勒"[⑥]等字样。相反,如果在强制、要挟之下签订契约,那就意味着契约仅代表一方的意愿,而不具合理有效性。如《史记·孔子世家》记载:

---

① 魏收:《魏书》,郑州:中州古籍出版社,1996年,第332—333页。
② 白居易著,顾学颉校点:《白居易集》,北京:中华书局,1979年,第1183页。
③ 司马光撰,邓广铭、张希清点校:《涑水记闻》,北京:中华书局,1989年,第197页。
④ 郑玉波:《法谚》,台北:台湾三民书局,1988年,第145页。
⑤ "平章"也就是"商议",为商量处理,重在发表意见、与人共商。
⑥ 杨国桢:《明清土地契约文书研究》,北京:人民出版社,1988年,第30页。

> 过蒲，会公叔氏以蒲畔，蒲人止孔子。……蒲人惧，谓孔子曰："苟毋适卫，吾出子。"与之盟，出孔子东门。孔子遂适卫。子贡曰："盟可负邪？"孔子曰："要盟也，神不听。"①

其中"要盟"就是指要挟之下签订的契约。对此，孔子认为"神不听"，理由就在于"要盟"不是出于双方自愿而签订的契约。另如《金史》所载：

> （斡里朵）为贼党江哥所执，且欲推为主盟，要以契约，斡里朵怒曰："我受国厚恩，岂能从汝反耶？宁杀我，契约不可得也。"②

文中斡里朵宁死不签订契约，也是因为"要以契约"违背了自愿性。这一基本特质也贯穿至今，要知道现代社会将"契约自由"视为一种公民基本权利，就是为强调并维护契约双方协商的自愿性。

其二，责权对等。从"契""约"二字的含义以及现实契约活动来看，契约还不能简单地等同于协议或合同。因为契约除了体现双方的合意，还强调双方处于责权对等的约束关系中。其原因在于双方都想实现某种价值，但自身有所欠缺必须得到对方的协助，而对方提供的协助是有条件的，为此，自身也需要提供给对方某种协助作为抵偿。这就意味着契约双方处于相互的"债务关系"中。

其实汉语的"契"字即有亏欠、缺失、凹陷之意，《说文解字系传》所谓"刀判缺之，故曰契"③；《广雅》所谓"契，缺也"④，正是契约双方债务关系的一种隐喻。而《史记》所言："常折券弃责"⑤和"贫不能与息者，

---

① 司马迁：《史记》，第2330页。
② 脱脱等：《金史》，北京：中华书局，1975年，第2002页。
③ 徐锴：《说文解字系传》，北京：中华书局，1987年，第204页。
④ 张揖：《广雅》，文选楼丛书本（光绪刻）。
⑤ 司马迁：《史记》，第437页。

取其券而烧之"①，也是表明契券体现债务关系。当然，这种债务关系在契约订立之后才具有强制性，而在此之前，承担何种债务都是在双方协商之下自愿接受的，绝非强制的结果。因此，我们称之为"债务"或许过于消极，而应更积极地称为"责任"。但实际上，古汉语的"责"也可读作"zhài"，且与"债"字相通，《说文解字》段玉裁注："责，引申为诛责，责任。"朱骏声《通训定声》："责，罚也。"可以说，汉语的"责任"其实也带有某种亏欠、罪罚的意思。这一点也是中西文明的共同性，在西方不仅有"债为法锁"的说法，而且在古罗马时期，其市民法"契约"就在"协议"上加了"债务"性条款。

当然，"责权对价"意味着除了责任，还有相对等的权利，这是实现利益的代价和交换条件，而且以契约确定的权利与责任都必须是对等的，即一方如果享受到因对方兑现承诺而产生的利益，那么也就要承担与其利益相当的责任，如果逃避责任，就要受到相应的惩处，以抵偿对方没有得到相应权利的损失。因此，契约比一般性的协议的约束力要更强，双方责权的分配、权衡更具体、细致，其效用和形式都如同"律令"，其意在保障双方交易合作的平等。

二、契约观念：证成自由的工具性观念

在澄清"契约"概念的前提下，我们就可以从政治哲学层面，阐明契约与自由的一般关系。现实生活中，自由作为一种根本的价值诉求，并不是抽象的哲学概念，而总要落实为各种现实的自由权利，而"自愿协议""责权对价"的契约特质本身也属于一种现实的自由权利，这在现代社会中得到了更为普遍的认可，并且作为一项重要的政治自由权利被各国正式写入法律，也即契约自由，其内容主要包括缔约自由、选择契约相对人自由、确定契约内容自由和缔约方式自由等。显然，如果没有自由的价值观念和现实诉求，就不会有所谓的"契约自由"，也更不会有通过契

---

① 司马迁：《史记》，第2869页。

自由订立的实际契约。据此而言，契约存在本身就是以自由的价值观念确立为前提的，这实际表明自由观念逻辑地先行于契约观念。不仅如此，由于任何自由权利的实现都需要建构社会制度和法规才能得以保障，而"契约说"正是理论界公认的一种法的起源学说，这就意味着任何社会制度和法律规范，实质都是运用契约观念而达成的某种契约。由此可知，契约观念作为社会制度建构的方法，是一种为实现自由价值和诉求的工具性观念，而自由作为目的性、价值性的观念必然先于契约观念。在上述意义上，自由观念是契约观念存在的前提、基础和目的。

不过，上文也指出现实的自由权利必须要建构起社会制度才能得到保障，而契约观念正是建构一切社会制度所运用的工具性观念，这就意味着如果没有契约观念，现实的自由权利将无法得到保障和实现。所以，从自由实现的意义上看，契约观念的确立要先于具体自由权利的实现，也就是说，在实践操作层面上，契约观念是自由实现的前提和保障。

这一面相随着近现代社会契约论的提出而突显出来，特别是由"霍布斯—洛克—卢梭"形成的"自然法"进路的社会契约论对西方现代社会的发展产生了深远的影响。这类理论无不将组成国家的基本法规视为一种"原始契约"（康德语），并且都是从现实的保障个体自由不受侵害的目的出发，来解释现代社会和国家的存在基础、存在意义以及各领域的制度建构等问题，从而根本颠覆了人们对于社会、国家存在基础和价值的传统理解。我们知道，传统国家根本上是为保障皇族的利益，皇族的最高统治权是以"君权神授"或"受命于天"思想为合法性基础，同时要通过加强臣服、效忠君主的信念来维系，社会由此呈现为一种纵向的伦理等级结构；而"社会契约论"则提出以订立契约的方式组建社会和国家，公民个体乃是契约主体，由此决定了国家存在的根本目的在于确保每个公民的自由和主体价值，这实质是从社会制度建构的层面为个体自由权利的合理性提供了解释和保障。当然，订立"原始契约"并不是一个真实的历史事件，但这并不影响"社会契约论"对于发展现代自由的积极意义，事实上,现代西方社会正是由此确立了他们民主宪政的基础。①

在当代,"社会契约论"早已超出了"原始契约"的范围而具有了更普遍的现代社会建构意义。备受关注的罗尔斯就是将"社会契约论"视为实现制度正义的充分条件,他直言自己提出"正义论"的目的"就是要概括洛克、卢梭和康德所代表的传统的社会契约理论,使之上升到一个更高的抽象水平"②。事实上,他是把契约论作为建构正义社会制度的工具,这实际也是指出了一种通行于社会各领域制度建构的基本方法。现实地看,契约论之所以成为解释现实自由权利的有效工具,主要是因为"像财产不可侵犯、不得滥杀无辜、救死扶伤等自然权利和义务很难找到经验上可验证的起源,求助于社会契约论却可以较好地解决其产生的理论前提问题"③,所以,在政治、法制层面广泛地被运用。

当然,针对近现代"社会契约论"的批评也很多。但需要指出的是,批评"社会契约论"并不等于否认现代契约观念对于现代自由的积极价值,恰恰相反,积极的批评者也是运用现代契约观念为个体自由权利提供制度层面的保障。要知道,功利主义者休谟虽然不认同卢梭以公意为前提的"社会契约论",但同样坚持认为:"没有人能够怀疑,划定财产、稳定财物占有的协议,是确立人类社会的一切条件中最必要的条件。"④这又何尝不是一种契约,其实功利主义者无不具有契约精神,他们只是不认同卢梭的论证。此外,当代思想家哈耶克虽然也批判罗尔斯的契约论,认为罗尔斯与卢梭一样都是以理性预设的价值作为订立契约的根本出发点,其中潜伏着背离自由、通往奴役的风险。但他只是否定其订立契约的思想方法,而非契约观念本身,他所强调的是各种契约的订立都应是个体自由自发活动的结果而并无超越个体之上的人为预设,并且特别提出了"自发秩序理论",这其实是从经验主义的进路上更彻底地贯彻了现代契约观念。

---

① 谢文郁:《自由与责任四论》,上海:华东师范大学出版社,2014年,第69页。
② 约翰·罗尔斯:《正义论》,何怀宏等译,北京:中国社会科学出版社,2009年,序言,第1页。
③ 顾肃:《自由主义基本理念》,北京:中央编译出版社,2003年,第27页。
④ 休谟:《人性论》下册,关文运译,北京:商务印书馆,1983年,第532页。

由上可以看出，现代契约观念与现代自由密切相关正是契约与自由之间辩证关系的体现，尤其是契约观念作为一种工具性观念，为切实保障主体的生命、自由和财产及其为实现这一切所需要的条件提供了有效的证成方法，因而是自由权利实现与否的关键。众所周知，一直被誉为现代民主政治制度基石的英国《大宪章》，实质就是一份"大契约"，这也足见契约观念对于保障自由权利的重要性。在这个意义上，我们可以说现代契约观念实际上铺就了现代自由之路。

三、儒家契约观念与自由观念的古今之变

以上虽然是就现代社会做的分析，但从"自由儒学"的视角看，契约与自由之间的辩证关系并不是西方现代社会所特有的关系，而且也贯穿在儒家契约观念与自由观念的历史演变中。当然，这并不意味着传统儒家具有现代性的契约观念和自由观念，反而是表明儒家的契约观念与自由观念从来都不是一成不变的"僵死物"，而是历经古今之变，不断生成发展着的观念，它们相辅相成的辩证关系正是在同步的历史演变中体现出来的。

这根本是在于契约观念与自由观念都是一种主体性观念，也即都以主体的存在为逻辑前提。分而言之，自由最一般的含义就是不受束缚、自作主宰，其实质是主体的在世状态，也就是说，自由与主体的存在相同一，现实的自由总是与其社会主体相一致。同样，契约也是基于主体才存在的，缔约的主体根本决定了契约存在的目的和价值，虽然缔约的代表往往是某一个人，但缔约主体却并非从来就是代表个体价值的个人。事实上，缔约主体也只是社会主体的一种具体存在形式。而任何主体都是由生活本身所造就，即如俗语所说"生活造就了'我'"，但生活从来不是一成不变的，而总是变动不居的，这就决定了社会主体必然随着生活方式的变迁而转变，由是自由观念和契约观念也会随着社会主体的转变而演变[①]，

---

① 郭萍：《中国自由观念的民族性与时代性》，见孙聚友主编：《国际儒学论丛》第3辑，北京：社会科学文献出版社，2017年。

且根本上总与其当时代的社会主体价值相一致,这不仅意味着二者具有历史演变的同步性,而且意味着二者在不同的历史时期都保持着一种相辅相成的关系。在此,笔者就儒家的契约观念与自由观念的古今之变做进一步分析。

中国社会大致先后经历了三种不同的生活方式,即宗族生活方式、家族生活方式以及当前的个体生活方式。① 其中,在宗族和家族的生活方式下,人们以血缘宗法的宗族、家族为基本单位来组织社会生活,个体不具有独立价值,群体性的宗族或家族才是真正的社会主体;而在个体生活方式下,社会分工的系统化、精细化,使得个体无须依附宗族、家族便可以完全获得生存和发展所需要的各种条件,非血缘的独立个体之间的交往成为现代生活的主要内容,由此形成的现代社会自然是以独立个体为核心和基础来组织社会生活的,这意味着现代社会的主体已不再是传统的宗族或家族而是个体。据此推知,在传统的宗族或家族社会中,自由乃是宗族或家族为主体的自由,契约根本是为了维护宗族或家族的价值而订立;而在现代社会,自由则是个体为主体的自由,契约也相应地为维护个体价值而订立。如表4所示。

表4 儒家社会生活的古今之变

	夏商周—先秦	秦汉—清	民国至今
生活方式	宗族生活方式	家族生活方式	个体生活方式
社会主体	宗族	家族	个体
自由类型	宗族自由	家族自由	个体自由
契约观念	宗族性契约	家族性契约	个体性契约
社会形态	传统契约社会	传统契约社会	现代契约社会

基于历史哲学的思考,我们可以对儒家契约观念与自由观念的历史演变做具体梳理。

---

① 黄玉顺:《论儒学的现代性》,《社会科学研究》2016年第6期。

（一）传统儒家的契约观念与自由观念

如英国学者梅因在考察契约的早期史时所指出的：没有任何证据表明曾经存在一种毫无契约观念的社会，只不过在最初的社会中契约是以极其原始的方式出现。[①] 据此而言，早在商周时期以王室为首的会盟活动就已经有了某种契约的意味，所谓"约信曰誓，涖牲曰盟"[②]。"约"和"盟"本身就是缔结盟约的方式，由此各大小宗族必须供奉周王室，而周王室也必须庇护其他宗族。这里虽然有大宗、小宗之分，但结盟的主体却都是宗族无疑，其目的也就是维护宗族的利益。此外，根据《春秋》《左传》等典籍的记载，春秋战国时期，诸侯国之间订立的政治和军事盟约已有两百多次，所谓"君子屡盟"[③]。由于封建诸侯国实质仍是一个靠血缘宗法维系的宗族，因此这些盟约仍然是以宗族为主体缔结的，根本目的也是为了维护宗族的主体价值，这与现代民族国家之间的盟约根本不同。

战国后期，士大夫之家渐渐取代宗族成为社会主体，儒家的契约观念也逐步发生了转变。如《困学纪闻·春秋》有言：

> 襄公三年，鸡泽之会，叔孙豹及诸侯之大夫盟，言"诸侯之大夫"。十六年溴梁之会，直曰"大夫盟"，不言"诸侯之大夫"者，鸡泽之会，诸侯始失政也。至于溴梁之会，则又甚矣。溴梁之会，政在大夫也。不言诸侯之大夫者，大夫无诸侯故也。[④]

这可以说是儒家契约观念由宗族转向家族的体现。秦汉一统直至清代，遍布于政治、经济、日常人伦等各个社会领域的契约皆是以家族利益为根本目的而订立。例如，在经济契约中，最常见的止损赔偿条款都明确规定由家族全体共同承担债务，而无须征求每个家族成员个体的意愿，

---

① 梅因：《古代法》，沈景一译，北京：商务印书馆，1984年，第176页。
② 《礼记·曲礼下》。
③ 《诗经·小雅·巧言》。
④ 王应麟：《困学纪闻》，上海：上海古籍出版社，2008年，第717页。

所以传统契据中常出现类似"若郑身东西不在，一仰妻儿及收后保人替偿"①的内容。

其实，在前现代社会，契约对宗族或家族主体价值的维护最直接地体现在婚约的订立上，《礼记·昏义》就明确指出了传统婚约的目的，即"合二姓之好，上以事宗庙，而下以继后世也"②。显然，这是为了两个宗族或家族的延续和兴旺，因此传统婚约全由婚嫁双方的家长做主，而当事人只有遵循"父母之命"的资格，并无自身的意愿和利益可言。由此便知传统婚约的主体根本不是婚嫁的双方当事人，也不是双方家长，而是订约的两个宗族或家族。

需要说明的是，前现代的契约虽然通常由作为家长的父、祖、兄、伯叔或者寡母来缔结，但由于宗族或家族本身的存在先于任何社会性个体（包括家长本人），缔结契约乃是宗族或家族功能的延伸，而非个体权利，所以家长作为缔约代表乃是以宗族或家族的价值为前提和归旨，而任何成员违背契约条款也都会惩罚作为宗族或家族的代表"家长"，或者以"连坐"的方式惩处所有家族成员。总之，传统的家长自身既不是独立的权利享有者，也不是独立的责任人。这种前现代的契约观念同样存在于西方的传统社会中，例如罗马法中就存在类似中国传统家长的"家父"。所以，梅因在《古代法》一书中曾指出，在传统社会中，每个人都不是被看作一个独立个体，"而是始终被视为一个特定团体的成员"③，进而"个人并不为其自己设定任何权利，也不为其自己设定任何义务。他所应遵守的规则，首先来自他所出生的场所，其次来自他作为其中成员的户主所给他的强行命令"④。这都表明传统社会的自由只能是宗族或家族的自由，而各种传统契约的缔结正是落实和维系这种自由的有效手段，而且无不是在传统的价值诉求下依据自愿协议、责权对价订立的结果。

---

① 张传玺主编：《中国历代契约会编考释》上册，北京：北京大学出版社，1995年，第340页。
② 《礼记·昏义》。
③ 梅因：《古代法》，沈景一译，第105页。
④ 梅因：《古代法》，沈景一译，第176页。

(二) 现代儒家的契约观念与自由观念

近代中国，生活方式再度发生了转变，由是根本导致了传统家族的解体，同时使得个体摆脱了对家族的从属性，成为独立的社会主体，相应地个体自由也成为新的价值诉求。近现代儒家在积极回应现代自由诉求的过程中推动着儒家传统的自由观念逐步转向现代，这在政治自由层面体现得最为突出。例如维新儒家谭嗣同号召"冲决君主之网罗"，康有为直接宣称"人者，天所生也，有是身体即有其权利，侵权者谓之侵天权，让权者谓之失天职"①。而后的现代新儒家不仅提出"肯定自由，肯定民主，创造自由，证成民主"②的主张，而且都还从学理上努力探索了现代自由的合理性和现实路径。

正是在推进现代自由发展的过程中，近现代儒家意识到了现代契约观念对维护个体自由的重要性，由此表达出以独立个体为主体，通过自愿协议、责权对价订立契约的方式来建构现代社会制度的思想主张。例如梁启超就通过评介卢梭，宣扬了现代契约观念。他说：

> 人人于不识不知之间而自守之。此亦天理所必至也。……一夫一妻之相配，实由契于情好互相承认而成，是即契约之类也。既曰契约，则彼此之间，各有自由之义存矣。……夫以家族之亲，其赖以久相结而不解，尚必藉此契约，而况于邦国乎。
>
> ....
>
> 凡两人或数人欲共为一事，而彼此皆有平等之自由权，则非共立一约不能也。审如是，则一国中人人相交之际，无论欲为何事，皆当由契约之手段亦明矣。人人交际既不可不由契约，则邦国之设立，其必由契约。
>
> ……要而论之，则民约云者，必人人自由，人人平等。③

---

① 康有为：《大同书》，北京：古籍出版社，1956 年，第 130 页。
② 牟宗三：《肯定自由、肯定民主》，台北：台湾地区《联合报》1979 年 6 月 2 日。
③ 梁启超：《梁启超评历史人物西方卷》，武汉：华中科技大学出版社，2018 年，第 14—15 页。

这里他明确指出订立契约的目的在于实现公民的个体自由，显然已经截然不同于儒家传统的契约观念。此外，被誉为"中国宪法之父"的张君劢也在宪法研究和制宪实践中实际运用了现代契约观念。他明确指出：

> 我国治从事制宪者，当亦知所抉择，善为国家立长治久安之基础乎！
>
> 一张文书（指宪法。——引者注），所以规定政府权力如何分配于各机关，以达到保护人民安全与人民自由的目的。①

这里张君劢强调制定宪法的目的在于保障国民安全与自由，而宪法作为根本大法，实质正是一份根本性的契约，由他草拟的"四六宪法"②正是这一契约的现实范本。不仅如此，他还通过《中华民国民主宪法十讲》对国家存在的意义、制定宪法的目的以及具体内容的设计等问题做了详细阐述，这都鲜明地反映出他思想中的现代契约观念。

在当代儒者中，林安梧也提出要以现代性的"社会契约"观念作为当代儒家社会制度建构的基本原则。基于传统社会解体的事实，他指出现代社会制度不再是由孝悌人伦直推出去的，而是通过个体的"契约理性"建立起来的"契约性的社会连结"。这无疑是在更普遍的意义上强调了现代契约观念对社会制度建构的意义。③

纵观古今可以看出，随着社会主体的转变，儒家的契约观念与其自由观念在同步地由传统转向现代，在此过程中，不同时期的主体自由都通

---

① 张君劢：《中华新民族性之养成》，见张君劢：《宪政之道》，北京：清华大学出版社，2006年，第354页。
② 1946年1月，张君劢主持起草了《中华民国宪法草案》，保留了三民主义的基本思想并贯彻政协宪法草案决议案内容，落实民有民治民享之民主共和国，以及内阁制之民主宪政等精神。
③ 参阅林安梧：《契约、自由与历史性思维》（台北：台湾幼狮文化事业股份有限公司，1996年）、《儒学与中国传统社会的哲学省察：以"血缘性纵贯轴"为核心的理解与诠释》（上海：学林出版社，1998年）、《后新儒学的社会哲学：契约、责任与"一体之仁"》（《原道》第八辑，郑州：大象出版社，2003年）等。

过相应的契约观念得到切实的保障,特别是历史上儒家传统的契约观念对于保障宗族和家族的自由权利而发挥的作用是极为突出的,同样近现代的儒家也意识到现代契约观念的重要价值,希望以此奠定现代社会制度的基石,为现代自由的发展提供切实的保障,遗憾的是他们没有从理论上提供发展儒家现代契约观念的思想方案。

四、儒家契约观念的基本原理

对此,我们并不能从儒家传统的契约观念中找到现成的内容,因为那是与传统的宗族或家族主体相匹配的观念,非但无助于现代自由的实现,而且还会对现代契约观念的发展造成阻碍。不过,我们另外发现儒家历代的契约观念虽然具体内容不尽相同,但是都未脱离"契约"概念的一般含义和基本特质,这意味着它们背后遵循着一以贯之的儒学原理。或者可以直接说,儒家历代的契约观念都是同一套儒学原理在不同生活方式下的现实形态,这一套儒学原理可以被不同生活方式下的内容所充实,由是才形成了儒家历代的契约观念。据此可以推知,如果我们以现代性的生活内容来充实这一儒学原理,那么就可以从理论上确立起儒家现代的契约观念。在这个意义上,我们如果揭示了历代儒家契约观念所依据的基本原理,也就找到了发展儒家现代契约观念所需要的思想方案。

其实,以往的研究已经触及了这个问题,即认为契约观念根植于儒家的诚信思想。只不过以往的相关解释大都局限于道德维度,而这无异于将契约观念仅仅视为一个道德哲学的观念,然而从前文的论述看,契约观念的根本意义在于促成社会制度的确立,这恰恰是当前对于儒家"诚信"思想的阐释中尚未揭示的一个面向。不仅如此,"诚信"绝不是一个浑沦单一的概念,而是内在地呈现为一套思想结构。因为,在笔者看来,虽然"诚"与"信"在基本含义上具有互释性,所谓"信,诚也","诚,信也"[1],但在观念层级上,"诚"与"信"并不相同,如朱子所言:"诚是

---

[1] 许慎:《说文解字》,北京:中华书局,1963年,第52页。

个自然之实,信是个人所为之实"①,这里的"自然"并不是物质自然界(nature),而是自然而然的生活实情。据此而言,"诚"是前对象化的本源性观念,而"信"则是"形于外"的"诚",是"诚"经验化、对象化和实证化的形态,因此"诚信"本身体现为一个由"诚"至"信"的思想过程。如果结合儒家契约观念所包含的内容做进一步思考,就会发现由"诚"至"信"也不是无中介的直接通达,而是需要以"义"与"智"为基本的中介环节,也就是说,这一过程实质展开为"诚→义→智→信"的思想结构。那么,从社会制度建构的意义上揭示这一思想结构,我们大可彰明儒家契约观念的基本原理。

(一)契约之本源:源"诚"生约

如果说一切存在者渊源于生活本身,那么,生活本身就是契约之本源。然而,生活本身并不是一潭死水,而总是生生不息的流变。② 众所周知,儒家所理解的"生生不息"乃是天地交往化育的状态。这种源始意义上的交易流转、消息往来,作为无妄而不欺的生活实情,被原始儒家理解称为"诚",所谓"诚者,天之道也"。据此而言,"生生不息"也就是"至诚无息"③。

正是本源之"诚"造就了主体("不诚无物"),同时也源始地决定了主体随时随地地处于交易往来之中。因为主体作为存在者,总是有所成也有所缺,而唯有通过交易往来,互通有无,才能彼此成全,实现自身在政治、经济、道德、情感等多方面的诉求。广义地说,这无不牵扯到主体之间"利"的交换,但也正是通过这种互惠互利的交易往来才能在经验层面证成"生生不息"这一生活的实情。对此,儒家从绝对主体意义上确立起的"易道"就表明交易往来内在于主体性之中,所谓"'易'有四义:不易

---

① 朱熹:《朱子语类》卷六,见朱熹撰,朱杰人、严佐之、刘永翔主编:《朱子全书》第14册,上海:上海古籍出版社、合肥:安徽教育出版社,2002年,第242页。
② 黄玉顺:《爱与思——生活儒学的观念》,成都:四川大学出版社,2006年。
③ 《礼记·中庸》。

也,交易也,变易也,易简也"①,《易·系辞下传》曰:"上下无常,刚柔相易",就是指交易。站在儒家立场看,主体的交易就是对本源的天地交易往来("诚")的"明觉",所谓"诚之者,人之道也",由此"诚"获得主体意义,也即不欺人、不自欺作为人的主体性而得以确立,同时通过主体的交易往来,本源之"诚"才得以现实的开显,所以说"君子诚之为贵"②。

不过,在经验生活中,主体的交易往来常因一方"不诚无信"而失败,这无疑是对"生生不息"的生活最直接的破坏。为避免这种情况,订立契约便成为一种必要的手段。尽管儒家讲"大信不约",而且成文的契约作为一种凭据也并不能真正超过人智;但是在实际操作层面,订立契约依然具有必要性。其一,订立契约既能防范对方无信,也能表明自身诚意,因此传统契据就有"今恐人心无信,故立文契为照者"③的字句。其二,订立契约可以"去私""塞怨",通过明确双方责权可以有效地避免争讼,所谓"以质剂结信而止讼"④,而如果"制契之不明"则往往容易导致双方纷争,所谓"凡斗讼之起,只由初时契要之过"⑤。此外,在司法审判中,契约也是重要的证据,如若不然会导致"两无中据,难定曲直"⑥。总而言之,订立契约作为一种必要的手段,乃是为了保障主体交往的通畅有序,维护主体利益不受侵害,而这在最本源的意义上都是由交易往来的生活实情所决定的。⑦

---

① 李光地编纂,刘大钧整理:《周易折中》,成都:巴蜀书社,2008年,第408页。
② 《礼记·中庸》。
③ 张传玺主编:《中国历代契约会编考释》上册,第638页。
④ 《周礼·地官司徒·司市》。
⑤ 《十三经注疏·周易正义》,阮元校刻,北京:中华书局,1980年,第24页。
⑥ 袁枚:《子不语》(下),北京:中国国际广播出版社,1992年,第1064页。
⑦ 在经验生活中,交易往来的目的乃是为了维护和实现主体的利益,因此"利"是契约观念中一个必不可少的要素,在此限于篇幅不做具体阐释。"利"并不单纯指物质利益,而是代表主体生活和发展的各种现实需求。原始儒家积极肯定了"利"的价值,但后世儒学往往片面强调"义"而否定"利",偏离了原儒"利者,义之和"(《周易》)的立场。当前需要正视"利"的价值,将之纳入儒家现代契约观念的发展中。

（二）契约之原则：以"义"立约

"立约"包含两个层面契约的订立：一个是指根据既有的制度规范来立约（例如各领域法律法规的制定），这种"立约"行为本身需要遵守某种更根本的契约，最终是以原始契约的订立为前提。还有一个则是指原始契约的订立，也即订立最根本的契约，如前文论及的"社会契约论"就是关于原始契约的理论。这种契约的订立并没有现成的制度规范作为根据或原则，而是在本源生活的基础上订立的，因而属于制度建构本身的原则问题。在这方面，黄玉顺教授建构的"中国正义论"[①]提供了直接参考。他指出本源生活中的道德共识就是作为基础伦理观念的"义"，事实上，这也正是原始契约订立的根本原则。我们知道，当代西方思想家罗尔斯是以契约作为证明正义的方法，但更为前提性的问题是，唯有以基础伦理的"义"为原则才能保障契约本身的正义，即如荀子所说："不知法之义而正法之数者，虽博，临事必乱。"[②]这就是说，立约本身的正义是衡量契约具体条款和执行程序是否正义的前提。在此，笔者从正当性与适宜性两方面进一步说明立约的根本原则问题。[③]

1. 正当性原则

（1）"正"即"公正"，是指契约的订立不能偏私任何一方。立约要在双方自愿的前提下进行协商，契约的内容一定要体现双方的合意，此谓"公正无私"。这意味着强迫或要挟其中一方而签订的契约，不符合公正性原则，自然也就不具合理有效性。如：

> 楚子伐郑。子驷将及楚平，子孔、子蟜曰："与大国盟，口血未干而背之，可乎？"子驷、子展曰："吾盟固云：'唯强是从。'今

[①] 关于"中国正义论"的主要内容集中体现在黄玉顺的两部著作中：《中国正义论的重建——儒家制度伦理学的当代阐释》（合肥：安徽人民出版社，2013 年）、《中国正义论的形成——周孔孟荀制度伦理学传统》（北京：东方出版社，2015 年）。
[②] 王先谦：《荀子集解》，北京：中华书局，1988 年，第 272 页。
[③] "正当性"和"适宜性"是黄玉顺"中国正义论"所提出的"义"的两条具体原则，笔者在此借以说明立约正义问题，但具体的解释并不同于"中国正义论"。

楚师至，晋不我救，则楚强矣。盟誓之言，岂敢背之？且要盟无质，神弗临也。……"①

这里子驷、子展之所以理直气壮地违背契约就在于"要盟无质"，也就是说，订约时违背了自身的意愿，因而缺乏公正性。现实中，为避免当事双方偏私自身的情况，订立契约时往往需要公证人作为第三方介入进行监督。

（2）"当"即"得当"，主要是指立约双方责权对价，即任何一方享有的权利与其承担的责任应当是等价的、相当的，如若任何一方的权利大责任小，或权利小责任大，那么都是不当的。至于立约双方的具体责权比例，则是由双方协商决定，既可以双方各承担二分之一的责权，也可以是一方的责权比例大，另一方责权比例小，只要各自承担的责任与权利对等就都是得当的。

简而言之，立约之"正"在于契约以双方自愿合意为基础而订立，立约之"当"在于契约以双方责权对价为法则而订立。

2. 适宜性原则

立约之"义"源于生活本身，自然不能脱离具体的时代和地域，因此唯有与时与地相适宜才是真正的"义"，这就是适宜性原则，它主要体现为因时制宜、因地制宜两个方面。

所谓"因时制宜"是要求契约的订立必须顺应时代发展的趋势。前文曾指出，由于生活的变迁导致前现代的宗族或家族主体转变为现代的个体主体，因此现代契约的订立不再是传统的宗族或家族协议的产物，而是个体之间自愿协商的结果，应体现着个体的主体价值，保障个体自由。所谓"因地制宜"是要求订立契约必须以当下的具体状况为根据，旨在强调在共时条件下，由于地域性差异或事件性差异，也会使立约双方的责权分配比例有很大不同，例如现代各民族国家对于公权力和社会责任的分配

---

① 杨伯峻编著：《春秋左传注》，北京：中华书局，1981年，第971页。

比例就各不相同，北欧福利国家政府的权力大责任大，公民的权力小责任小；相较之下，英美国家的政府权力小责任小，公民权力大责任大；因此并不能一概而论。

适宜性原则表明立约既不是一劳永逸的，也不是放之四海而皆准的，而是需要随时、随地进行损益，或者重新订立的。我们知道，西方的《圣经》也有《旧约》《新约》之分，实际上这正是随着生活的变迁，人与神重新订立契约的结果。同样，传统的儒家契约曾有效维护了宗族和家族的主体价值，促进了中国传统社会的繁荣，但从现代价值立场来看，这恰恰是禁锢个体自由的"法锁"，然而要打开这道"法锁"就必须顺应生活的变迁和现代社会主体的诉求，从维护个体主体价值的意义上重新订立契约才符合适宜性原则，也才能体现最根本的"义"，即如孟子所说"言不必信，行不必果，惟义所在"[①]。

总之，儒家认为，订立契约的根本原则就是生活本身显发出来的交往共识和交易默契，也就是"义"，其体现为正当性与适宜性的统一。这与卢梭—罗尔斯的思路根本不同。我们知道，罗尔斯是将一种人为设计的"原初状态"作为订立契约的根本原则，认为只有在"无知之幕"的前提条件下，理性才能最大程度地发挥作用，进而才能订立正义的契约，而事实上，这种脱离生活本身的人为预设，在理论上是不明究竟的，在现实中也是不可能的。

（三）契约之设置：以"知"定约

契约最终要形成一套可操作性的规定，并以文书合同等形式保存下来作为凭据。因此，在以"义"立约的原则下，双方还要针对约定的内容来制定具体的条款、设计执行的程序等，这通常体现为各种法律规范的制定需要依靠理性来完成，儒家称之为"知"或"智"。当然，儒家的"智"或"知"其实分两种："一种是认知性的'知'即理智、知识，处于

---

① 《孟子·离娄下》。

正义原则（义）与制度规范（礼）之间；另一种则是感悟性的'智'（以区别于知识性的'知'）即智慧、正义感或良知，处于利益欲望与正义原则之间。"① 对于契约具体条款和程序的制定而言，我们主要运用的是认知性的理智。

这主要体现在两个方面：第一，要"知礼"。这是指契约设置者应当是制礼的专家，必须要精通制度、法律、规范、礼仪等方面的专门"知识"；而且还会进行精巧的设计，懂得如何将这些"知识"合理搭配形成一个严谨有效的系统，为我所用，例如"三权分立"就是现代政治制度设计中运用理智的一个成功典范。第二，要"知人"。这是指契约设置者要具备洞察人的主体性的理智。孔子有言："不患人之不己知，患不知人也。"② 另有，"樊迟问仁。子曰：'爱人。'问知。子曰：'知人。'"③ 所谓"知人"最根本的就是要意识到当下生活方式所造就的人的主体性是什么，据此才能进一步设置出符合主体价值的条款和程序，如荀子所言："知之在人者谓之知，知有所合谓之智"④，"知有所合"其实就是强调理智把握的内容首先要与人的主体性相吻合。这就表明，仅仅"知礼"还是不健全的理智，只有做到"知人"才算是"明智"。现实契约活动中，唯有通过"明智"的设置才能从实际操作层面保障契约内容的正义。

（四）契约之兑现：以"信"守约

立约、定约都是为了确保双方守约，唯有守约才符合契约正义的原则，所谓"守约而施博者，善道也"⑤，"异于约则谓之不宜"⑥。守约作为契约的兑现，是本源之"诚"现实地"见于事"的环节，儒家认为"见于事为信"，因此守约必以"信"。

---

① 黄玉顺：《中国正义论纲要》，《四川大学学报（哲学社会科学版）》2009年第5期。
② 《论语·学而》。
③ 《论语·颜渊》。
④ 王先谦：《荀子集解》，第488页。
⑤ 《孟子·尽心下》。
⑥ 王先谦：《荀子集解》，第496页。

前文已提及"信"与"诚"具有很大程度的互释性，简单说来，"信"就是"诚之实"。那么，何为"诚之实"？我们知道，《易》以"中孚"卦象征诚信，所谓"孚，卵孚也。从爪从子，一曰信也"①，朱子进一步说："伊川云：'存于中为孚，见于事为信。'说的极好。因举《字说》：孚字从爪从子，如鸟抱子之象。今之乳字一边从孚，盖中有所抱者实有物也。中间实有物，所以人自信之。"② 由此可知，"诚之实"就是要"见于事""实有物"，这都是从兑现承诺的意义上讲的，所谓"践己所诺为信"。当然，对契约的信守，不但是要遵守自己的承诺，而且还要按照契约明确规定的内容和程序严格履行。③

正是由于双方是按契据规定来兑现承诺，所以契约之"信"具有两个面向：其一，由于契约条款本身是一种外在的约束，且具有法律强制力，所以契约之"信"并不是全靠双方的道德自觉来兑现承诺的。在这个意义上，契约之"信"并不等同于美德之"信"，而是带有一种"不得不"的责任义务的成分。其二，契约之"信"也不全然依靠"他律"，而根本是双方立约自愿性的延续，这意味着契约之"信"也有明显的自觉主动性的面向。毕竟，如果没有履约的自觉性，那么契约设置得再精巧、再严密也无济于事，所谓"苟信不继，盟无益也"，"君子屡盟，乱是用长。无信也"。④ 不过，信守契约的自觉主动性也有两方面的原因：一方面是源于双方为实现自身利益的功利考虑，因为唯有信守契约才能达到预期目的，这属于功利主义的道德；但另一方面则是出于双方对自身的"忠"，所谓"尽己之谓忠，以实之谓信。发己自尽为忠，循物无违谓信，表里之义也"⑤，"忠信只是一事，而相为内外始终本末。有于己为忠，见于物为

---

① 许慎：《说文解字》，第 63 页。
② 朱熹：《朱子语类》卷七十三，见朱熹撰，朱杰人、严佐之、刘永翔主编：《朱子全书》第 21 册，第 2486 页。
③ 当然，在契约的实际履行中情况要复杂得多，比如现代西方提出了"契约（目的）落空"原则，即出现了缔约时无法预料的情况，从而使契约目的落空或事实上不可能履行，法院可以根据案情解除契约，而不能死板地按照契约条款严格执行。
④ 《春秋左氏传·桓公十二年》。
⑤ 程颢、程颐著，王孝鱼点校：《二程遗书》，北京：中华书局，2004 年，第 33 页。

信。做一事说，也得；做两事说，也得"①。"忠"与"信"不可分离，契约双方根本是因忠于己才能自觉地"践己所诺"，这不仅是信守契约最积极的动力，也是契约之"信"最值得彰显和弘扬的面向。

至此，"以信守约"与"源诚生约"首尾呼应，形成了一个思想上的回环。事实上，契约之"信"不仅代表儒家"契约"观念的最后一个逻辑环节，而且也使得生约之"诚"、立约之"义"、定约之"智"以及契约本身作为规范制度之"礼"，最终成为一个经验事实而得到了当下的直观，如程颐所说："'四端'不言信，既有诚心为四端，则信在其中矣！"② 因此，儒家契约观念的基本原理就可以表达为"诚—义—知—信"的思想结构，据此与现代性的价值诉求相结合将可以充实起儒家现代的契约观念。

---

① 朱熹：《朱子语类》卷二十一，见朱熹撰，朱杰人、严佐之、刘永翔主编：《朱子全书》第14册，第723页。
② 程颢、程颐著，王孝鱼点校：《二程遗书》，第315页。

第三编 自由儒学的现代思想资源

澄清不同层面的"群己权界"
——基于严复《群己权界论》的分析*

近代思想家严复借助对 J. S. 密尔 *On Liberty* 一书的翻译,将现代自由的要旨归结为"群己权界",就此为个体自由的实现提供了一个现实性的操作原则。由此至今,"群己权界"已成为中国思想界探讨现代自由以及群己关系问题的一个极具代表性的观点。

然而,不论严复本人,还是当今学界,都不曾意识到《群己权界论》中的"群"实质指代着国群、市民社会、政治国家三个不同的概念,这也就意味着相应存在着三个不同层面的"群己权界"。由于严复并没有从学理上对这三个层面加以澄清,因此造成其论述的淆乱和认识的偏误。反观当前,这些淆乱和偏误依然广泛存在,因而也直接妨碍了对相关问题的深入思考。有鉴于此,笔者拟以严复《群己权界论》为分析对象,从学理上对不同层面的"群己权界"做一番必要的澄清。

一、"群"所指称的不同概念

在中国哲学中,"群"是一个古老的概念。就"群"字的本义而言,三个及其以上的禽兽皆可称"群",即如《国语·周语》所言:"兽三为群。"但严复提出的"群己权界"作为一种人伦层面的思想学说,那么"群"就自然不是泛泛地指禽兽或普通生物群体,而是指人类群体,也即人们通常所说的"社会"。事实上,严复的"群"概念就是英文"society"的对译词,虽然现今通行地将"society"译为"社会",乃是沿用了近

---

* 原载《中国哲学史》2019 年第 1 期;《社会科学文摘》2019 年第 3 期转载。

代日本学者的翻译①，但仍然可以表明"群"概念与"社会"概念确乎具有相当的对应性。对此，不仅有学者从学理上做过考证和阐释②，而且还有学者直言："在某种意义上说，'社会'的本质规定性就是'群'或'群体'。"③

然而，细究之下，笔者发现相关讨论中的"社会"概念，其内涵往往并不一致。与此相应，严复的"群"概念也存在着类似的问题。根据"社会"概念的不同，严复的"群"概念至少具有如下四种含义：

（一）群：广义的人类社会

以"群"指称广义的人类社会，乃是指有别于禽兽等生物群体的人类生活组织形式，其现实存在形态就是人们基于地域、血缘、文化的缘由，或出于目的性选择，而形成的人类群体（group），或者人类生活共同体（community）。④ 在这个层面上，"群"概念已经为先秦儒家广泛使用，如孔子曰："诗，可以群"⑤；"群居终日，言不及义"⑥。又如荀子曰："人能群，彼不能群也"，"人生不能无群，群而无分则争"⑦，等等。这里"人能群"作为与其他生物的根本差别，不仅指人具有组织分工的智力、技能，而且也因为人类组织分工具有兽群所没有的伦理意味。尽管在历史上组建人类社会的伦理基础，整体经历了从"身份到契约"⑧的转变，使人类社会在前现代阶段一直是以血缘连接的社会（例如传统的氏族、宗族、家族社会，种族意义上的族群社会等），而在现代阶段转变为以契约连接的社会。但是，不论古今，一切人类社会，作为一种人类群体生活的组织形

---

① 日本学者将英文"society"译为"しゃかい"，也即"社会"。
② 黄玉顺：《儒学的"社会"观念——荀子"群学"的解读》，《中州学刊》2015年第11期。
③ 涂可国：《社会儒学视域中的荀子"群学"》，《中州学刊》2016年第9期；《社会儒学建构——当代儒学创新性发展的一种选择》，《东岳论丛》2015年第10期。
④ 这里的"生活共同体"不同于滕尼斯从前现代意义上提出的"共同体"概念。
⑤ 《论语·阳货》。
⑥ 《论语·卫灵公》。
⑦ 《荀子·王制》。
⑧ 参阅梅因：《古代法》，沈景一译，第97页。

式，都具有其他生物群体所不具备的伦理意义，此谓广义的人类社会，也是"群"所指称的外延最大的"社会"概念。

就严复而言，他是以自然生物进化论为依据对人类社会问题进行了分析考察，所谓"自群学生学之相为发明如此，则知非生学之理明者，群学之理无由明也"①。因此，他将"生理"，也即生物界的种群生存竞争、进化发展的规律，演绎为"群理"，也即古今中外的一切人类社会的发展规律。这里的"群学""群理"之"群"首先就是指有别于"生学""生理"之"生"的概念，也即有别于一般生物群体的广义人类社会。

（二）群：国群

"群"指称人类群体生活组织形式的一种建制化存在形态，也就是通常被称为国家（country）意义上的人类社会。尽管人类社会不一定都是国家，国家也并不是社会存在的唯一形态②，但这都不妨碍"国家"也是一种"群"，只不过国家社会收窄了广义人类社会的外延，且赋予了人类社会更多的内涵，也即人类社会不仅仅是一个靠伦常习俗维系的生活共同体，也不仅仅是一种广义的文化共同体，同时也是一个政治法律共同体。那么，在国家社会的意义上，"群"被严复称为"国群"，更具体地说，他所谓的"国群"是指人类社会发展到近代以来出现的现代民族国家（modern nation-state）。

这是因为，历史上的"国群"在现实中的具体存在形态不是一成不变的，而是随着生活的变迁，社会群体生活的组织建制总是会随之转变。概括说来，中国前现代的"国群"就是一种传统宗族、家族社会生活的组织建制形态。我们知道，荀子提出的"明分使群"③，若从基础伦理学或政治哲学的意义上理解，这其中的"群"就不单指与兽群相分的人类社会，而且也是指战国后期的"国群"，即以家族为主体而组建的国家社会，所

---

① 斯宾塞：《群学肄言》，严复译，北京：商务印书馆，1981年，第260页。
② 当代思想家所勾画的超越民族国家理论，正是寻求国家之外的另一种建制化的生活共同体模式。
③ 《荀子·富国》。

谓"君者，善群也"①就具有明显的政治意味，其背后传达的是一种与家族社会、宗法国家（"国群"）相匹配的伦理、政治思想。而现代性的"国群"则是一种现代市民社会生活的组织建制形态，也就是共同体意义上的现代民族国家（modern nation-state），有学者也称之为"国族"。

需要补充说明的是，由于现代性的"国群"是以公民个体为主体的社会，因此，也被很多学者称为"市民社会"（或译为"公民社会"，英文"civil society"）。这里的"市民社会"是一个与政治共同体的国家（the state）重叠在一起的概念，二者可以相互替用，其实质是相对于前现代的宗族社会、家族社会而言的现代性"国群"，而不是一个与政治国家二元分立的概念（下节详述）。这是在黑格尔之前"市民社会"概念的传统用法，我们看到，"阿奎那、布丹、霍布斯、斯宾诺莎、洛克和康德等人将'政治的'或'公民的'（civil）作为其同义词"②。在当今学界，将社会与国家重叠在一起的观点依然比较常见，如金观涛说："现代社会的组织模式就是作为民族国家的契约社会"③，这里的"民族国家"与"契约社会"是统一在一起的，即国家即社会。

在中国近代思想家中，除严复之外，梁启超、康有为、章太炎等也都经常在这个意义上使用"群"概念，这也是近代中国的历史境遇使然。严复曾在"国群"意义上，对"群"概念做过专门的阐释：

> 荀卿曰："民生有群"。群也者，人道所不能外也。群有数等。社会者，有法之群也。社会，商工政学莫不有之；而最重之义，极于成国。尝考六书文义，而知古人之说与西学合。何以言之？西学社会之界说曰："民聚而有所部勒（东学称组织），祈向者，曰社会。"而字书曰："邑，人聚会之称也；从口有区域也；从卩有法度也。"西学国之界说曰："有土地之区域，而其民任战守者，曰国。"

---

① 《荀子·王制》。
② 丛日云：《论黑格尔的"市民社会"概念》，《哲学研究》2008 年第 10 期。
③ 金观涛：《现代民族国家与契约社会》，《中国法律评论》2017 年第 2 期。

而字书曰:"国古文或,从一,地也,从口以戈守之。"观此可知中西字义之冥合矣。①

这里的"群"就不是广义的人类社会,而是社会与国家合一的"国群",其本身涵盖着政治、经济、文化等各个领域,每个领域之中又有各种组织团体,所谓"商工政学莫不有之",这些作为次生的"群"皆从属于"国群"。

(三)群:与政治国家分立的市民社会(civil society)

上述两种意义上的"群"概念古已有之,但是在近现代学术中,"社会"概念有了进一步的细分,以"群"指代的"社会"也有了另外的含义。

前文曾言,"市民社会"与"国家"概念长期重合,但近代以来,不少思想家逐步清晰地表现出将二者分离的倾向,例如英国思想家潘恩就认为,"社会愈完善,自己就愈多地调整自身的事务,亦就愈少地留有机会和空间给国家"②。不过,直到黑格尔才正式从学理上将"市民社会"确立为一个与政治国家相对的概念。③自此之后,思想家们虽然对"市民社会"做了诸多不同于黑格尔的阐释,但已普遍在社会与国家二分的意义上使用这个概念了。④其中,英国思想家密尔(1806—1873)*On Liberty* 一书中所谓的"社会"在很大程度上是一个独立于政治国家的市民社会概念,而严复的《群己权界论》作为密尔 *On Liberty* 的译述,在不少篇幅中,"群"就是指二元分立意义上的市民社会。

此外,当代的政治学家又在二分法的基础上,进一步提出"市民社

---

① 严复:《〈群学肄言〉译余赘语》,见胡伟希选注:《论世变之亟——严复集》,第126页。
② 邓正来等编:《国家与市民社会——一种社会理论的研究路径》,北京:中央编译出版社,1999年,第84页。
③ 参见 N. Bobbie, "Gramsci and the Concept of Civil Society", in J. Keane, ed., *Civil Society and the State*, 1988, pp. 79-80。
④ 黑格尔赋予了 civil society 一词近现代意义,即从社会与国家二元分立的层面上运用,这也奠定了西方市民社会理论的基石。参见林喆:《黑格尔的法权哲学》,上海:复旦大学出版社,1999年,第315页注2。

会"是独立于政治、经济社会的第三个领域（the third realm）。但不论是二分法，还是三分法，其最根本的转变就是市民社会与政治国家的分离，因此，当代学界所指的"市民社会"通常是"国家控制之外的社会和经济安排、规则、制度"，也即"当代社会秩序中的非政治领域"。①不过，人们对这个"非政治领域"的内容并没有明确的界定和统一看法。我们知道，黑格尔提出的"市民社会"主要指向商品经济活动，而到20世纪中叶之后，"市民社会"概念则转向政治公共领域（political public sphere），最具代表性的阿伦特的公共领域（public realm）理论和哈贝马斯的公共领域（public sphere）理论，都是指"政治权力之外，作为民主政治基本条件的公民自由讨论事务，参与政治的活动空间"②。如哈贝马斯解释说，公共领域本来就是私人领域的一部分，是由自由个体组成的公众，兼具公众和私人的双重性，承担着市民社会的一切政治功能，主要是用公共性原则来反对现有权威。事实上，不论对于哈贝马斯，还是对于黑格尔，现代的"市民社会"概念虽然指向政治国家之外的领域，但其内容却无不与政治国家密切相关。

（四）群：政治国家（political state）

在市民社会与政治国家二分的意义上，人们所指的"国家"就不再是国家社会（国群），而往往是专指政治国家（political state）。在各种关于个体与国家关系的讨论中，不少学者一致认为，政治国家是国民群体权力最集中的体现。据此而言，政治国家的权力与国民个体权利之间的关系也是"群己权界"所包含的重要内容。在这个意义上，政治国家也就成为严复"群"概念的第四种含义。

所谓政治国家，在很大程度上就是指政府（government），这其实也是政治国家在现实中的实体性存在形态，它主要由政党、选举规则、政治

---

① 戴维·米勒、韦农·波格丹诺主编：《布莱克维尔政治学百科全书》，邓正来等编译，北京：中国政法大学出版社，1992年，第125—126页。
② 参见哈贝马斯：《公共领域的结构转型》，曹卫东等译，上海：学林出版社，1999年。

领导、政党联盟、立法司法机关等构成，其实质是全体国民权力的行使机构。关于政治国家在行使群体权力的同时，是否作为群体权力的所有者而存在，则有两种不同观点：一种是以卢梭的观点为代表，认为国民个体以契约方式将权力"让渡"（alienation）给了政府，也即倾向于将政治国家视为群体权力的所有者；另一种是以洛克等人的观点为代表，认为国民个体只是将权力"信托"（trust）给政府，也即倾向于政治国家只是代理行使机构，国民个体始终是权力的真正所有者。

但不论在理论上权力归属于谁，在现实中，由于政治国家直接面对国家法律和政治制度的设计和实际执行，其内容广泛涉及经济、道德、文化等社会生活的各个领域，因此，政治国家总是与市民社会密切互动，时有冲突，也时有联合。而相对于市民社会以舆论风化等柔性方式发挥作用，政治国家则主要是依靠行政执法乃至军队、法庭等刚性方式发挥公权力的作用。

二、国群层面的"群己权界"

由"群"概念的不同含义可知，即便在广义人类社会层面上，也存在着"群己权界"问题。但《群己权界论》作为一部现代自由主义理论译著，并不是在广义人类社会层面泛泛而论，而是基于当时中国由传统帝国迈向现代民族国家的语境进行的一种具体的论说。所以，严复在其中所指的"群"主要具有后三种含义，也即一方面，他在社会与国家重合的意义上，以"群"指称现代性的国群——现代民族国家共同体；另一方面，他又在社会与国家二分的意义上，以"群"分别指称市民社会和政治国家。这也就意味着，严复实际阐述了三个不同层面的"群己权界"，即：（1）国群的"群己权界"；（2）市民社会的"群己权界"；（3）政治国家的"群己权界"。这三个层面互有关联，但并不能相互替代，需要逐一阐明。

其中，国群的"群己权界"代表着严复论说整体的立意宗旨，他在《群己权界论》首篇开头就说：

> 群理之自繇，与节制对。今此篇所论释，群理自繇也。盖国，合众民而言之曰国人（函社会国家在内），举一民而言之曰小己。今问国人范围小己，小己受制国人，以正道大法言之，彼此权力界限，定于何所？①

对照原著便可以发现，严复并没有将密尔原著中的"society"或"civil society"译为"社会"或"公民社会"，而是译为"国群""国""国人"。相应地，他也没有将原著中的"civil or society liberty"译为"公民的或社会的自由"，而是译为"群理自繇"。在笔者看来，这种对译大概出于三种可能原因：其一，密尔所论述的英国已经完成了现代民族国家的基本建制，转向深入发展阶段了，而"近代欧洲历史中的那种社会国家的二元论无法描述晚清中国的历史条件"②，具有明确现实意图的严复是有意以"国群"表达当时中国亟待建构现代民族国家的诉求。其二，密尔本人所使用的"市民社会"概念并没有严格地与政治国家概念二分，如高全喜所说："这个'政府'在穆勒（也译作密尔。——引者注）那里已经因民主政体的有序运作而大大地同于社会"③，这复又有将政治国家与社会合一的意味，故严复译为"国群"也无不妥。其三，从其后续论述中看，严复也使用"社会"一词，但大都限定在社会、国家二分的意义上。

但不论怎样，这里严复所说的"群"即"国群"，就是以现代民族国家为形态存在的国家社会。相应地，"群理自繇"就是指国群层面上的自由，其对立面就是由"治权之暴横"造成的"干涉""节制"（Authority）。

> 与自繇反对者为节制（亦云干涉）。自繇节制，二义之争，我曹

---

① 约翰·穆勒：《群己权界论》，严复译，北京：商务印书馆，1981年，第3页。
② 汪晖：《现代中国思想的兴起》，北京：生活·读书·新知三联书店，2004年，第840页。
③ 高全喜：《为什么我们今天依然还要读穆勒？》，见约翰·穆勒：《论自由·导读》，孟凡礼译，桂林：广西师范大学出版社，2011年，第7页。

胜衣就傅以还，于历史最为耳熟，而于希腊罗马英伦三史，所遇尤多。民之意谓，出治政府势必与所治国民为反对，故所谓自繇，乃裁抑治权之暴横。①

既然如此，那么如何能现实有效地"裁抑治权之暴横"呢？严复给出的一个基本原则就是"使小己与国群，各事其所有事"②，此所谓"群己权界"，也即"凡事吉凶祸福，不出其人之一身。抑关于一己为最切者，宜听其人之自谋，而利害或涉于他人，则其人宜受国家之节制"③。

当然，这一原则在实践中并不好把握，于是，他又进一步归纳了两条应用性的准则：

> 曰以小己而居国群之中，使所行之事，利害无涉于他人，则不必谋于其群，而其权亦非其群所得与，忠告教诲，劝奖避绝，国人所得加于其身者尽此。过斯以往，皆为蔑理，而侵其应享之自繇权者也。此所谓行己自繇之义也。乃至小己所行之事，本身而加诸人，祸福与人共之，则其权非一己所得专，而于其群为其责。使国人权利，为其所见侵，则清议邦典，皆可随轻重以用事于其间，于以禁制其所欲为，俾其人无由以自恣，此所谓社会干涉之义也。④

由此可见，"群己权界"作为实现个体自由的基本原则，并不是要取消公权力，更不是纵容个体为所欲为（所谓"干之云者，使不得惟所欲为"⑤），而是以保护个体权利为目的，将公权力限定在不戕害个体自由的范围之内，其底线就在于不干涉个体生命、财产和思想言论的自由。与此

---

① 约翰·穆勒：《群己权界论》，严复译，第 3 页。
② 约翰·穆勒：《群己权界论》，严复译，第 81 页。
③ 约翰·穆勒：《群己权界论》，严复译，第 81 页。
④ 约翰·穆勒：《群己权界论》，严复译，第 100 页。
⑤ 约翰·穆勒：《群己权界论》，严复译，第 10 页。

同时，也需要保有群体的正当干涉权，以将个体自由限定在不损害他人利益的范围内。如此一来，通过保护每一个体的自由，最终也保障了国群的群体自由。"群己权界"作为基本原则对于个体自由与群体自由是一种持中对待的立场。如上所提及，就其当时的语境而言，严复特以"群"指称"国群"，实质寄托着他建构现代民族国家的价值理想，这意味着国群的存在本身就代表着一种主体价值。可以说，严复从国群层面阐发"群己权界"，是基于现代民族国家共同体与个体同为价值主体的预设，对他而言，实现民族解放、国家独立的群体自由与实现个体自由同等重要，故而，严复也将自由称为"絜矩之道"。不过，严复在"国群"之外，也从社会、国家二分的意义上使用"国家"一词，同时还时常以单音节的"国"替代"国群"或"国家"，这样在论述中就不免存在着混乱和矛盾（后文详述）。

在国群的层面上，严复特别强调"群己权界"的价值普遍性，将其视为文明之通义。这一方面是从一般伦理学的意义上讲，"群己权界"代表着一种现实的伦理价值观念；另一方面是从广义政治哲学的意义上讲，"群己权界"代表着一种基本的政治原则和政治主张。因此，他指出，"在小己国群之分界……理通他制"①，"学者必明乎己与群之权界，而后自繇之说乃可用耳"②。

不过，在更为具体的阐述中，严复并没有继续在国群层面上进行通论，而是指出，国群"函社会国家在内"，要进一步探讨"群己权界"就要分别"问以国家而待人民，以社会而对小己，何时可以施其节制？何事可以用其干涉？或以威力，如刑律之科条，或以毁誉，若清议之沮劝，则将有至大至公之说焉"③。显然，这里出现的"社会""国家"与"国群"并不是同一层面的概念，而是涵盖在"国群"之下的次一级概念，而且他将"社会"与"国家"分立并举，也意味着"社会"与"国家"并不是合

---

① 约翰·穆勒：《群己权界论》，严复译，《译凡例》，第 ix 页。
② 约翰·穆勒：《群己权界论》，严复译，《译者序》，第 vi 页。
③ 约翰·穆勒：《群己权界论》，严复译，第 10 页。

而为一的，而是各有所指的两个概念。据此逻辑可以推知，严复从国群的意义上提出"群理自繇"要"裁抑治权之暴横"实际包括两种治权，即社会治权和国家治权，而国群的"群己权界"作为通则，也需要进一步落实为市民社会（社会）的群己权界和政治国家的"群己权界"。

三、市民社会层面的"群己权界"

严复尽管没有从学理上明确地将社会与国家分离开来，但在其论述中已经表露出这一思想倾向。事实上，他通篇所使用的"社会"大都是指与狭义政治国家二分意义上的"市民社会"，也正是因此，他才特别声明"个体对于社会之自由"是伦理学意义上的个体自由，而非"政界自由"。他曾在《政治讲义》中专门指出：

> 盖政界自由，其义与伦学中个人自由不同。仆前译穆勒《群己权界论》，即系个人对于社会之自由，非政界自由。政界自由，与管束为反对。政治学所论者，一群人民，为政府所管辖，惟管辖而过，于是反抗之自由主义生焉。若夫《权界论》所指，乃以个人言行，而为社会中众口众力所劫持。此其事甚巨，且亦有时关涉政府，然非直接正论，故可缓言也。①

这二者的不同主要体现在干涉的方式和内容上。他指出：

> 盖谓一人所为，使利害止于其身，所受罚于群者，止于称誉之不隆，与其相因而起之不便耳，过斯以往，社会无此权也。②
> 事立而于人有不利，如此则施者之身，虽为国律所不必及，可

---

① 严复：《政治讲义》，王栻主编：《严复集》第五册《著译 日记 附录》，北京：中华书局，1986年，第1282页。
② 约翰·穆勒：《群己权界论》，严复译，第84页。

以为清议所不容。①

其中,"止于称誉之不隆"即表明社会(治权)干涉的方式主要是舆论批评,而社会干涉的内容,除了"公恶",还有国家法律未明确涉及的内容。对此,他讨论最多的是关于思想言行的"群己权界",同时也延伸到社会议政和经济贸易的"群己权界"等。虽然他将这些内容划到了国律之外,但据此认为,市民社会的自由只是间或与政治相关,却是与其整体论述相抵牾,而且也不符合社会实情。

首先看个体思想言行的自由。严复将言行自由视为"民直"(也即公民权利),同时强调坚持保有个体自身的独特性乃"民德之本"。因此,在市民社会中,只要个体的思想言论与他人利益无损,社会就绝无权进行干涉,更无权要求"一一必俯循乎国俗"②。这意味着是否侵害他人的权利是社会施用公权力的唯一正当依据,而流俗的纲常伦理并不能作为评判个体思想言行与否的标准,更不能作为社会施用公权力的理由。

进一步地,思想言论自由不仅是个体应享的权利,而且对社会、国家无不有益;相反如若人人美俗,民德泯然大同,社会反倒失去了活力。

> 民德最隆之日,在在皆有不苟同不侪俗之风。而如是之风,又常与其时所出之人才为比例。心德之刚健,节操之坚勇,其见于历史者,皆在自繇最伸之日。惟今日敢于自异者之无人,此吾国所为可大惧耳。③

然而,在现实中,人们往往将特立独行、与众不同的个体视为异端,"将其得罪于俗之深,不仅蒙讥而已,行且以彼为狂人,甚或夺其财产,

---

① 约翰·穆勒:《群己权界论》,严复译,第82页。
② 约翰·穆勒:《群己权界论》,严复译,第61页。
③ 约翰·穆勒:《群己权界论》,严复译,第73页。

畀其戚属，使为主之"①。严复认为，这种公众舆论并不是真正的共识，而只是奉行纲常名教的强势者通过舆论引发"庸众"的跟风造势所致，所谓"向使萃千百之庸人，篡一时公论之名，于一切有劫持之势"②。除了各种"舆论暴力"，更有甚者是，有人据此为由，侵害个体的生命、财产，这也就是社会治权之暴横。严复在这个意义上强调，保障个体思想言行的自由，首先是要警惕来自市民社会内部的公众对异己思想的侵犯。

不过，在他进一步的论述中却表明群体对个体言行最严重的干涉，往往由政治行政权力所为。他以罗马帝国的明君奥勒留为例，详细论述了其如何以高尚而坚定的道德主张扼杀了个体思想言行的自由，并得到了民众们的赞同。③而在中国历史上也不乏此例，明清的专制统治者也以高尚的"天理"道德扼杀着个体的正当欲求。这实际反映出市民社会中群体对个体自由的干涉，与政治权力之间的密切关系：一方面，占据优势的社会力量会借助政府权力党同伐异；而另一方面，政府或借助社会舆论等世俗力量，或自己充当流俗纲常伦理的强力维护者，由此介入市民社会，干涉个体言行自由。这虽然更深刻地说明社会群体侵害个体自由的后果，但其内容实质已经溢出了对市民社会内部横暴的警惕。也就是说，这已然不单纯是一个伦理意义的个体自由问题，而且同时是一个政治意义上的个体自由问题。

不仅如此，严复对于市民社会中的议政与经贸方面"群己权界"的论述，更明显地超出了所谓"伦学自由"的范围。要知道，严复所言"清议"不仅仅指社会群体对于个体道德言行的舆论，而且也指民间对于政事的议论。在他看来，在政府之外，保有个体对政事的不同论议，这不仅是个体自由的基本内容，而且还可作为"他山之石"促进国家行政的完善。因此，政府都不宜干涉。他说：

---

① 约翰·穆勒：《群己权界论》，严复译，第 75 页。
② 约翰·穆勒：《群己权界论》，严复译，第 73 页。
③ 密尔原著是针对西方社会中宗教伦理的钳制而论，严复自言中国实情与西方不同，故将"religion"（宗教）皆译为"名教"。

是故自繇之国，欲政府常有与时偕进之机，道在使居政府以外之人，常为之指摘而论议，其政府必有辞以对之。其人之才力聪明，又实与政府比肩，而无多让，而后足为其他山之石。①

而如果政府将"通国人桀，尽入其彀中"，"久乃益深民之奋发务进取者，莫不喁喁，惟政府是向，甚且向其将为执政之党人，必然之势也"。②这反倒不利于国家的发展。这些内容同样具有明显的政治意味，实与哈贝马斯等人的公共领域理论颇为汇通。另外，他关于经济贸易"群己权界"的论述也主要是反对政府以行政执法权干涉自由经济。他说：

挽近计学家，则以谓百货之攻鬻，市价之平倾，若任物自趋，而听售与沽者之自择，国家执在宥之义，而杜垄断抑勒之为，则其效过于国家之干涉者远。于是经累叶之争，而卒之有自繇通商之法制。③

由此可以看出，严复所论的市民社会的"群己权界"，并不只是限制市民社会自身的群体权力，而是在相当程度上涉及政治国家权力的限制，事实上，市民社会的自由内容根本无法在脱离政治的语境下界定清楚。据此而言，这实质已经不是市民社会内部的"群己权界"了，而是关于市民社会与政治国家的权界划分问题了（下文详述）。其实，严复还曾自相矛盾地说：

三，以限制政府之治权为自由。此则散见于一切事之中，如云宗教自由，贸易自由，报章自由，婚姻自由，结会自由，皆此类矣。而此类自由，与第二类之自由，往往并见。……今定从第三类义，

---

① 约翰·穆勒：《群己权界论》，严复译，第118页。
② 约翰·穆勒：《群己权界论》，严复译，第116页。
③ 约翰·穆勒：《群己权界论》，严复译，第101页。

以政令简省，为政界自由。①

显然，这已经将市民社会的自由统统归为政界自由了。由此表明，严复阐述的市民社会的"群己权界"，不仅与政治国家密切相关，而且其内容本身也是政治自由的必要函项。

四、政治国家层面的"群己权界"

"国群"所包含的"国家"乃是与市民社会分立的狭义政治国家，而其现实的实体形态就是政府。事实上，严复对于英文"government"一词的翻译，有时译为"政府"，有时也译为"国家"。显然，这个意义上的"国家"也就是狭义政治国家，或者说就是政府。因此，他对政府权力与个体权利关系的论述，实际也就是政治国家层面上的"群己权界"，也即严复所谓的"政界自由"。

上节引文曾指出，"政界自由，与管束为反对。政治学所论者，一群人民，为政府所管辖，惟管辖而过，于是反抗之自由主义生焉"②。因此，他强调"以政令简省，为政界自由"③，那么，限制政府权力也就是政治国家层面"群己权界"的主要内容。不过，由于原著作者密尔是从洛克一路发展出来的英国古典自由主义集大成者，而且严复也对卢梭的思想多有批评④，所以他应该更倾向于国民个体是权力的真正所有者。这也就意味着政治国家（政府）作为全体国民的国家治理权的代行机构，其自身并不是政治权力的所有者，因此，对政府权力的限制实质并不是限制全体国民的政治权力，而是限制政府代理行使权力的范围和内容，与其他两个层面的限制不同。

严复基于国民个体与政府的委托与授权关系，提出需要制定宪法，

---

① 严复：《政治讲义》，王栻主编：《严复集》第五册《著译 日记 附录》，第 1289—1290 页。
② 严复：《政治讲义》，王栻主编：《严复集》第五册《著译 日记 附录》，第 1282 页。
③ 严复：《政治讲义》，王栻主编：《严复集》第五册《著译 日记 附录》，第 1290 页。
④ 严复对卢梭的批评主要集中在《政治讲义》和《〈民约〉评议》中。

将国民个体权利和政府行政权力共同置于宪法的规定之下。① 根据"群己权界"的通则，这可以对个体权利与政府权力同时起到限制和维护的作用：其一，通过宪法的限定确保个体自由始终"游于法中"，即如休谟所说的"据法自由"（freedom under the law）② 而不致使个体自由滑向恣意妄为，同时也为政府行政保留了必要的活动空间。其二，通过立宪明确限定政府权力的范围和正当的行政内容，防止政府过度管辖而侵害国民的个体自由，其底线就是不能把任何可能影响到公民财产、人身、思想言论自由的权力赋予行政者。③

如此这般的界定其实充分肯定了政府行政的必要性，只不过他认为应将政府行政权限制在尽可能小的范围内，而赋予国民尽可能多的权利，推动国民自治。其理由是，这样不仅可以有效防范政府权力对国民权利的侵害，而且对于政府自身，乃至国群的发展都有好处。相反，如若政府事无巨细地进行管理反而容易产生危害。对此，他特别提出有三类事务政府不宜介入：

第一，从社会进化、国民自强的意义上讲，"事以官为之，不若民自为之之善也"④。尤其是工商事务政府不宜介入，所谓"此地方之工政，与夫民间商工之业，治以官者所以常折耗，治以民者所以常有功也"⑤。

---

① 严复曾在《孟德斯鸠法意》中将之称为"国群自由"。原文为："夫庶建之制，其民若得为其凡所欲为者，是固然矣。然法律所论者非小己之自由，乃国群之自由也。夫国群自由，非无遮之放任明矣。政府国家者，有法度之社会也，既曰有法度，则民所自由者，必游于法中，凡所可愿，将皆有其自主之权，凡所不可愿，将皆无人焉可加以相强，是则国群自由而已矣。"（参见孟德斯鸠：《孟德斯鸠法意》，严复译，北京：商务印书馆，1981年，第219页）这里的"国群自由"与国群层面的"群己权界"却有重合之义，二者都是指全体国民享有的自由，但据其表述可以看出，"国群自由"实质是政治国家的"群己权界"，它强调的是政治法律意义上的国民个体与政府国家之间的权界，要以宪法、国律的形式确定下来，并据此对个体权利和政府权力同时起到维护和限定的作用。
② 哈耶克：《大卫·休谟的法律哲学和政治哲学》，见王炎编：《宪政主义与现代国家》，北京：生活·读书·新知三联书店，2003年，第364页。
③ 严复在译著《孟德斯鸠法意》中对于宪法限制政府，不能以国家名义侵害个体财产、生命和思想自由，有详细阐述。参见王栻主编：《严复集》第四册《按语》，北京：中华书局，1986年，第972、1022—1023页。
④ 约翰·穆勒：《群己权界论》，严复译，第114页。
⑤ 约翰·穆勒：《群己权界论》，严复译，第115页。

第二，反思西方国家强盛发达的原因，可以发现"其事以官为之，虽善于民之自为，然国家以导诱其民，欲其心常有国家思想之故，又莫若听其民之自为也"①。而"父母政府"②事事亲力亲为反而让国民失去锻炼自治能力的机会，因此，现实中需要以"地方自治之制，以摩厉其治国之才"③。

第三，从政府实际的行政效果上讲，"使官之治事太广，将徒益之以可以已之权力，其流极将至夺民自繇也"④。如果社会各领域的建设皆听命于政府，全国的人才皆唯政府是向，没有不同的思想和意见，那么不仅容易滋生行政弊端，而且也会压制个体自由导致社会动荡。

其实，这三类事务基本与市民社会的"群己权界"相呼应，整体上体现出严复主张市民社会独立自治的倾向。据此而言，政治国家的"群己权界"，既是关于政治国家权力与国民个体权利之间的界分，同时也是关于政治国家与市民社会两种公权力（两种"治权"）之间的界分。

五、严复"群己权界"存在的问题

严复通过上述三个层面的"群己权界"完整表达了现代自由的要旨，但这绝不单纯是对密尔原著的照搬，而实际是在很大程度上得益于荀子"群学"的启发。不过，可以明显地看出，严复与荀子的"群"所指称的社会已经大不相同，他不仅已经从市民社会与政治国家二分的意义上赋予了传统"群"概念新的含义，而且所指代的"国群"也不是荀子那个时代以宗族、家族为社会主体的前现代国群，而是以国民个体为主体的现代民族国家。尽管严、荀都肯定"国群"具有主体价值，但不同的是，荀子提出"明分使群"，主张按照血缘宗法或者家族礼法安置非主体性的个人

---

① 约翰·穆勒：《群己权界论》，严复译，第115页。
② 所谓"父母政府""其政独可施之浅化之民，待其众如童稚，如蛮夷，必时加束缚检制，而不可稍纵自繇者而后可。至于文明自繇之国，未见此术之宜施行也"。参见约翰·穆勒：《群己权界论》，严复译，第108页。
③ 约翰·穆勒：《群己权界论》，严复译，第118页。
④ 约翰·穆勒：《群己权界论》，严复译，第116页。

(person)，这其中并不存在独立的个体（individual），更不存在个体权利与国家、社会权力的划界问题①；而严复提出"群己权界"则是主张，基于个体主体价值来划分个体权利与国族群体权力的界限，而且强调通过对群体权力的警惕、防范和裁抑来确保个体自由不受侵害。纵观历史，这种群己关系的翻转与其说是近代"西学东渐"的结果，不如说根本是由于中国社会由传统走向现代的历史趋势使然。

进一步地，从其论及的三个层面的关系看，国群层面的"群己权界"作为通论通则，需要通过市民社会和政治国家进一步落实，而市民社会与政治国家层面的"群己权界"既相对独立，不能互相取代，又密切相关，互有交叠。然而，在严复的论述中却存在诸多混乱和误解，其中突出的两点在广泛存在于当前的相关讨论中，值得引起重视。

其一，国群与政治国家（政府）概念相混淆。虽然，明儒顾炎武早在《日知录》中就提出"亡国"与"亡天下"之辨，但在严复的论述中，依然存在将国群偷换为政治国家的情况。例如：

> 但使人知以一己而托于国群，所由式饮式食，或寝或讹，以遂其养生送死者，实受国家之赐，则所以交于国人者，必有不容己之义务矣。②

如前所说，"国群"乃是现代民族国家共同体，严复将之视为与个体相互依存的价值主体，个体生活的维系和个体自由权利是依托于国群才得以实现，因此，个体对国群既有价值认同，也有义不容辞的责任义务。但他在论述中将"国群"改为"国家"，认为"实受国家之赐"，进而将个体与民族国家共同体的依存关系和价值认同，直接替换为个体对政治国家的依赖和服从。作为一种同情的理解，这种有意无意的混淆或偷换，是由

---

① 荀子曰："故先王案为之制礼义以分之，使有贵贱之等，长幼之差，知贤愚能不能之分，皆使人载其事而各得其宜，然后使悫禄多少厚薄之称，是夫群居和一之道也。"（参见《荀子·荣辱》）
② 约翰·穆勒：《群己权界论》，严复译，第81页。

于严复为救亡图存的时局所迫，因为当时的中国需要以强有力的政府尽快扭转危局，以政治国家替代国群是为政府行政的正当性提供辩护的一种策略。但在事实上，这两个概念的混用不仅于理不通，而且存在现实危害。

其实按严复的逻辑，政治国家只是全体国民权力的执行者，而非公权力的真正所有者，其行政的范围和内容必须代表全体国民的意愿，并接受其监督。此外，在社会与国家二分的意义上，国群的公权力只是部分地授予政治国家，还有相当的部分被授予市民社会，因此，政治国家并不是全部公权力的执行者，而只是政治国家领域内的公权力的执行者。但是他在论述中却又不自觉地以政治国家（政府）充当民族国家共同体（国群），如此一来，政治国家不仅成为一切公权力的实际行使者，而且也成为一切公权力的实际所有者，这就难免让人以为他带有一些国家主义的意味。事实上，早有不少学者，如史华慈等，认为严复只是将个体自由作为国家富强的手段，以至于体现出国家主义（nationalism，或译民族主义）的倾向。[①] 这种质疑或误解，或与其概念的混用不无关系。

其二，未能认清市民社会"群己权界"作为广义政治自由的实质。严复虽然强调政府不宜干涉市民社会的清议，但对于清议的政治功能，以及市民社会的其他自由（贸易自由、报章自由、结社自由等）的政治特质都没有突显出来，而且他为了表明市民社会与政治国家的分立，特别强调市民社会的自由乃"伦学之自由"，由此淡化了其政治意味。但事实上，这并不符合市民社会自由的本质，也不利于市民社会保持在与政治国家分立的意义上继续健康的发展。

从市民社会与政治国家二分的意义上看，市民社会乃是国民个体的汇聚，与作为国民权力代行机构的政治国家不能通约，因此，两个领域不能混为一谈。市民社会的群体组织（团体）具有典型的民间性、自治性和志愿性，例如非政府组织就是独立于政府之外，从事社会公益事业的民间团体。从这个意义上说，市民社会的自由关涉的是个体权利与市民社会内

---

① 史华慈：《寻求富强：严复与西方》，叶凤美译，北京：中信出版社，2016年。

部的群体（团体）权力之间界限问题，也就是严复所强调的不同于政界自由的"伦学之自由"。但是，这并不意味着市民社会与政治国家不发生关系。事实上，政府总是以各种方式参与到市民社会中，增加其影响力；而市民社会也时常介入政治，通过各种途径影响政府的决策意向等。当前各国政治学界开始将市民社会对于政治行政的监督和制衡，视为广义政治生活的重要组成部分。而更积极地看，这不仅是应对暴政、提升政府行政的必要手段，其实也是社会进一步发展的应然方向。因此，市民社会的自由不仅与政治密切相关，而且其诸多内容本身也属于政治自由的范围，其实质就是广义的政治自由。

群己权界：儒家现代群治之方

——兼论严复自由理论的儒学根基*

严复作为中国的现代自由之父，不仅提出了"以自由为体，以民主为用"的思想观点，而且通过编译现代西方社会政治论著对现代自由问题做了系统的理论阐释。然而，严复对现代西方政治学说，尤其是英国古典自由主义学说的诠释却是以儒家的政治伦理思想，特别是荀子群学为主要的思想依托①，即如高凤谦所说："严子所译著，大半言群治。"②

对此，人们不免会产生疑问：严复一面"以自由为体"，一面"大半言群治"，是否自相矛盾？殊不知，自由正是严复针对当时中国"群治"问题而提出的解决方案，其基本思路是中国唯有发展个体自由，才能成为现代民族国家，进而才能在现代的民族国家竞争中自强自存。这实际表明自由非但不与"群治"相抵牾，而且是现代中国的群治之方。

一、国群：荀子"群"概念的现代诠释

"群"作为严复思想的一个核心概念，乃是他运用荀子的"群"概念对英文"society"（今译：社会）一词的格义。其理由是"荀卿子有言：'人之所以异于禽兽者，以其能群也。'凡民之相生相养，易事通功，推以至于兵刑礼乐之事，皆自能群之性以生"③。因此，"群"就是与禽兽相区

---

* 原载《东岳论丛》2020年第12期。国家社科基金项目"中国传统契约观念研究"（批准号：19BZX080）阶段性成果。
① 清代是荀学的复兴期，尤其自1890年后，荀子学说成为晚清儒者反思中国制度、解除族群危机的一个重要参考思想，其中不论排荀者（如谭嗣同），还是崇荀者（如章太炎），都常将荀子群学与西方现代社会学相比附。
② 高凤谦：《订正群学肆言序》，见斯宾塞：《群学肆言》，严复译，北京：商务印书馆，1981年。
③ 严复：《原强》，见胡伟希选注：《论世变之亟——严复集》，第8页。

别的人类社会，并且正与英文"society"相当，故也有学者直言："在某种意义上说，'社会'的本质规定性就是'群'或'群体'。"①

但是，严复对"群"的理解绝不限于此，而是进一步将"群"解释为与"小己"相对待又相依存的"国群"（或曰"国"）②，而且他强调的"国群"乃"函社会国家在内"。③ 也就是说，"国群"内在地包含两层含义，即作为政治法律共同体的国家和作为伦理生活共同体的社会。④ 尽管在严复的解释中，这两层含义往往相互重叠，合而为一，即"国家之为社会"⑤，但是基于当时中国的时局，严复更加侧重从国家的意义上解释社会，强调"国家为最大最尊之社会"⑥。因此，严复的"国群"概念具有明显的政治意味，这其实也是他通过诠释荀子"群"概念着意突显的内容。他解释说：

> 荀卿曰："民生有群。"群也者，人道所不能外也。群有数等。社会者，有法之群也。社会，商工政学莫不有之；而最重之义，极于成国。尝考六书文义，而知古人之说与西学合。何以言之？西学社会之界说曰："民聚而有所部勒（东学称组织），祈向者，曰社会。"而字书曰："邑，人聚会之称也；从口有区域也；从卪有法度也。"西学国之界说曰："有土地之区域，而其民任战守者曰国。"而字书曰："国古文或，从一，地也，从口以戈守之。"观此可知中西

---

① 涂可国：《社会儒学视域中的荀子"群学"》，《中州学刊》2016 年第 9 期；《社会儒学建构——当代儒学创新性发展的一种选择》，《东岳论丛》2015 年第 10 期。
② 所谓"小己之发舒，与国群之约束，亦必有其相剂之道，而无虑于牴牾"。参见约翰·穆勒：《群己权界论》，严复译，第 61 页。
③ 约翰·穆勒：《群己权界论》，严复译，第 3 页。
④ 笔者曾撰文指出，严复的"群"实际指代国群、国家、社会三个概念，其中。"国群"即现代民族国家共同体，是其立意总旨，而"社会"（市民社会）、"国家"（政治国家）则是涵盖在"国群"之下的次一级概念。参见郭萍：《澄清不同层面的"群己权界"——基于严复〈群己权界论〉的分析》，《中国哲学史》2019 年第 1 期。
⑤ 甄克思：《社会通诠》，严复译，北京：商务印书馆，1981 年，第 1 页。
⑥ 甄克思：《社会通诠》，严复译，第 1 页。

字义之冥合矣。①

由此可以看出，严复所谓"国群"与荀子的"群"概念不乏一致之处：其一，荀子认为，人类社会就是"有法之群"。其所谓"法"就是社会规范，属于儒家广义的"礼"，因此，荀子也说，凡是"群"，"不可少顷舍礼义"②。同样，严复也认为，"国群"作为社会，是"人聚会""有法度""民聚而有所部勒"。就此而言，二者都是指有制度、有组织的人类社会。其二，严复指出"国群"深具国家特质，而且有意表明国家是人类社会最重要的一种存在形态，所谓"最重之义，极于成国"，其与社会的不同在于"有土地之区域，而其民任战守者"。而荀子基于"群"概念所解答的也都是"王制""王霸""富国""强国"等问题，其实质正是一种关于国家的政治伦理学说，因此可以说，荀子"群"概念也蕴含着某种国家的含义。

尽管如此，严复所谓"国群"仍然与荀子的"群"概念存在着实质性的区别。这是因为，严复在以荀子"群"概念来格义现代西方的社会、国家概念时，已经清楚地认识到，不论是社会形态，还是国家形态，都是随着历史发展不断演变的，而绝非一成不变。对此，他基于经验主义的历史观和社会进化理论，指出：

> 夫天下之群，众矣，夷考进化之阶级，莫不始于图腾，继以宗法，而成于国家。③

> 世之有政治，乃五洲不谋而合之一事。其不谋而合者，以民生有群故。群之所始，《社会通诠》所言，已成不易之说。最始是图腾社会……其次乃入宗法社会……而文化之进，如俄国、如中国，皆未悉去宗法形式者也。最后乃有军国社会。……宇宙有至大公例，

---

① 斯宾塞：《群学肄言》，严复译，《译者赘语》，第 xi 页。
② 《荀子·王制》。
③ 甄克思：《社会通诠》，严复译，《译者序》，第 ix 页。

曰"万化皆渐而无顿"。①

故稽诸生民历史,社会之形式有三:曰蛮夷社会(亦称图腾社会。——译者注),曰宗法社会,曰国家社会(亦称军国社会。——译者注)。②

照其说法,人类社会发展是从低级到高级、简单到复杂,不断演变进化的过程,其中相较于西方国家,中国进入"宗法社会"最早且维持的时间最长,以至今日"未悉去宗法形式",但不论中国,还是西方,人类社会的发展具有普遍一致性,即在经历"宗法社会"之后,必然进入"国家社会",即便当前中国比西方后进,也终究不会例外,因此他称之为宇宙"至大公例"。

虽然这种线性进化论的分析存在着明显的缺陷,但仍需肯定的是,严复由此指出了人类社会发展的古今之变具有不分中西的一般共同性。按他对人类社会发展阶段的划分看,先秦时期的荀子正处于"宗法社会",其当时相应的国家形态就是以传统血缘宗法为基础的诸侯国(vassal state),而这恰恰是严复极力批判并主张"悉去"的社会形态,因为在他看来,近代中国已经迫切需要,而且正在走向"国家社会"。

所谓"国家社会"是严复对英国社会学家甄克思著作 *A History of Politics*(即严译《社会通诠》)中"modern(political)society"的中译,也称"军国社会"(military society)③,意思是军事的或现代政治的社会

---

① 严复:《政治讲义》,见王栻主编:《严复集》第五册《著译 日记 附录》,第 1245 页。
② 甄克思:《社会通诠》,严复译,第 4 页。
③ 秦晖教授指出:"军国"和"军国主义"这类词在后来抗日时期的中国带有严重贬义,但在清末民初传入中国尤其是在一战和新文化运动期间,它们不仅没有贬义,而且明显是褒义词。早在 20 世纪初,严复就把传统社会的现代化描述为由"宗法社会"变成"军国社会"的过程。在他看来,周秦之变就把这一过程完成了一半,现在要完成另一半。当时的革命派汪精卫、胡汉民、章太炎(有趣的是,这三人都是留日出身)等与他辩论,但辩论的主要是"排满"革命并非出于"宗法"偏见,也无碍于乃至有助于追求"军国主义"。换言之,在"军国主义"值得追求这一点上,改良派和革命派并无异见。参见秦晖:《日本如何由"个人独立"转向"军国主义"》,http://www.aisixiang.com/data/97547.html。

(the military or "political" in the modern sense），有时也简称为"军政"，以此表征根本不同于传统宗法社会的近代社会形态。他指出，传统社会"其所以系民，非军政，乃宗法也"。"学者欲求近世国家社会之原，舍兵事之演进，则乌从而求之？"① 这里他以军政作为近代社会的突出特质，其实正是当时现代民族国家内外交战局面的概括，而国家社会（军国社会）实质就是指现代民族国家（modern nation-state）。对照前文便知，他通过格义诠释荀子"群"概念而提出的"函社会国家在内"的"国群"也就是"国家社会"，即现代民族国家。其实，在中国近代思想家中，除严复之外，梁启超、康有为、章太炎等也经常在现代民族国家的意义上使用传统儒家的"群"概念，而他们实际寄托的也无不是近代中国人建构现代民族国家的诉求和理想，这显然已根本不是荀子"群"概念的含义了。

进一步看，作为一个既定的历史事实，现代民族国家的产生乃是基于个体主体意识的觉醒和个体主体价值的挺立，这就决定了个体成为现代民族国家的社会主体。正因如此，现代民族国家也被黑格尔之前的诸多近代学者称为"市民社会"（或译为"公民社会"，英文"civil society"）②，这也就意味着现代民族国家与传统宗法社会的建构基础及存在意义都发生了时代性的转变。对此，严复指出：

> 宗法社会，以一族一家为么匿者也。③
>
> （宗法社会）若子侄，若妻妾，若奴婢，皆家长之所治也，家长受治于族正，族正受治于大宗。④

---

① 甄克思：《社会通诠》，严复译，第65页。
② 这里的公民社会不是一个与政治国家二元分立的概念，也即黑格尔之前"市民社会"概念的传统用法，"阿奎那、布丹、霍布斯、斯宾诺莎、洛克和康德等人将'政治的'或'公民的'（civil）作为其同义词"（丛日云：《论黑格尔的"市民社会"概念》，《哲学研究》2008年第10期）。在当今学界，将社会与国家重叠在一起的观点依然比较常见，如金观涛说："现代社会的组织模式就是作为民族国家的契约社会。"（金观涛：《现代民族国家与契约社会》，《中国法律评论》2017年第2期）这里的"民族国家"与"契约社会"是统一在一起的，即国家即社会。
③ 甄克思：《社会通诠》，严复译，第19页。引文中的"么匿"即英文unit的音译。
④ 甄克思：《社会通诠》，严复译，第19页。

（宗法社会）又未尝以小己为本位，此其异于言社会主义者，而又与国家主义殊也。故古之社会，制本于家。……吾人居今日之社会，皆以一身径受国家之约束法制者也。①

（国家社会）以一民之小己为幺匿者，民皆平等，以与其国之治权直接。②

（国家社会）国有宪典，公立而明定之，使吾身不犯其所禁者，固可从吾之所欲。……卖浆者忽酒，种莸者忽烟，无涉于人，皆所自主。③

至于历久之余民，识合群之利……于是公益之义起焉，保民之责重焉。而其立法也，乃渐去于宗法、神权之初旨，而治权独立，真国家之体制以成。……虽时有迟速，期有长短，而其所经历者，固未尝不同也。④

由此表明，传统社会是以群体（宗族、家族）为价值主体，也即宗族、家族等群体是社会中根本性的、目的性的存在者，而个人（person）只是作为群体的一部分而存在，其实质是从属于宗族、家族的附庸，仅仅具有促进宗族、家族利益的价值，而不具有自身独立的主体价值。但现代性的"国群"（国家社会）则是以个体（individual）为社会价值主体，个体本身就是现代社会目的性的存在者。在这个意义上，个体对家庭、社会、国家虽然仍要承担相当的责任和义务，但一切都是以个体权利的保障为前提，或者更明确地说，维护和实现每一个个体的价值正是现代"国群"存在的唯一目的和根本意义。

因此，我们看到，严复在提出"国群"概念的同时也极力主张发展自利、自由、自治，而且认为发展个性（即"特操"）是民德之本，所谓

---

① 甄克思：《社会通诠》，严复译，第64页。
② 甄克思：《社会通诠》，严复译，第19页。
③ 甄克思：《社会通诠》，严复译，第19页。
④ 严复：《政治讲义》，见王栻主编：《严复集》第五卷《著译 日记 附录》，第1267—1268页。

"行己自繇明特操为民德之本","人道民德之最隆,在人人各修其特操,在循异撰而各臻其极"。① "民德最隆之日,在在皆有不苟同不侪俗之风。"② 这无不是在强调个体是具有独立价值的主体。不仅如此,他还指出,国民个体是国群生存与发展的动力,需要大力地培养发展。

> 教育以栽培特操为鹄,故行己自繇尚焉。③
>
> 一国之中,必其民品不齐,而后殷赈繁殊,而国多生气。……故特操异撰者,兼成己成物之功,明德新民,胥由于此。……自小己而言之,则一人之身,以其特操异撰而生气丰;自国群而言之,以其民生气之丰,其国之生气亦以不窨。④

正是基于发展现代"国群"的立场,严复意识到"不自繇则无特操,无特操则其群必衰"⑤,因此才明确提出发展个体自由是现代中国的群治之方。

二、自由:群治之方

严复所指的"自由"乃现实层面的"民生所享真实之利益",而非哲学观念上的精神自由或意志自由。因此,他首先通过晚清中衰西盛、中乱西治的现实分析,论证了自由作为国群治理方案的合理性和必然性。他指出,中国历代推崇以"大一统"牢笼天下,平争泯乱,最终导致民智日窳、民力日衰,社会长期不进化,由此他强调当时中国的治理之方根本不在于制造坚船利炮,而在于开发民力、民智、民德,而开发民力、民智、民德的根本就是要发展个体自由。

---

① 甄克思:《社会通诠》,严复译,第 61 页。
② 甄克思:《社会通诠》,严复译,第 73 页。
③ 甄克思:《社会通诠》,严复译,第 61 页,"译者注"。
④ 甄克思:《社会通诠》,严复译,第 68 页。
⑤ 甄克思:《社会通诠》,严复译,第 62 页,"译者注"。

> 第由是而观之，则及今而图自强，非标本并治焉，固不可也。……标者何？收大权、练军实，如俄国所为是已。至于其本，则亦于民智、民力、民德三者加之意而已。果使民智日开，民力日奋，民德日和，则上虽不治其标，而标将自立。①
>
> 夫吾所谓自由者，非独其名已也，乃民生所享真实之利益，国必有此，而后民得各奋其能，以自求多福于物竞之难谌，以庶几可幸于天择，苟于群无所侵损，则无人所得沮遏者也。②

由此，他一方面通过批判传统中国的一统专制，提出必须去除束缚国民之才、德、力发展的社会制度，发展个体自由；另一方面，考察西方社会得以强盛的治理要诀，指出"西治"的命脉就是以自由为社会发展的根本。

> 今将早夜以孳孳求所以进吾民之才、德、力者，去其所以困吾民之才、德、力者，使其无相欺、相夺而相患害也，吾将悉听其自由。民之自由，天之所畀也。③
>
> 夫与华人言西治，常苦于难言其真。……其命脉云何？苟扼要而谈，不外于学术则黜伪而崇真，于刑政则屈私以为公而已。斯二者，与中国理道初无异也。顾彼行之而常通，吾行之而常病者，则自由不自由异耳。④
>
> 彼西洋者，无法与法并用而皆有以胜我者也。……推求其故，盖彼以自由为体，以民主为用。⑤

---

① 严复：《原强》，见胡伟希选注：《论世变之亟——严复集》，第19页。
② 斯宾塞：《群学肄言》，严复译，第295页。
③ 严复：《辟韩》，见胡伟希选注：《论世变之亟——严复集》，第47页。
④ 严复：《论世变之亟》，见胡伟希选注：《论世变之亟——严复集》，第2—3页。
⑤ 严复：《原强》，见胡伟希选注：《论世变之亟——严复集》，第15—16页。

除了从现实层面阐明自由是当时中国能否扭转败局、实现安治的关键，严复还通过译著更深入地指出，发展自由不仅仅出于现实危局所迫，而且是"天之所畀"。

其中他通过《天演论》为自由作为群治之方的必然性与合理性提供了一种经验主义进化论的依据。他说："明天道之常变，其用在物竞与天择"①，"群出于天演之自然，有能群之天倪，而物竞为炉锤"②。所谓"物竞"就是个体生命的张扬和竞争发展，这是生物自身演进的力量，也是种群进化的根本动力。而在他看来，近代在中西之间的国族之争就是"物竞"法则在人类社会中的具体表现，所谓"种与种争，及其成群成国，则群与群争，国与国争"③。所以，每个社会内部富有生气才能进化，才有竞争力，所谓"生必自繇而后可乐也，自繇者，诚乐生之要端，而亦进化之所待也"④。"行己自繇，人道之所以乐生，人群之所以进化。"⑤ 由此说来，中西竞争的胜败就根系于是否能开放"物竞"，是否能发展个体自由激发个体生命力。

再而他通过《社会通诠》从历史的维度说明，人类社会由图腾社会到宗法社会，再到国家社会的发展是自然进化的过程，所谓"夫国家之为社会也，常成于天演"⑥，而这一演进乃是一种宗教和宗法权威衰落、个体主体崛起的过程，因此，发展个体自由就是顺应人类社会历史发展的普遍规律；除此之外，他还通过《群学肄言》分析了现代社会治理的各种难题，指出社会是由个人集聚而成，其治理总要与人性相符合，而人性随着"外境"的变化而日益趋向独立，因此，社会治理模式也要顺应人性的变化和需要，发展个体自由。

基于不同维度的论证，严复揭示自由的阙如是阻碍中国社会演进的

---

① 赫胥黎：《天演论》，严复译，北京：商务印书馆，1981年，第34页。
② 赫胥黎：《天演论》，严复译，第35页。
③ 严复：《原强》，见胡伟希选注：《论世变之亟——严复集》，第8页。
④ 约翰·穆勒：《群己权界论》，严复译，第61页。
⑤ 约翰·穆勒：《群己权界论》，严复译，第60页注1。
⑥ 甄克思：《社会通诠》，严复译，第1页。

根本原因,而这也造成了现代中国社会的治理困境。据此,他明确提出,现代中国唯有以自由为治,激发个体生命力,才能摆脱内外忧患在国群竞争中自强自存,甚至是太平之盛也可不期而自至。

> 欲行法而不病国者,必自任民自繇,各奋其能始矣。①
> 今日之治,莫贵乎崇尚自由。自由,则物各得其所自致,而天择之用存其最宜,太平之盛可不期而自至。②

三、群己权界:自由之要旨

然而,如严复自己所说,"夫自由一言,真中国历古圣贤之所深畏,而从未尝立以为教者也"③。在传统语境中,"自由"一直是一个表达恣意妄为的贬义词,更与"群治"截然对立。因此,在维新时期,不论守旧派,还是革新派,都对自由充满偏见或曲解,所谓"顾竺旧者既惊怖其言,目为洪水猛兽之邪说;喜新者又恣肆泛滥,荡然不得其义之所归"④。在此情况下,澄清现代自由的核心要旨、消除世俗偏见和误解成为他的首要任务。

针对世俗之见,严复首先声明现实自由非但不与法度相背离,而且必须要依靠法度来保障落实,也就是说,自由一定是有法度的自由。唯有如此,自由才是群治之方,而不会与群治相抵牾。他说:

> 夫国必法度立,而后民虽合群,而自由如故。⑤
> 小己之发舒,与国群之约束,亦必有其相剂之道,而无虑于牴牾。⑥

---

① 约翰·穆勒:《群己权界论》,严复译,第69页。
② 严复:《〈老子〉评语》,见王栻主编:《严复集》第四辑《按语》,第1082页。
③ 严复:《论世变之亟》,见胡伟希选注:《论世变之亟——严复集》,第3页。
④ 约翰·穆勒:《群己权界论》,严复译,《译者序》,第 vi 页。
⑤ 孟德斯鸠:《孟德斯鸠法意》,严复译,第218页。
⑥ 约翰·穆勒:《群己权界论》,严复译,第61页。

群己权界：儒家现代群治之方　　179

纯乎治理而无自由，其社会无从发达，即自由而无治理，其社会且不得安居。而斟酌二者之间，使相剂而不相妨者，此政治家之事业，而即我辈今日之问题也。①

这里他特别强调，现实中的自由必然要与群体的约束相剂，而绝非恣意妄为，在这个意义上，他比附性地解释说，"中国理道与西法自由最相似者，曰恕，曰絜矩"②。不过，他认为要准确表达自由的要旨，还是要通过归纳各种自由理论，抽绎其中的共同性。

其为公之界说曰："各得自由，而以他人之自由为域。"③
唯天生民，各具赋畀，得自由乃为全受。故人人各得自由，国国各得自由，第务令毋相侵损而已。侵人自由者，斯为逆天理，贼人道。其杀人伤人及盗蚀人财物，皆侵人自由之极致也。④

所以他进一步通过编译密尔 *On Liberty* 一书，对自由的要旨做出了一种创造性表达，即"群己权界"。（此书原定名为《自由释义》，出版前更名为《群己权界论》，其实表明严复的"自由释义"就是"群己权界"。）在密尔原著中，与"群己权界"最相近的表达就是第四章的题目"Of the Limits to the Authority of Society over the Individual"，严译为：论国群小己权限之分界（今译为：社会权力之于个人的限度）。可以说，"群己权界"是严复在此基础上的一种凝练与创造，而且在他看来，这正是自由"理通他制"的核心要旨。他在《群己权界论·译凡例》中说：

穆勒此篇，本为英民说法，故所重者，在小己国群之分界。然

---
① 严复：《政治讲义》，见王栻主编：《严复集》第五卷《著译日记附录》，第1279页。
② 严复：《论世变之亟》，见胡伟希选注：《论世变之亟——严复集》，第3页。
③ 严复：《天演论·演恶》，见王栻主编：《严复集》第五卷《著译日记附录》，第1393页。
④ 严复：《论世变之亟》，见胡伟希选注：《论世变之亟——严复集》，第3页。

其所论,理通他制,使其事宜任小己之自繇,则无间君上贵族社会,皆不得干涉者也。①

夫自繇之说多矣,非穆勒氏是篇所能尽也。虽然,学者必明乎己与群之权界,而后自繇之说乃可用耳。②

按字面意思看,"群己权界"就是划定"群权"与"己权"的范围界限,其中,"群权"是国群节制小己的公权力(the authority of society over the individual),"己权"是国民自治之权(the individual over himself),二者地位相当,保持平衡。但是严复明言,提出"群己权界"的意图是为了"自繇之说乃可用",此即表明限定"群权"对"己权"的干涉范围才是"群己权界"的根本旨趣。那么,到底如何划定"群己权界"呢?他说:

使小己与国群,各事其所有事,则二者权力之分界,亦易明也。总之,凡事吉凶祸福,不出其人之一身,抑关于一己为最切者,宜听其人之自谋,而利害或涉于他人,则其人宜受国家之节制,足亦文明通义也已。③

对此,严复又从施用层面做了进一步解释:

曰以小己而居国群之中,使所行之事,利害无涉于他人,则不必谋于其群,而其权亦非其群所得与,忠告教诲,劝奖避绝,国人所得加于其身者尽此。过斯以往,皆为蔑理,而侵其应享之自繇权者也。此所谓行己自繇之义也。乃至小己所行之事,本身而加诸人,祸福与人共之,则其权非一己所得专,而于其群为其责。使国人权利,为其所见侵,则清议邦典,皆可随轻重以用事于其间,于以禁

---

① 约翰·穆勒:《群己权界论》,严复译,《译凡例》,第 ix 页。
② 约翰·穆勒:《群己权界论》,严复译,《译者序》,第 vi 页。
③ 约翰·穆勒:《群己权界论》,严复译,第 81 页。

制其所欲为，俾其人无由以自恣，此所谓社会干涉之义也。①

可见，国群与小己权力的划分乃是以保障个体自由不受侵害为界，这可以简单概括为"私过可任自繇，而公恶不可纵"②。但不难看出，"群己权界"并不是要取消公权力，更不是纵容个体为所欲为（所谓"干之云者，使不得惟所欲为"③），而是肯定了公权力对于维护个体权利的必要作用，以及对于维系社会共同体的必要作用，因为"民生有群，群而有约束刑政，凡以善其群之相生相养者，则立之政府焉"④。（政府正是最典型的公权力实行者。）但是，亦如严复所说："最难信者亦惟君权，彼操威柄，不仅施之敌仇也，时且倒持，施于有众。"⑤因此，"群己权界"更为强调的是，在保持公权力正当干涉性的同时，必须将公权力限定在不戕害个体自由的范围之内，以便能在现实层面上确保公权力施用的唯一的正当目的就是保护国民的个体自由，而非其他。

如此一来，自由不再是一种笼统的价值诉求，或者一种抽象的群治之方，而是被落实为一种可以切实保障个体权利、利益不受侵害和干涉的社会实践原则。虽然"群己权界"所涉及的具体内容总是随时随地变化调整，并无法形成统一或固定的界限，但严复还是以政府行政为例，强调应当尽可能地缩减行政的范围，赋予国民更多的权利，以推动国民自治。在他看来，这不仅可以有效防范政府在行使公权力时对国民权利的侵害，而且对于政府自身，乃至整个国群的发展都大有好处。为此，严复从社会经济、政事、思想等领域分别做了简要的说明，这其实是实际运用"群己权界"的一种示范。他指出：

（1）对于经济活动，"事以官为之，不若民自为之之善也"⑥。其中，

---

① 约翰·穆勒：《群己权界论》，严复译，第100页。
② 约翰·穆勒：《群己权界论》，严复译，第85页注1。
③ 约翰·穆勒：《群己权界论》，严复译，第10页。
④ 甄克思：《社会通诠》，严复译，第1页。
⑤ 约翰·穆勒：《群己权界论》，严复译，第4页。
⑥ 约翰·穆勒：《群己权界论》，严复译，第114页。

尤其是工商事务，政府不宜介入，所谓"此地方之工政，与夫民间商工之业，治以官者所以常折耗，治以民者所以常有功也"①。任民自营自利才有益于社会进化和国民自强。

（2）对于地方政事，"其事以官为之，虽善于民之自为，然国家以导诱其民，欲其心常有国家思想之故，又莫若听其民之自为也"②。而"父母政府"事事亲力亲为反而让国民失去锻炼自治能力的机会，因此，现实中需要"以地方自治之制，以摩厉其治国之才"③。

（3）对于不同思想和意见，如果社会各领域的建设皆听命于政府，全国的人才皆是唯政府所向，没有不同的思想和意见，那么不仅容易滋生行政弊端，产生不良的行政效果，而且也会因压制个体诉求而导致社会动荡，也即"使官之治事太广，将徒益之以可以已之权力，其流极将至夺民自繇也"④。

其实，除了《群己权界论》的纲领性论述外，严复还通过编译《法意》和《国富论》分别从政治、经济领域演绎了"群己权界"这一通则。由于这些内容都是直接关乎社会实践和各领域制度规范的建构，因此可以说，"群己权界"实际是严复为现代民族国家的社会建制提供的一个基本原则和衡量标准，而这也确保了自由作为群治之方的现实可行性。

四、分以义行："群己权界"根植的儒学原理

由上可见，严复虽然通过荀子"群"概念提出了"国群"概念，但"国群"的实质表征是现代民族国家，这与荀子"群"概念存在着本质差异。而他基于现代国群的生存发展而提出的以"群己权界"为要旨的群治之方，也根本颠覆了荀子基于传统宗法社会而提出以"明分使群"为核心的群治方案。然而，如果我们进一步探究"明分使群"背后的思想逻辑，

---

① 约翰·穆勒：《群己权界论》，严复译，第115页。
② 约翰·穆勒：《群己权界论》，严复译，第115页。
③ 约翰·穆勒：《群己权界论》，严复译，第118页。
④ 约翰·穆勒：《群己权界论》，严复译，第116页。

却可以发现"群己权界"恰恰是儒家群学的一般原理在现代民族国家时代的一种具体演绎。

（一）荀子"明分使群"的本义

荀子的"明分使群"本身是基于传统宗法社会而提出的安顿群体生活秩序的政治伦理思想。其中，他以"分"为人类社会能群的原因，所谓"人何以能群？曰：分"①，而他所说的"分"（动词，fēn）就是指由宗族为主体的社会生活方式所决定的社会分工，而"分"的具体内容乃是宗法社会的名分（名词，fèn），也即表征每个人尊卑等级的伦理身份。因此，荀子的"明分"本义就是指明确的区分每个人的名分，并且通过建构相应的社会制度（礼）加以落实，所谓"礼者，贵贱有等，长幼有差，贫富轻重皆有称者"②。由此，每个人都明确自身在宗法伦理网罗中的职分、地位、从属关系等，从而就能有效维护宗族、家族的价值和利益，促进宗法社会的有序发展。

这其中处于伦理等级顶端的是君王，以至于整个宗法社会的构建就是以其他各等级对君王的服从和归属为根本前提，故荀子曰："君者，善群也。"③当然，君王也不是以个人利益为导向，而是以宗族整体利益为导向，来划分大小宗和宗族成员的尊卑等级，并且由其主导制定一套垂直型的伦理等级制度加以保障落实，所谓"人君者，所以管分之枢要也"。因此，其中每个人存在的唯一价值就是履行宗法伦理所赋予他的职分，并没有独立的主体价值可言，甚至君王本人亦是如此。如荀子所说：

> 故先王案为之制礼义以分之，使有贵贱之等，长幼之差，知愚、能不能之分，皆使人载其事而各得其宜，然后使悫禄多少厚薄之称，

---

① 《荀子·王制》。
② 《荀子·富国》。
③ 《荀子·王制》。

是夫群居和一之道也。①

据此而言，荀子"明分使群"的本义是指引着一种前现代的宗法社会的建制原则，其最终导向的是传统的君主专制政治。事实上，秦汉以降，以纲常伦理等级为基础的皇权专制正与这一思想一脉相承。因此，维新时期，有儒者就直接将荀子思想等同于专制政治加以批判排斥，如谭嗣同说："彼为荀学者……况又妄益之以三纲，明创不平等之法，轩轾凿枘，以苦父天母地之人。"②"故常以为二千年来之政，秦政也，皆大盗也；二千年来之学，荀学也，皆乡愿也。惟大盗利用乡愿；惟乡愿工媚大盗。"③这无疑是将中国两千年的君主专制全然视为荀学的衍生物，进而据此痛斥荀学阻碍了中国社会的现代化、民主化的进程。此类论说虽然偏激，但也不无道理。

而前文论及，严复对传统宗法社会的种种批判其实已否定了荀子"明分使群"的本义。不过，与单纯的批判否定不同，严复提出以"群己权界"为要旨的自由理论是在现代民族国家的语境下积极地演绎了"明分使群"背后蕴含的一般儒学原理。

（二）"明分使群"蕴含的儒家群学原理

就具体内容而言，荀子"明分"是为了满足传统宗族社会发展的需要，并不具有普遍性，但是荀子强调"救患除祸，则莫若明分使群矣"，"兼足天下之道在明分"，"无分者，人之大害也；有分者，天下之本利也"④，也即要通过"明分"解决现实社会生活中争、乱、穷的祸患，却体现着儒家安顿群体生活的智慧。

其中，荀子对如何实现"明分"的逻辑思考就蕴含着普遍性的儒学

---

① 《荀子·荣辱》。
② 蔡尚思、方行编：《谭嗣同全集》（增订本），北京：中华书局，1981年，第337页。
③ 参见蔡尚思、方行编：《谭嗣同全集》（增订本），第336—337页。
④ 《荀子·富国》。

原理。他说：

> 人何以能群？曰：分。分何以能行？曰：义。故义以分则和，和则一，一则多力，多力则强，强则胜物，故宫室可得而居也。故序四时，裁万物，兼利天下，无它故焉，得之分义也。故人生不能无群，群而无分则争，争则乱，乱则离，离则弱，弱则不能胜物，故宫室不可得而居也，不可少顷舍礼义之谓也。①

这里荀子指出了实现"明分"的两个基本环节：礼与义。

"分"的实现系于"礼"。广义上说，儒家的"礼"也包括"法"，其实代表儒家对一切社会制度规范的总称。荀子明确说："辨莫大于分，分莫大于礼"②，"国无礼则不正。礼之所以正国也"③。这就是强调社会生活的有序维系必须落实为相应的社会制度（"礼"）。他主张"隆礼重法"就是为了"使群臣百姓皆以制度行"④。由此可以看出，儒家认为，群治问题要得到最终的解决必须依靠实际社会制度的建构。

但是任何社会制度的建构都不是凭空臆造的，而必须是有所依据的，也即所谓"礼义"。荀子指出"义"就是"分何以能行"的基础，这是比"礼"更为根本的环节。对此，他强调：

> 不知法之义而正法之数者，虽博，临事必乱。⑤
> 人无法则怅怅然，有法而无志其义，则渠渠然。⑥
> 有夫分义，则容天下而治；无分义，则一妻一妾而乱。⑦

---

① 《荀子·王制》。
② 《荀子·非相》。
③ 《荀子·王霸》。
④ 《荀子·王制》。
⑤ 《荀子·君道》。
⑥ 《荀子·修身》。
⑦ 《荀子·大略》。

可见，如果合乎"义"，不论"分"什么、怎么"分"都可以达到和谐有序，而如果"分"不合乎"义"，即便是处理日常事务也会争乱不断。这其实表明"分"的具体内容并不是最重要的，"分"的具体形式（礼）也不是最根本的，而能否"得之分义"才是最重要、最根本的。

那么，究竟何为"义"？① 作为"礼"的依据，"义"并不是一种有具体内容的道德规范，而是一种表达适宜、适当、合适、合理、公正等意味的基础伦理观念，历代儒家对"义"的解释也都体现了上述含义。如《荀子·议兵》"义者，循理"，"义"即合理（rational）；《礼记·祭义》"义者，宜此者也"；《礼记·中庸》"义者，宜也"，"义"即适宜（fit）；《论语·学而》邢昺疏"于事合宜为义"，"义"即合适（suitable）；等等。

具体就"分义"而言，就是指"分"必须与社会的发展和需要相适宜。进一步说，"分"作为人伦之事，必须要符合社会主体的价值诉求，要充分体现和满足社会主体的利益需求。然而，我们知道，社会生活本身绝非一潭死水，而是不断发展变迁，这就决定了社会主体及其价值需要，并不是一成不变的，而总是具有鲜明的时代性。因此，"分义"在很大程度上就体现为"时宜"（当然还有"地宜"的维度，但二者不相背），即"分"必须符合时代性，也就是必须要以当下的社会主体价值为根据。由于"义"的具体内容变动不居，相应地，"礼"也就势必随"义"的要求不断损益，这也正是孔子主张"礼有损益"的原因。

由上可以说，"明分"实质是一个"分以义行"进而"由义制礼"的过程，即如荀子所说："夫礼义之分尽矣，擅让恶用矣哉？"② "皆使人载其事而各得其宜，然后使悫禄多少厚薄之称，是夫群居和一之道也。"③ 这其实正是儒家以经验主义的进路安顿社会群体生活的一般原理。

---

① 黄玉顺教授提出的"中国正义论"对儒家的"义"以及仁、义、礼之间的逻辑关联做了深入系统的分析阐释。
② 《荀子·正论》。
③ 《荀子·荣辱》。

(三)"群己权界"对儒家群学原理的现代演绎

严复继承了原始儒家通过"明分"实现群治的思路,他通过分析社会主体价值和"群"演进的时代特质而提出的"群己权界",其实是体现了现代民族国家时代的"分义"。

其中,严复以"天演论"为哲学基础,揭示出社会主体及其价值诉求和相应社会制度具有时代性。他指出,人性总是随"外境"不断演变,没有一成不变的人性,而社会就是由个人积聚而成,所谓"人类相合为群"①,因此社会也在不断演变进化,社会主体及其价值诉求和社会制度都必然发生时代性变化。

> 故不知人性者,不可以言群。而人性之天演,生学言之,于群学言其合者,于生学言其分,不知分者无以知合,不知人者无以知群。人性者生学之玉振,而群学之金声也。
> ……人者生物之一科,而最为善变者也。自其善变,而其变常受成于所遭之外境。且所谓外境,其本于自然者无论已,所最重者,又即在其群之所自为,是故欲言治功,必通夫变之理。变之理者,凡有血气所莫能外者也。不通夫变之理,则其于群也,必怼于思而悖于事。②

由于主体价值随时代发展而不断变化,因此要实现社会和谐、国家富强就需要以当下社会主体的价值诉求为导向来安排社会秩序。相应地,社会制度也要随之因革损益,以顺应社会主体的变化,否则社会无法得到安治。

> 故一群之风俗人心,实与其时之形制相表里,有参差而无相绝

---

① 严复:《政治讲义》,见王栻主编:《严复集》第五卷《著译日记附录》,第1267页。
② 斯宾塞:《群学肄言》,严复译,第261—262页。

者也。且夫群变之殷，莫若革命矣，顾其成者，必其顺乎天而应乎人者也。①

据此，他指出，当前人类社会已发展到国群时代，中国要在国群竞争中自存自强，就要发展并满足国群社会的主体价值诉求。在他看来，当今时代，民智已开，民德演进，传统的宗教神学权威或宗法伦理权威已经衰减，宗族或家族不再是国群社会的主体，取而代之的是个体主体，也即"以小己为本位"②。因此，唯有维护和发展每个国民的体格（民力）、科学教育（民智）、心理德性（民德），张扬国民的个性，才能达到国群的"郅治"。

> 治道以演进为期，而演进在民之各成其所异，故必扶植栽成其所异，其民之性量以完，而郅治之馨香以至。③

这就表明国群时代的"分义"就是要发展个体自由，实现个体的主体价值。对此，笔者也曾指出，自由是主体性问题，当社会主体由前现代的宗族、家族转变为现代的个体主体时，个体自由也就相应成为现代社会的价值诉求。④

然而，严复认识到，要切实保障每个人平等享有自由，就必须以不侵损他人自由为界限，所谓"自入群而后，我自繇者人亦自繇，使无限制约束，便入强权世界，而相冲突。故曰人得自繇，而必以他人之自繇为界"⑤。这其中，国群公权力一方面对维护个体自由具有必要而积极的作用，但另一方面，其本身又是威胁个体自由的祸首。因此，严复提出，必

---

① 斯宾塞：《群学肄言》，严复译，第304页。
② 甄克思：《社会通诠》，严复译，第64页。
③ 约翰·穆勒：《群己权界论》，严复译，第69页。
④ 郭萍：《自由儒学导论——面向自由问题本身的儒家哲学建构》，《孔子研究》2018年第1期。
⑤ 约翰·穆勒：《群己权界论》，严复译，《译凡例》，第vii页。

须"使小己与国群,各事其所有事,则二者权力之分界,亦易明也"①,以限制国群施用权力的范围,防范其对个体自由的侵害,相应地,国群的社会制度也应当依据此"义"而设置。可见,这是一种以个体主体价值为根据的"分","分"的具体内容已不再是传统宗法社会的尊卑等级名分的划分,而是现代民族国家的国群权力与国民个体权利的划分,也即"群己权界",其实质正是对儒家群学一般原理的一种现代演绎。

五、余论

严复通过中西格义而阐明的自由理论,乃是近代儒家初步运用儒学话语,第一次对现代自由问题进行的系统理论阐释。其中,他创见性地提出现代自由之要旨即"群己权界",已然一针见血地指出了现代自由问题的要害和关键。可以说,尽管现代自由理论日臻完善,远非严复所能及,但其中的核心内容并没有真正超出"群己权界"的解释范围,或者说在某种意义上,现代自由理论的发展正是对"群己权界"思想的不断深化拓展的过程。

不过,严复以自由为现代民族国家的群治之方,着意强调自由对于国群富强及国群生存竞争的意义,甚至提出,为了国群自由,有必要"己轻群重"②,这使得他的自由理论具有强烈的民族主义色彩③,甚至体现出某种威权主义的倾向,故具有明显的局限性。作为一种同情的理解,这种局限性在很大程度上是由于当时中国救亡图存的危局使然,而且从历史事实看,这也是现代民族国家发展初期的一种普遍现象(此问题需另文论述)。其实,时至今日,现代自由虽然有了深入发展,但整体上仍然是一种现代民族国家层面上的自由,也即各民族国家对内讲求民主自由,对外则奉行强权争霸,因而当前的自由仍然不同程度地体现出民族主义的色

---

① 约翰·穆勒:《群己权界论》,严复译,第81页。
② 赫胥黎:《天演论》,严复译,第44页。
③ 严复思想中体现的"民族主义",并不是当时中国社会存在的"排满"意义上的民族主义,而是现代民族国家竞争意义上的民族主义。

彩。这从现代自由诉求的进一步发展来讲，无疑是亟须超越的。

但是，如史华慈等学者认为，严复只是将自由视为国家富强的手段而非目的本身，却是言过其实。事实上，严复多次明确强调，切不可以国家利益为名义，侵害或牺牲个体权利。他说：

> 独至主治当国之人，谓以谋一国之安全，乃可以牺牲一无罪个人之身家性命以求之，则为违天蔑理之言，此言一兴，将假民贼以利资，而元元无所措其手足，是真千里毫厘，不可不辨者耳。①
> 凡遇公益问题，必不宜毁小己个人之产业，以为一群之利益，亦不宜另立国律，使有侵损，如巧立名目者之所为。②
> 是故治国是者，必不能以国利之故，而使小己为之牺牲。盖以小己之利而后立群，而非以群而有小己，小己无所利则群无所为立。③

可见，严复以自由为现代民族国家的群治之方，并不同于否弃现代自由价值的集体主义（collectivism）或国家主义（nationalism），其思想意旨是要从现实的社会治理维度，提出与中国建构现代民族国家相匹配的社会秩序安排方式。总而言之，严复用"以译代著"的方式构建了一套初级版本的儒家现代自由理论，这不仅代表着一种积极的价值方向，而且对于儒家现代自由理论的建构具有开创性的意义。

---

① 孟德斯鸠：《孟德斯鸠法意》，严复译，见卢云昆编选：《社会剧变与规范重建：严复文选》，上海：上海远东出版社，1996年，第452页。
② 孟德斯鸠：《孟德斯鸠法意》，严复译，见卢云昆编选：《社会剧变与规范重建：严复文选》，第451页。
③ 严复：《天演进化论》，见卢云昆编选：《社会剧变与规范重建：严复文选》，第292页。

自由与境界

——唐君毅心灵境界论解析*

关于现代新儒家唐君毅在其最后的巨著《生命存在与心灵境界》中建构的心灵境界论，已有众多研究成果；但关于唐君毅的境界论与其意志自由论之间关系的研究，却还不多见。事实上，唐君毅的境界论是其自由论的最后表达，就是通过心灵境界的感通、不断越升，使主体性的生命存在赢获越来越高层级的自由，因此其心灵境界的九个层级与其论及的自由意义的八个层次之间隐藏着某种对应性，可以说，"心灵九境"也就是九种不同层级的自由境界；而其初始设定，则是某种主体性的"生命存在"。这种理论建构固然体现出现代新儒家执守于"道德自我"的形而上学思维特点，但同时开启了某种更为本源的思维视域的可能性，启示我们思考如何回归本源生活，进入自如境界，赢获最高层级的自由。

这种中国式的自由观念，不同于大多数西方思想者所热衷的关于群己权界的政治自由观念，乃是从精神层级上追求生命、心灵的自由。进一步就中国儒道释三家而言，儒家又与追求"忘世的自由"的道家和"出世的自由"的佛家不同，儒家始终对现实生活保持一种积极态度，投身生活，体验生命，昭显的是一种"入世的自由"①，即主张人（主体）不仅仅是如其所是地"在生活"，而且是有觉悟地"去生活"，即在觉悟到生活本身如此这般的同时，觉悟到自己的本性如此这般，通过这般"觉悟"，使主体不断超越既有的自我，进而在不同层级上拥有心灵自由。

---

* 原载《社会科学家》2016 年第 2 期。本文系四川省教育厅 2015 年度人文社科重点研究基地重点资助项目"唐君毅与张君劢的自由观比较研究"（批准号：SXJZX 2015-002）的阶段性成果。
① 参见黄玉顺：《中国传统的自由精神——简论儒道释的自由观》，《理论学刊》2001 年第 4 期。

一、不同境界的自由

现代新儒家大都善言"境界",如冯友兰、方东美等都提出了各自的境界论。唐君毅《生命存在与心灵境界》中所提出的"心灵九境"论,通过对《易传》"感而遂通"内涵的揭示和阐发,同时借助佛教"观"的概念,证成了相对圆融的生命境界论,是很独特的思考进路;而其内容之丰富、体系之庞大、思想之深邃,堪称新儒家境界论中的巅峰。他以横观、顺观、纵观三个维度,构建了九个拾级而进、依次超越的心灵层级,而此境界提升的过程同时也是通过本心的明觉、自觉、自律,在越来越高的境界上赢获心灵自由的过程。

心灵九境通过"三观"达成:1. 横观种类(事体、性相、功用);2. 顺观次序(客观境、主观境、超主客观境);3. 纵观层位。"纵观"其实就是"综观",即横向三观与顺向三观的综合观照,如此的结果构成"九境",亦即九级层位、九种境界:① 万物散殊境;② 依类成化境;③ 功能序运境;④ 感觉互摄境;⑤ 观照凌虚境;⑥ 道德实践境;⑦ 归向一神境;⑧ 我法二空境;⑨ 天德流行境。如此一来,唐君毅将一切宇宙的、社会的、人生的问题,一切有关科学的、政治的、伦理道德的、文学艺术的或宗教的理论和思想,统统对应到"心灵九境"这个三维立体的体系中。

其实,所观之"境"就是身处其中的生活之不同层级上的方方面面,而唐君毅以"人生之本在心"表明,"心"代表"我"之主体性存在,因此,"心"每通达一"境",也就是主体在不同层级上觉悟生活的过程,而在这种觉悟中,主体实现了自身"日新又日新",在越来越高的层级上获得自由,可以说,自由的实现就是不断超越既有主体的过程。需要指出的是,对既有主体的超越并不意味着对主体的放弃。自由毕竟还是作为主体性的人的自由,离开主体就谈不上什么自由,追求自由本身就是一个主体性的诉求,因此,彻底取消主体性的做法是自我悖谬的。超越主体的自由,是指超越既有的、旧有的主体,是不断地放弃旧有的主体性同时生成新的主体性的过程,这种不断被超越又不断新生的主体性,也可以用孔子所提倡的"君子不器"①来表达。

唐君毅的境界论,设想了心灵的九次提升,这就意味着对既有主体性的九次超越,因此实现的是不同层级上的自由。依其理论中的三种"观"法,可以从两个形下层级、一个形上层级,总共四个不同维度上理解"九境"所达到的自由:

前三境是客观境,是在形下的知识论层级上的自由。这是心灵之我作为自然存在者、客观化的存在对生命、生活的觉悟,体现了人对自然界的认识,相当于康德所说的通过理论理性的运用,掌握自然的必然规律,赢获作为自然存在者面对自然界的自由。

中三境是主观境,是在形下的伦理层级上的自由。这是心灵之我作为社会伦理政治化的存在者对生活、生命的觉解,体现了人作为道德文化的存在者的特殊和可贵之处,人的道德自觉、文化自觉对自身行为提出"应然"的要求,这是人所赢获的专属于人的自由,这一"应然"要求的提出和遵守都来自主体性的选择,由是体现出人的自由。

这个层次上的自由是人在政治伦理层面上的权利的自由,个人自由权利所以必要,乃是要促进个人之社会性、文化性的生活价值,而这不全属于个人本身。这种被西方自由主义者奉为圭臬的个人自由权利,在唐先生看来却是实现更高自由的基点而非自由的终点,因此,限于此层次的自由是不够的,这一点在唐先生对自由意义进行的八个层级的区分中将此归为第四个层次可以为证。②

但不论在知识论层级上,还是在伦理层级上,心灵之我还只是一个作为相对主体性的存在者,因而到此为止,主体所赢获的都还是形下层级上的自由。要实现更高层级上的自由,则需要由形下层级向形上层级越升。

后三境是超主客观境,在此,心灵之我超越了作为形而下的主体性

---

① 《论语·为政》。
② 参考何信全《唐君毅论儒学中的自由精神》中的论述。参见何信全:《儒学与现代民主》,北京:中国社会科学出版社,2001年。

的存在，提升到了形而上的层级上，心灵体现为绝对唯一的形上的主体。在此层级上，又可具体分为神学信仰维度上的自由和哲学道德理性维度上的自由。这个主体首先是以"神"的身份出场，现于"归向一神境"。"神"看似是相对于心灵之我的一个客观化的形而上者，其实质仍然是心灵之我的投射，此神就在自我心灵中，其实"神"就是自我之心灵，抑或心灵之自我。相应地，在此境界中，这个形上的主体所获得的是宗教信仰性的自由。虽然达到了形上的层级，然儒家的自由观显然不会止步于神性的阶段，也不会将自我身为一个神性的存在者，而是始终关注于人，自我作为人的存在所应达到的境地，所追求的最高层级的自由——"天德流行境"，这是作为形而上者的主体所达到的最高层级的自由，而此主体相当于康德的"实践理性"的主体，在此，"道德自我""道德理性"已不同于"道德实践境"中的道德理性了，唐君毅将之提升到了形上本体的地位上，是通达天地、流行于宇宙的最高法则。而"我法二空境"，在我看来，是宗教性的信仰自由向哲学化的德性自由的过渡。此境界与唐先生论及的第七个层次上的自由意义应和，在此境界中获得的是胸襟度量之自由。通过自觉到"空"，最终领悟到"德"，将属于人伦范围的"德"推扩至整个宇宙，并作为天地宇宙之本质，而心灵自我在不断的觉解中超越既有自我，最终放弃了神性的形上主体，而越升、生成哲学（理性）的形上主体，终于成为"天德"的化身，相应地，唐先生认为人类追求自由之最高意义，就是可称之为"能涵盖一切现实与可能的人生文化之价值，而加以肯定、生发、成就"之仁心呈露的自由。

境界的提升与自由的实现是一个无止境的过程，如果放弃超越，反而会回落到更低一级的层级上，因此，要实现更高层级的自由，需要主体不断超越既有的自我。那么，通过唐君毅的"心灵九境"，我们能实现儒家所追求的最高层级的自由吗？

二、道德自我的执守：自律即自由

在唐君毅的境界论中，"九境"是通过心之"三观"而开显出来的，因此，其关键在于如何"观"（客观、主观、超越主客观）。显然，不论是哪种"观"，都意味着已经预设了一个主体，即：谁在观？要么是神在观，要么是"我"在观。虽然"观"这个概念是源自佛教，但作为儒者的唐君毅不会认同宗教神学的"神在观"的立场，而会认为是"我"在观，且因"人生之本在心"，所以，更明确地说，是我的心灵在"观"。那么，其境界论的逻辑脉络就是"九境"归于"三观"，"三观"归于心之"一念"。

> 自其约者而观，则此九境自不必更开之为无穷，亦可约之为主观境、客观境、主客境之三，更可约之为此生命存在之心灵与境感通之一事。此当下生命存在之心灵，与当前之境感通一事，更可收归于一念。①

可见，九境的构造实质上就是心灵的构造，即一切皆出自"此念之自化而自生"②。当然，唐君毅在儒家立场上所持的"此念"乃是"心灵"之念。相对于程朱理学的"一理万殊"，唐君毅的理论是"一心万殊"。那么，这是怎样的心灵？即：这是怎样的主体呢？郭齐勇曾精辟地指出："唐是一位博大的哲学家。他会通中西，融贯三教，创造性地建构了'性''道'一元、'体''用''相'多面撑开的文化哲学系统。这一系统以道德自我为中心。"③在唐君毅的哲学体系中，这个"道德自我"就是"心灵"。因此，此"心灵"是道德的心灵，此主体也即一个道德主体。

现代新儒家依道德进路构建自己的哲学体系，以期由道德意识直接展露一超越的、道德的实体。这就在既定的道德之下预设了一个现成在手的主体，心灵、人的主体性这样的东西都是某种"现成在手的"

---

① 唐君毅：《生命存在与心灵境界》下册，台北：台湾学生书局，1977年，第276页。
② 唐君毅：《生命存在与心灵境界》下册，第276页。
③ 郭齐勇：《单波〈心通九境——唐君毅哲学的精神空间〉序》，见单波：《心通九境——唐君毅哲学的精神空间》，北京：人民出版社，2001年，第1页。

（vorhanden）存在者（Seiendes）。以此为预设，其所谓自由，自然也就是一种既定道德范围内的自由了。这是怎样的自由呢？简言之，就是"自律即自由"。

由于道德自我的执守，所指向的自由也最终是以道德自律为内容的自由。其实质是以现成的道德规范为预设，通过主体的道德自律证明自身自由的存在，即主体以自主地做出"应然"的道德选择，而体现出主体的自由性。那么，在此前提下，主体所赢获的自由也只是有限地摆脱既有的主体性，由形下的道德主体提升到形上本体"心"的主体，然对既有主体的本质并没有放弃，因为其预设的道德始终在那里束缚着主体。尽管由伦理层级的道德，跃升为宇宙天德，是道德自我的不断推扩和放大，但道德本身始终作为一个前提预设摆在那里，没有被超越。

康德当初提出实践理性高于理论理性，是基于对人的道德实践价值的高扬而限定理论理性的范围，认为只遵守自然律，也即必然性的支配，那么人无自由可言，因此以自由（意志自由）作为道德法则的"存在条件"，以道德法则作为自由的"认识条件"。道德法则是以意志自由为基础和前提的，而道德自我的存在已然证明了一个自由主体的挺立。唐君毅在心灵境界的提升中所彰显的，也是这样的一种道德理性、道德实践和道德自觉，虽然他提出"道德理性"的运用是"道德实践"境界，但那也只是在具体的形下伦理政治领域中的运用，此道德实践、道德主体涵盖着其他各个境界。

> 此道德的主体之要求建立其自身之兼为一认识的主体，此道德主体须暂忘其为道德的主体，即此道德之主体，须暂退归于此认识之主体之后，成为认识主体的支持者。直俟此认识的主体完成其认识之任务后，然后再施其价值判断，从事道德之实践，并引发其实用之活动。①

---

① 唐君毅：《中国文化与世界》，香港《民主评论》1958年第9卷第1期。

这与牟宗三的"良知自我坎陷"之说异曲同工，即由道德心主动让步，给认知心腾出一个位子来，让它生长起来，以便接纳知识论及科学；然后自己再重新去占有这个位子，再做主宰。其实，这是以道德心统摄客观境、主观境和超主客观境。

虽然唐君毅以超越主客观的"天德流行"境，作为心灵的最高境界，但即便在此一层级上，也没有根本超越作为"道德自我"的主体。与其说是超越主客，不如说是以主摄客之境的进一步推扩，"自己之心灵扩大超升"，"此超主客，乃循主摄客而更进，故仍以主为主"。① 而这个"心灵"其实是既有的、预设的道德心，达到以主融客、以主化客的境界，其实质并没有改变，仍然是一个道德自我的主体，是以道德主体消融宇宙一切对待之物。其用意在于如何在宇宙中昭显自我（主体）的道德文化性，强调只有道德文化之心灵自我才是境界的最终根据，也是各个境界开阖的钥匙，只有以此为主宰，才能铺陈开九境。因此，唐君毅的哲学体系仍然是一个形而上学的哲学体系，借用一句海德格尔评价康德哲学的话来评价唐君毅的这一体系，那就是："对形而上学本质的探讨就是对人的'心灵'诸基本能力之统一性的探讨。"②

由于始终贯穿着一颗道德心，强调道德自我，这就有了主体性的执守，并且是以自律为自由，为自由预设了一个模式，这在思维模式上依然是沿用着传统形而上学的框架。这样的主体还不是一个敞开的、可以不断被超越的主体。生命、存在、心灵、境界都被视为现成在手的存在者，而非存在本身，这也就失去了自我的超越性。"如果人被看作这样一个存在者，他在建立某种绝对确定的知识时在次序上是绝对最先给予和最确定的东西，那么这样设计的哲学大厦就必定会把人的主体性带进自己核心的根基之中。"③

---

① 唐君毅：《生命存在与心灵境界》上册，台北：台湾学生书局，1977年，第44—45页。
② 海德格尔：《康德和形而上学问题》，邓晓芒译，孙周兴选编：《海德格尔选集》，上海：上海三联书店，1996年，第97页。译文略有改动。
③ 海德格尔：《康德和形而上学问题》，邓晓芒译，孙周兴选编：《海德格尔选集》，第102页。

这种对既有主体的执守，体现在唐君毅所提出的对主体限制的现实化条件中："人欲由知限制，以实达其限制自我之果，则唯有在与人有实际生活之相接，更有一道德实践时，然后可能。"① 可以看出，在有预设的前提下，主体的超越是有限的超越，即在既定的道德文化之下的超越；这就使得其相应获得的自由是在既定道德文化下的自由。显然，这种受到既定道德文化限制的自由，从人的生命存在的人文意义上看，并没有真正突破既有的主体，无法赢获新的道德文化以及相应的新的自由。

因此，预设性的道德规范限制了主体的超越，是有限的超越，即便达到"天德流行界"也还不能赢获最高境界的自由，也即：这种超越只是在既有的道德范围内的超越。儒家有"与天地参"② 等类似的表述，都是指复归那么一种境界——天人同一的境界，也就是形而上的唯一存在者、绝对物的境界。但这仍然是以一个既定主体为限界的自由。我们这里并非否认道德之于人生的重要意义，相反，道德之于人生是极其重要和必要的，现实中我们总是自觉或不自觉地遵循着某些道德原则。然而，道德是可以损益的，而不是一成不变的，比坚守道德更具有前提性的是建构道德。因此，现成在手的道德规范并非不可超越，"礼"都是可以"损益"的，一切道德源于生活样式，它是历史地变动的东西。因此，只有当自我没有任何既定预设时，才能真正得以超越，在更高层级上赢获自由。自由是无尽地超越既有的主体，这里不能以任何既定的存在者为限制，只有无前设，才能彻底超越。

这里我们可以参照孔子一生的修养历程，来看儒家对自由的追求："吾十有五而志于学，三十而立，四十而不惑，五十而知天命，六十而耳顺，七十而从心所欲不逾矩。"③ 这一历程体现了三种境界上的自由：十五岁以前是一种懵懂"自在"的自由，是源始性的、本源性层级；十五志于学到四十不惑属于一种自觉自为层级上的自由，包含着形而下和形而上两

---

① 唐君毅：《生命存在与心灵境界》下册，第344页。
② 《礼记·中庸》。
③ 《论语·为政》。

个层级;而五十岁以后才逐渐进入自如层级,直至七十岁实现彻底的自由,是一个超越形下和形上、复归本源的层级。在唐君毅的境界论中所实现的自由,其实仅仅相对应于孔子"十五志于学"直至"四十不惑"的阶段,即还是自觉自为境界上的自由。而依孔子所追求的,这显然还不是最高境界的自由;唯有到"从心所欲不逾矩"的境界,才是真正彻底的自由:率性而为,随意而行,一如自然,不假安排。这才是儒家所理解的真正的、现实的自由境界。而唐君毅的境界论,由于其形而上学的思维局限,执守于一个既有的"道德自我",使得他的境界中所实现的自由始终是一个自为的有意识层级上的自由,即便是达到"天德流行境"也没有脱离开一个流行于天地宇宙的既定的道德意识,遂难以实现儒家所追求的理想的自由。

三、心境感通:更高自由的可能

虽然执守于"道德自我"的主体,但在心灵与境界的关系上,唐君毅却表现出与之相矛盾,然而更有意义的一面,即疏离了形而上学,而充分地逼近了为形而上学奠基之可能性的视域,由是也开启了更高境界自由的可能。

他认为,心与境的关系既不是西方宗教所说的上帝造物的关系,也非反映论、符合论的关系,而只说天地开阖而万物生,只说乾坤阴阳幽明隐显之道,这都意味着心境相即不离,这只能表述为"心境感通"的关系,"感"是感应,"通"是通达。所谓"心境感通",就是"境与心之感通相应者,即谓有何境,必有何心与之俱起;而有何心起,亦必有何境与之俱起。此初不关境在心内或心外,亦不关境之真妄"[1]。他说:

> 此当下生命存在之心灵,与当前之境感通一事,更可收归于一念,而由此念之自化而自生,以成此生命心灵在九境中之神运。其

---

[1] 唐君毅:《生命存在与心灵境界》上册,第13页。

自化为坤道,其自生为乾道。生则心开而有念,化则心阖而无念。①

由于强调心与境的相互感通和缘生关系,唐君毅的思考已经明显地超越了传统形而上学哲学的两种思维方式:经验主义的思维和先验主义的思维。一方面,唐君毅认为,心与境并非认识论上的能知与所知的关系,从而排斥了经验主义的思维进路。他虽然将"境"视为"心"之"所对""所观",但境非先于心而在,心也未必是后于境而存;而且也"不关境在心内或心外,亦不关境之真妄"。相反,如果将心与境视为能知与所知的关系,就预设了"境"之客观先在,"心"的主观后在,那其本质上就是主体与客体的关系,这样的二元对峙关系事先设定了内在的主体、外在的对象。一来,这样就陷入西方哲学近代以来的"认识论困境",心与境难以通达;二来,"境"作为客观实在,心即便通达此境,也难以以心之"观"来提升境界,超越自身,既定先在的"境"就会成为主体超越的枷锁。另一方面,唐君毅的"境界"一词虽然来自佛教,但他并不认为心灵与境界是"见分"与"相分"的关系,境界并非心灵的"变现",以此排斥了先验主义的思维进路。在他看来,并非只是心单向地通达境,心与境是相互通达的,心感通于境,境也感通于心,心能呈现境,境也能呈现性相于心,境对心有所命,二者相互为用。如果像唯识宗所认为的,心变现境,心是所现,境是被现,那么心与境就无法相互为用了。因此,唯有"感通"才能准确地表达心、境可因感应而相互通达的意义,这就"如人之开门见山,此山虽或先有,然如此之山之境,以我开门而见者,亦正可为前此所未有也"②。

唐先生既否定"心"的在先性,又否定"境"的在先性,认为既非境由心造(先验论),亦非心因境生(经验论),而是强调心境之感通,以"感通"作为通达九境的枢纽,"吾人之心灵生命与其所对之境有感

---

① 唐君毅:《生命存在与心灵境界》下册,第276页。
② 唐君毅:《生命存在与心灵境界》上册,第97页。

通"，"今再约而论之,则此九境可只由吾人之最后一境中,主客感通境中开出,而主客之感通正为吾人当前之一实事"①。心境感通,互为缘生,"俱存俱在","俱开俱阖","俱进俱退","俱起俱息",从而心与境互为内在,主体自我与生活生命互相不隔离,生命存在于心灵,也存在于此一境界之中。于是,心灵(主体)、境界、感通本身"即互为内在,而皆为真实"②,突显了"心"与"境"的当下共在性。这与海德格尔所谓的存在者的共同"在世"(In-der-Welt-sein)这样的源始性的"共同存在"(Mitsein)相类似。可见,唐先生虽强调道德之必然性,但他同时认为"吾人又须相信,吾人之一切过去之心理、生活及意志之情况,皆不能必然决定吾人之未来。吾人之意志,乃可时时创新,以改变其过去之自我,而进以改变外在之环境,及其与环境中之人物之关系,以至其与一超越之存在如上帝之关系者。由此而吾人过去之一切过失罪恶,无不可以一念之觉悟而如昨日死"③。通过对自我与环境的交融、缘构生成关系,突显了自我的无前设性和对既有主体的超越性。

人(心)不仅与身处其中的生活(境)本源性地"共同存在"着,而且人要拥有自由,这就意味着人不能仅仅如其他存在者那样"在生活",而且还要作为主体有意识地"去生活"。这就需要一系列的超越:超越源始的自发境界,进入自觉的自为境界;超越形而下的自由(认知性的和伦理性的自由),追求形而上的自由;然而还不能止步于此,虽然只有实现了自为的自由才表明我们开始"去生活"了,但这仅仅是开始,唯有进一步超越形而上的层级,才能通达更高的自如境界,实现彻底的自由。而每一次境界的提升,就是对既有主体的超越,"超越"在于跨越一切既有的界限:"此主体之超越意义,乃在此前后之有局限之特定活动之交之际见;此主体之位,即在此前后之活动之交之际。"境并非浑然一体,境有种种,互有界限,因此"境""界"连用,当一个境界真成为界限时,

---

① 唐君毅:《生命存在与心灵境界》上册,第267页。
② 唐君毅:《生命存在与心灵境界》下册,第254、255页。
③ 唐君毅:《哲学概论》下册,北京:中国社会科学出版社,2005年,第794—795页。

这个境界也成为封闭的境界，活动的局限与境界的局限可转而限制住主体本身，这一罗网牢笼才形成主体的真实降落。[①] 因此，不能以既有的"境"或既有的"心"限制主体的超越，而要保持主体（心）与主体所身处其中的生活（境）相即不离的交融感通、缘构发生的关系（借张祥龙的说法）。我们需要不断地领悟和觉解身处其中的生活，从而不断地在脱弃既有自我的同时生发出新的主体，彻底摆脱旧有的主体。唐君毅的"心"与"境"相互感通、俱起俱寂的观点，颇有突破既有的"道德自我"主体的意味，这就为我们更进一步地超越自觉自为的境界、超越形而上的自由开启了可能。

四、余论

唐君毅境界理论中对"道德自我"的执守和心、境"俱起俱寂"的说法，暴露出其思维中的矛盾，但也正是因此，反而体现出现代新儒家的思想视域开启了由形而上学向本源的"生活—存在"视域（即跳出形而上学思维模式的窠臼）的过渡。就其理论中所指向的自由来说，如若摆脱"道德自我"的拘囿，进一步发展心、境当下的开阖，沿着"天德流行境"进一步升跃，即超越既有道德预设的自我，顺应生活本身，倾听生命召唤，从当下活泼泼的"生—活"中领悟，自觉地如其所是地"去生活"，唯有这样，才能赢获孔子所追求的"从心所欲不逾矩"的最高层级的自由。在此境界上，"心"乃本源之心，是无心之心；"欲"乃"无心之欲""无欲"，因此，"从心所欲"恰恰说的是无心、无欲。"不逾矩"，是因为在这样的境界当中，无所谓"矩"，这不仅超越了形而下的东西，而且超越了形而上的东西，真正回到了生活本身。因此，最高境界的自由，其实就是生活着——纯真地、质朴地生活着。

这也是最高的精神境界，但它并未脱离生活，脱弃生命，相反，它是自我生命在超越了原初懵懂的"自在"自由之后（"兴"），经历了一番

[①] 唐君毅：《生命存在与心灵境界》下册，第334—335页。

生命的远征,即自觉自为的道德实践的追求和努力("立"),又重新回归"自由自在"的本源情境中,回到当下生活本身,是生命的返乡,返璞归真("乐")。这表面看似与原初的自发状态无二,但实质却截然不同,这个不同就是有无"觉悟"。最低的自发境界是无觉悟的,而最高的自如境界却是有觉悟的。所以,更确切地说:最高的境界,就是自觉地回到最低的境界。具体说来,最高的境界就是:自觉地回归生活本身,自觉地回归生活情感,尤其是爱的情感,自觉地在生活并且去生活。

诚然,由于心灵前设所限,唐君毅自己并未走到这一步,错失了更为本源性的"生活—存在"的思想视域;但其理论无疑已经逼近了这一视域,这就为形而上学化的儒家哲学进行"现代转换"提供了一个具有启发性的范例。

自由儒学:"生活儒学"自由之维的开展*

"生活儒学"的理论魅力,在于激发我们对于诸多问题的重新思考。就笔者个人而言,"生活儒学"直接启发了我对自由问题的思考。之所以关注自由问题,是因为自由乃是现代中国社会发展的一个核心问题,而传统儒学与现代自由的紧张也成为儒学进行现代转化所必须解决的一个关键问题。

在我看来,"生活儒学"就为解答这一问题做了必要的理论准备,由此也促成了我进行"自由儒学"的理论建构。我们知道,整个"生活儒学"言说的就是"在生活"和"去生活"。然而,"生活即是自由"意味着"在生活"和"去生活"都是某种自由。在我看来,"在生活"可视为一种本源性的自由,"去生活"则是一种主体性的自由。

从"在生活"的层面上讲,生活儒学以本源生活的观念揭示出一切主体性何以可能的问题。尽管有人也把这理解为一种新型的形而上学,但我更看重它超越形而上学的面向,那就是本源生活观念揭明了一切主体性建构都有一个"前主体性"的渊源。这启发我对自由问题做一种更彻底的思考。要知道,我们在谈自由之前,已经预设了某个主体的存在,因为自由总是某种主体的自由,不是主体又何来自由?在这个意义上,自由问题和主体性问题确实是同一的。而本源生活的观念启发我提出这样一个问题:一切主体的自由是如何可能的?不论是形上的意志自由,还是形下的政治自由,这都是如何可能的?如果我们在这个层面思考自由问题,就可以把它命名为"本源性的自由"。事实上,这是提出了对自由之渊源的思考,只有首先阐明这个问题,才能展开主体自由的建构。

---

* 原载杨永明主编:《当代儒学》第 11 辑,桂林:广西师范大学出版社,2017 年,第 435—437 页。

而"去生活"就意味着主体性的自由。"去"作为一种自觉能动的趋向、趋势或潮流、势态，意味着一种主体性的突显和绽出。所以，"去生活"实质上指向一种主体性的建构。在这个意义上，"生活儒学"所展开的"变易本体论"，还有"中国正义论"和"国民政治儒学"都是在进行着某种主体性的建构。但与其他主体性建构相比，它起码有两点不同：第一，它强调主体性（不论形上的还是形下的）都源于本源的、"前主体性"的生活本身；第二，由于生活本身的流变性，它强调任何主体性都是与时而变的。这就自然推出了现代性的生活方式需要建构现代性的主体，在这个意义上，它具有明显的现代启蒙意义。所以，"生活儒学"进一步展开为儒家形上学和形下学的重建。

特别是本体论的重建，这是以往的儒学理论所没有提出的，因为"本体"总是被预设为恒常不变的东西；而"变易本体论"则是以"变"来统摄了"不变"，据此表明，本体不变的至上性是通过应时而变才得以维系的。我觉得这一思想的启发意义很大，直接关涉我们在现代语境下对儒家本体观念，如"仁""良知"的重新诠释。

"生活儒学"在形下学的展开即"中国正义论"是大家关注的焦点。"中国正义论"虽然是通过对罗尔斯的批判而建构起来的，但我认为，它的批判所针对的是罗尔斯语境的局限性——仅仅适用于美国现代社会，以及罗尔斯实质上是以自由、平等作为正义原则的不究竟性，而并没有否认罗尔斯所坚持维护的个体自由的合理性。恰恰相反，"中国正义论"也非常认同个体自由，这在"国民政治儒学"中有更集中的体现。所以，我想，是不是也可以从儒家本源性的仁爱情感出发，给予现代政治自由一种不同于西方的解释。

基于上述两个层面，我正在进行一种新的理论尝试，就是建构"自由儒学"。狭义地讲，"自由儒学"就是一套政治哲学的理论，但是我想它并不同于当前拒谈形而上学的儒家政治哲学，因为"自由儒学"不但要以儒学的话语去阐明现代政治自由问题，还要为它提供一种相应的儒学本体论依据；更重要的是，它要为本体自由奠定一个本源性的基础。

所以，我设想从"本源自由""良知自由"和"政治自由"这三个层面建构"自由儒学"。第一，以"本源自由"观念解答自由之渊源的问题。第二，提出"良知自由"作为现代政治自由的本体依据。这里要强调的是，我所指的"良知"是区别于西方自由主义的理性主体观念，但也不同于传统儒学基于家族伦理的主体观念，而是指个体性的良知。第三，在"政治自由"层面，我想着力集中解决两个问题，这其实也是现代政治的核心问题。一个问题是，以儒学话语为个体自由权利提供一种合理性说明，这实质就是要建构现代的形下主体性。黄玉顺老师曾指出，现代形下学的主体性建构，最核心的一个问题就是现代性的国民人格的建构。"自由儒学"对政治自由权利的合理性论证，其实正是在做一种国民人格的建构工作。另一个问题是，关于我们如何超越现代民族国家的问题。当前西方自由主义在民族国家背景下暴露出一些问题，值得我们反思。其中，他们大都将个体视为孤立的个体，即将个体性理解为孤立性，而孤立性很容易成为现代极权主义、民粹主义的温床。难道个体性就等于孤立性吗？我认为不能这么理解。个体性意味着自我的独立，但不一定是孤立。在儒家看来，个体之间依然体现为一种仁爱的共同体。所以，我们可以从儒家立场提出另一种超越民族国家的方案。

第四编　自由儒学的内涵探索

中国自由观念的民族性与时代性

——关于"自由儒学"理论建构的准备性思考*

自近代至今,中国思想界一直存在着这样的争论,即当代中国究竟该接纳西方的自由观念,还是继承中国的自由观念。这种选择"西方"还是"中国"的纠结似乎表明,只要处理好中西之别就可以彻底解决中国的自由问题。殊不知,争论双方错将现代等同于西方,传统等同于中国,进而以中西之别掩盖了古今之变。于是,我们看到一方是以发展中国现代化为名,企图与传统决裂,依靠移植西方自由来发展中国的现代自由;另一方则以拒绝西方为名,拒绝中国发展现代自由,主张复活前现代的价值。

事实上,中西之别与古今之变乃是两个不同维度的问题:中西之别属于民族性的问题,古今之变则属于时代性的问题。如若将二者混为一谈,又如何能恰当地理解中国的自由观念呢?为此,我们有必要对中国自由观念的民族性与时代性做一番澄清。

一、理解中国自由观念的基本维度:时代性和民族性

诚然,自由作为古今中外人类共同追求的价值是超越时代与民族的。但这种超越并不是空洞、抽象的超越,而总是真实呈现在具体的社会历史发展过程中。这是因为任何自由总是属于某个具体民族和某个具体时代,而绝不会是任何民族或任何时代之外的自由。所以,我们对自由的言说也无法摆脱身处其中的民族和时代,就如同我们无法跳出自己的皮肤一样。也正是因为这样,各民族对自由的理解与领悟不尽相同,于是形成了中国

---

* 原载孙聚友主编:《国际儒学论丛》第 3 期,第 29—41 页。山东省教育厅 2015 年项目"现代新儒家代表人物自由观研究"(项目号:J15WA30)成果。

与西方不同的自由观念；同时各时代对自由的理解也总是带有鲜明的时代特质，形成了前现代与现代不同的自由观念。在这个意义上，自由是非超越性的，因此，自由观念也都有其民族性和时代性。

当然，自由的非超越性并不妨碍其超越性。因为每个民族、每个时代的自由观念虽各不相同，但都是试图对具有普遍意义的自由问题做出解答，同时自由的超越性也只有通过民族性与时代性才能被"召唤"出来，才能在各民族、各时代的生活中以不同的形态"现身"。据此而言，时代性与民族性恰恰是我们解读一切自由观念的两个基本维度。

自然地，理解中国的自由观念也离不开这两个维度。要知道，所谓"中国"本身就是一个兼具民族性和时代性的概念。一方面，"中国"作为一个民族性概念（当然不是人种学意义，或地域意义上的民族性，而是文化意义上的民族性），代表着中国人在追求自由的过程中所形成的，不同于西方的特有的对自由问题的观念形态和言说方式。另一方面，"中国"又是一个承载着历史变迁的时代性概念，呈现为从前现代的王权时代、皇权时代，到现代的民权时代的历史变迁，故而，中国不同时期的自由观念具有不同的时代特质。

在此，笔者首先要从民族性和时代性维度上对中国自由观念的特质做一番澄清，进而探究其民族性与时代性是如何可能的，以期找到恰当理解中国自由观念的思想途径。

二、中国自由观念的民族性

鲍桑葵曾说哲学"如果失掉了它的民族性格就会失掉它的某些本质"[①]，具体到自由观念也是如此。我们说中国自由观念之所以是中国的，而非西方的，就在于中国人对自由问题具有与西方不同的发问方式、论说系统和解决思路、言说方式。在此，为了更突显中国自由观念的民族性，

---

① 转引自贺麟：《现代西方哲学讲演集》，上海：上海人民出版社，1984 年，第 370 页。

笔者对照着西方自由观念的民族性来论述。①

虽然我们不能对中西思想传统中的自由观念笼统地一概而论，但无法否认的是，中西自由观念确实呈现出各自一以贯之的民族特质。总体说来，西方具有鲜明的理性自由特质，而中国一直体现出德性自由的特质。

众所周知，在西方古希腊哲学时期就体现出以求真向善为自由的思想，柏拉图就是这一思想的首要奠定者。他以"善"为最高理念并认为"善"必须通过洞见真理方能获得。据此，他对自由做了这样的定义："人之本性追求善，只有当人能够追求并终于达到善时，人才是自由的。"② 照此说法，自由显然是存在于人们对真理的认识中。继柏拉图之后，亚里士多德努力以抽象的概念和逻辑接近真理，让这种以求真为自由的观念进一步突显出来。从此也确立了西方自由观念的理性主义基调。

近代以来，西方的理性自由得到了最为充分的体现。笛卡尔就将"自由观念重新被建立在理性主体的认知功能和求善本性之上，柏拉图主义的求善原则和自主性自由观得到了长足的发展"③。康德虽然提出不同于纯粹理性的实践理性（自由意志），但自由意志"作为普遍立法意志的每个有理性的存在者的意志"④，归根到底还是一个理性公设，所以他才说："善良意志只有为有理性的东西所独具。"⑤ 而黑格尔通过"绝对精神"的辩证展开将理性自由推至巅峰。当然，现代西方哲学中的唯意志主义可以说是理性自由的一个反动，但应当看到，西方的"非理性主义是寄托在理性主义身上的，是理性主义自身的一个环节，虽然是最高的环节，但它实

---

① 笔者认为，一切自由观念都源于存在本身，也即生活本身，而生活本身并无分别相，且衍流不止。在这个意义上，根本不存在现成的中国自由观念和西方自由观念，因此中西对照比较的方法并不合适。但同时在中西不同的生活境域中，自由观念的现身样态确实不同，故为了言说的方便起见，姑且借用。
② 转引自谢文郁：《自由与生存：西方思想史上的自由观追踪》，上海：上海人民出版社，2007年，导言，第9页。
③ 谢文郁：《自由与生存：西方思想史上的自由观追踪》，代序，第10页。
④ 康德：《道德形而上学原理》，苗力田译，上海：上海人民出版社，2012年，第49页。
⑤ 康德：《道德形而上学原理》，苗力田译，第9页。

现的仍然是理性预定的目的，即把握绝对的真理"①。即便在神学盛行的中世纪，经院哲学对上帝的论证和言说也依然是以抽象概念和确定性逻辑推导展开的，同样保存着理性自由的基因，最典型的就是托马斯·阿奎那对上帝存在的论证正是依靠亚里士多德的逻辑学才得以完成的。当代西方盛行的分析哲学、现象学运动虽然反对传统理性主义的哲学，却依然是一种理性主义的言说，例如我们无论如何也无法否定逻辑实证主义和胡塞尔的先验现象学所具有理性的内核，这实际上是以一种拒斥和解构的方式延续着理性自由的传统。

这种由理性确证的最高自由作为政治自由的根本依据，为西方自由主义的兴起奠定了哲学基础。可以说，现代西方的自由人权、民主平等政治自由的内容实质都是这种理性自由的具体展开。当代西方最具代表性的政治哲学理论——罗尔斯的"正义论"就是一个理论典型。

相较之下，以儒道释为主流的中国自由观念却少有理性自由的特质。儒家虽然不否认理性的价值，但始终未把它置于根本地位。宋儒张载就明确指出："见闻之知，乃物交而知，非德性所知；德性所知，不萌于见闻。"② 其中"见闻之知"就是感官经验的理性认知，张载认为它偏狭而有限，只是"小知"，而唯有"德性之知"才是"大知"。另外，佛家主张"去执"；道家强调"为学日益，为道日损"，主张"绝圣弃智"则认为理性认知不但得不到自由，而且根本是一种自我束缚。可以说，儒道释三家都不主张通过理性获得自由，也不认同理性自由的根本价值。

中国的自由观念更多体现为一种德性自由，这源于中国人对"德"的重视。虽然儒道释三家所言之"德"不尽相同，但在三家合流的过程中，对于"德"的理解也逐步融通合一。我们知道，儒家之"德"是仁爱之德，如孔子就以"仁"为总德，孟子在"性善论"中延伸性提出仁、义、礼、智"四德"；道家之"德"是真、朴的自然之德，即老子所说：

---

① 邓晓芒：《西方哲学史中的理性主义和非理性主义》，《现代哲学》2011 年第 3 期。
② 张载撰，王夫之注：《张子正蒙》，上海：上海古籍出版社，2000 年，第 144 页。

"含德之厚，比于赤子。"随着儒道合流发展，"德"已成为至仁至真的统一体，这在魏晋玄学中就有突出的体现。佛教也通过与儒道的融通，实现了佛教之"德"与儒道之"德"的合一，特别是禅宗所讲的心性本觉，佛性本有，就是通过发挥先验心性的领悟作用而成佛，而成佛也就实现了"德"的圆融。借鉴佛老思想而形成的宋明新儒学所体现的"德"正是儒道释三家之"德"融通的成果。如张载的《西铭》提倡"民吾同胞，物吾与也"①，王阳明在《大学问》中主张"视天下犹一家，中国犹一人"②，这些与其说是儒家仁爱之德的展现，不如说是儒道释三家之"德"的共同内核的凝聚。

由于"德"的本义与作为动词的"得"相通，所谓"德者，得也"③。因此，所谓"德性"首先是一种得其本性的实践过程，然而本性之得与不得全在于自己，所以说"德性"本身就是一种自由。我们看到，佛禅讲"自性迷，佛即是众生；自性悟，众生即是佛"④。自己执迷不悟，就是凡夫；而自己幡然醒悟，即立地成佛。至于到底能否得到佛性，是众生还是成佛，根本无关他人而全在于"自性"。在儒家，孔子讲"为仁由己，岂由人乎哉？"⑤孟子明言"四德"（即仁义礼智）是"求则得之，舍则失之"⑥。显然，求舍、得失全在自己，而非由他人主宰。这都表明，"德性"乃是主体的自主自觉，如荀子所说："出令而无所受令；自禁也，自使也；自夺也，自取也，自行也，自止也。"⑦总之，这种主动自觉的"得"、"能"行动，在确证主体的同时也让自由得以直观。所以，在中国的思想传统中，德性的呈现就是主体的自由，德性自由也就是中国人所追求的最高的自由。

---

① 张载著，章锡琛点校：《张载集》，北京：中华书局，1978年，第62页。
② 《王阳明全集》，吴光等编校，第968页。
③ 《论语·为政》"为政以德"邢昺疏，见《十三经注疏·论语注疏》，阮元校刻，第2461页。
④ 王孺童编校：《〈坛经〉诸本集成》，北京：宗教文化出版社，2014年，第126页。
⑤ 《论语·颜渊》。
⑥ 《孟子·尽心上》。
⑦ 《荀子·解蔽》。

不仅如此，德性自由还是一切具体自由的根本依据。例如儒家特别讲求自觉的道德践履，这种道德自由之所以可能，根本在于人是德性的存在者。人作为主体不仅在现实生活中践履具体的"德行"，而且具有"人同此心，心同此理"的"德性"，也就是本体论上的普遍主体性。"德性"作为形上的绝对主体性乃是现实的制定社会政治制度、伦理规范（"德目"）和言行（"德行"）的本体依据，它为形下自由的实现奠定了形上学的基础。这一传统也被近现代儒学所继承，维新儒学"照着"传统德性自由观念来讲，为现代政治自由正名；现代新儒学则"接着"传统德性自由观念讲，通过建构现代形态的德性形上学（如牟宗三的"道德的形而上学"）为现代政治自由提供本体依据。

当然，中西自由观念虽具有不同的民族性，但这并不意味着二者彼此隔绝，相互排斥。恰恰相反，不同的民族性总是在相互借鉴、融通才能得到保持和发展。一方面，我们已经看到当今西方的理性自由观念不仅面临着难以克服的理论困境，而且面对由其导致的现代社会弊病也无能为力。所以，一些西方学者，如狄百瑞（William Theodore de Bary）、安乐哲（Roger T. Ames）、安靖如（Stephen C. Angle）等开始积极从中国汲取思想资源，补充发展西方自由。另一方面，我们意识到由于西方率先为现代自由的合理性提供了相应的理论支撑，这同样值得我们借鉴。近代以来的中国思想家已经开始借鉴西方自由理论重新阐释传统的德性自由，也正是发展德性自由的一种努力。

三、中国自由观念的时代性

中国自由观念的时代性是要考察中国自由观念在不同的历史阶段所具有的不同时代特质。为此，我们首先需要对中国历史的分期问题做一个简单说明。毋庸置疑，现实的自由总是某种主体的自由，因为唯有主体才享有自由，而非主体无自由。所以，有什么样的主体就有什么样的自由，而社会主体的转变，也就意味着自由观念也发生相应的转变。这就是说，自由的时代性与主体的时代性是一致的。所以我们有必要从主体转变的角度概括中国历史发展的不同阶段，以便更明晰地呈现自由的时代性。

有鉴于传统历史分期理论的局限性①，笔者参考了黄玉顺教授的观点，即将中国历史发展分为："王权列国时代（夏商西周）→ 第一次社会大转型（春秋战国）→ 皇权帝国时代（自秦至清）→ 第二次社会大转型（近现当代）→ 民权国族时代。"②对此，他曾以表格方式对各时代的社会特质做了提纲挈领的描绘（见表5）：

表5　中国历史各时代的社会特质

特征	王权列国时代	皇权帝国时代	民权国族时代
社会形态	宗族社会	家族社会	国民社会
生活方式	宗族生活	家族生活	市民生活
所有制	土地公有制	土地私有制	混合所有制
家庭形态	宗族家庭	家族家庭	核心家庭
社会主体	宗族	家族	个体
政治体制	王权政治	皇权政治	民权政治
主权者	王族	皇族	公民
治理方式	贵族共和	宰辅制度	代议制度
国际秩序	王国—列国封建体系	帝国—藩国朝贡体系	国族—国族交往体系
核心价值观	宗族宗法观念	家族宗法观念	人权观念

笔者认为，这种历史分期突显了社会主体转变与整个社会（包括社会制度安排、价值观念等）历史转型之间的联动关系，所以更有助于我们把握中国自由观念的时代性特质及其历史演变的整体脉络。

据此，我们可以对中国自由观念的历时形态做这样的归纳：王权时代的宗族自由观念、皇权时代的家族自由观念和民权时代的个体自由观

---

① 对于中国社会发展的历史分期问题，传统的观点是：依次经历原始社会、奴隶社会、封建社会、资本主义社会、社会主义社会，呈现由低级到高级、由简单到复杂的历史演进过程，这种理论虽具有相当普遍的适用性，但没有突显社会主体的历史变迁。
② 黄玉顺：《国民政治儒学——儒家政治哲学的现代转型》，《东岳论丛》2015年第11期。

念。通过这三种不同的自由观念的解读，我们便可以概括呈现中国自由观念的时代性特质和历史演变脉络，说明中国自由观念是一个历时演变、与时俱进的观念。

（一）王权时代自由观念的特质：宗族自由

中国的王权时代是前轴心时期的春秋战国乃至西周之前的时代。这一时期以宗族（clan family）为核心来安排社会生活，其根本价值目标是为了实现宗族利益，虽然也存在个体性行为，但一切个体行为都是为了宗族价值的实现。也就是说，宗族群体乃是王权时代宗族社会生活方式下所认同的价值主体。所谓宗族，乃是按父系血缘结成的大家庭，即所谓"父之党为宗族"①。宗族社会就是依靠血亲纽带形成"家—国—天下"同构的宗法等级社会，其中最大的宗族就是以天子为代表的王族。据此而言，为了"天下"的行为也就是为"王族"的行为，反之亦然。所以王族拥有最大的权利和权力，也就是最大自由的享有者，其他的大宗、小宗则按其不同等级而不同程度地享有自由。需要声明的是，享有自由的主体是王族和各宗族，而非天子、诸侯王等任何个体，也就是说，王权时代自由观念的根本时代特质是体现为一种群体性的宗族自由。

在前轴心期的西方自由观念中也体现着类似的时代特质，《荷马史诗》所描述宗教仪式就能反映出宗族社会生活中的自由观念。例如以人做牺牲的祭祀活动实际是一种祈求保障宗族利益的行为，而这其中根本没有考虑作为祭品之人的个体自由权利问题，所体现的同样是一种宗族的自由观念。当然，此时自由观念尚未哲学化，更多是依靠原始的神学观念来维护宗族自由的合法性。

（二）皇权时代自由观念的特质：家族自由

春秋战国时代，中国进入轴心时期，社会发生了第一次大转型，即

---

① 《尔雅·释亲》。

由以宗族为社会主体的王权时代向以家族为社会主体的皇权时代过渡。此时家—国同构的社会模式已经解体，代之而起的是大夫之"家"，例如"三家分晋"所指的"三家"即是此类，虽然社会秩序仍以宗法维系，但各"家"之间已不存在血亲关系。秦汉以降，"封建废而大宗之法不行，则小宗亦无据依而起，于是宗子遂易为族长"[①]，族长所管理的不再是宗族，而是家族。由此家族生活方式得到确立，相应地以家族为核心安排社会生活，以保障家族利益为目的进行制度建构。家族随之成为新的社会主体，享有社会权利并掌握政治权力，也即成为自由的享有者。皇族作为最大的家族自然享有最大程度的自由，而各级士大夫家族按其等级享有不同程度的自由。与宗族自由相似的是，家族自由也非皇帝或士大夫个人的自由，而是皇族和各级家族全体的自由。这是因为在皇权时代完全以家族群体价值为评判个体的根本价值标准，个体则是实现家族利益的工具性存在。

当然，皇权时代的士大夫并不是一味地顺从皇族，而是体现出某种独立的自由精神，特别是孟子所彰显的"说大人，则藐之"[②]的品格，"闻诛一夫纣矣，未闻弑君"[③]的革命精神，这确实体现出"从道不从君"的独立自主性，但他所从之"道"并未脱离宗法家族的伦理网罗，依然是以家族利益为指向的。也就是说，"大丈夫"所代表的价值主体并不是一个个体，而是一个家族。因此，"大丈夫"的独立精神实质还是家族自由，而与现代自由观念有着根本不同，这也是皇权时代自由观念的时代特质。应当承认，在传统的家族生活方式下，家族自由有其适宜性和正当性，但随生活方式的变迁，这种自由已不适用于现代社会。

几乎与中国同时，西方社会也在逐步向皇权时代过渡，因此当时西方的自由观念也体现出明显的家族自由的特质。以往曾有人认为希腊的民主城邦制就已经体现出现代性的个体观念（individual idea），相应地具有个体自由观念。但事实上，个体自由观念是在西方现代性的生活方式中才

---

① 刘大櫆：《刘大櫆集》，上海：上海古籍出版社，1990年，第312页。
② 《孟子·尽心下》。
③ 《孟子·梁惠王下》。

确立起来的价值观念，在近代以前的西方社会同样以家族为社会主体，个体并没有独立价值，家族自由同样是西方皇权时代自由观念的特质。法国思想家贡斯当所著《古代人的自由与现代人的自由》一书就分析指出雅典城邦享有自由权利的公民，仅仅是指土生土长的成年男性公民，其权利的多少也是按照公民财产的多少来决定的；而且他们也不代表自己，而是代表整个家庭。另外，在柏拉图的《理想国》和亚里士多德的《政治学》等著作中也体现着这种"古代人的自由"。所以孔多塞直言："古代人没有个人自由的概念。"①

随着轴心时期哲学的发端，皇权时代的思想家们还通过形上学的建构为家族自由的合理性提供了根据。例如，汉儒董仲舒不仅提出以"三纲五常"为原则的制度建构来维护家族自由，而且还以意志之"天"为根本之"道"作为家族自由合理性的最终来源，所谓"惟天子受命于天，天下受命于天子"②，据此"屈民而伸君"③保障皇族自由才符合"天道"。宋明新儒学则将家族伦理观念抽象为形上的"天理"，通过建构"天理一性命"贯通为一的哲学体系强化论证了家族至上的合理性，并提出以"工夫"通达"本体"的学说，倡导通过个体自觉的克己复礼维护家族利益。与此相似，古罗马帝国也是以"君权神授"作为皇族享有自由的合理性依据，而且发展到中世纪，神学的解释对于君权合理性的根本意义以更加强势的方式体现出来。显然，不论是神性的"上帝""天"，还是哲学性的"天理"，都不过是家族主体的一种抽象化，其根本目的都是为家族（群体）自由合理性而辩护。

（三）民权时代自由观念的特质：个体自由

在中华帝国后期，社会生活再度发生了转变，自明清市民生活兴起

---

① 转引自邦雅曼·贡斯当：《古代人的自由与现代人的自由》，阎克文、刘满贵译，北京：商务印书馆，1999年，第27—28页。
② 苏舆撰，钟哲点校：《春秋繁露义证》，第319页。
③ 苏舆撰，钟哲点校：《春秋繁露义证》，第32页。

之后，传统的家族生活方式便逐步走向解体，但清朝的统治延迟了这一历史进程，因此，直到晚清时期中国社会才全面进入第二次大转型，即由前现代的皇权时代迈向现代的民权时代。我们知道西方通过文艺复兴、启蒙运动而进入民权时代，并顺利建构现代社会，完成了现代转型，而中国的这次社会转型则由近代一直延续到当代，至今尚未完成。尽管如此，现代性的生活方式已逐步在中国扎根，因此，发展现代民权社会是一个不可逆转的且正在发生着的事实。

现代性生活方式是以核心家庭（nuclear family）取代了前现代的家族，而核心家庭与传统家族的根本不同就在于，它是以独立个体为基础而组建的家庭模式，其最直接的体现就是对于社会权利的分配是以个体为单位而非家庭。这就表明现代性生活的实质是个体性生活，传统的宗法尊卑等级制度要被平等人权所代替，享有权利和拥有权力的主体不再是宗族或家族，而是公民个体。也就是说，民权时代是以实现个体利益为根本目的而安排社会生活，因此个体成为社会主体，也就是现代自由的拥有者。这一点从严复以"群己权界论"来翻译密尔的 *On Liberty* 就可以看出近代以来的中国人开始将自由理解为个体权利与公共权力的划界问题。可以说，个体自由正是民权时代自由观念的根本特质。由此也可以说明以个体自由为基本立场的自由主义成为现代西方社会的主流思想既非偶然，也不个别。

随着个体自由意识的突显，自由问题也成为民权时代的一个标志性课题被思想家们所关注。虽然中国的自由理论还没有现代西方那样丰富，但自明清以来中国的自由观念已经萌发了现代性转向。蔡元培就曾特别指出："梨洲、东原、理初诸家，则已渐脱有宋以来理学之羁绊，是殆为自由之先声。"[①] 近代以来，发展个体自由不仅仅是中国自由主义思想家的观点，也是文化保守主义者的主张，维新儒家的论著言说中都明确阐释了个体自由的观念，例如康有为所著的《大同书》就是以个体自由为大同理想的基础，他说："所求自由者，非放肆乱行也，求人身之自由。则免为奴

[①] 蔡元培：《中国伦理学史》，北京：东方出版社，1996年，第120页。

役耳，免不法之刑罚，拘囚搜检耳。""近者自由之义，实为太平之基。"①梁启超特撰《新民说》指出："自由者，天下之公理，人生之要具无往而无不适用也。"② 这就是通过培养个体自由意识来"新民"。现代新儒家通过吸纳西方自由主义理论，基于儒家立场发展自由民主。如徐复观认为："'自由'乃人之所以区别于其他动物的唯一标识"③，主张创建自由社会；牟宗三提出发展健康的自由主义；张君劢设计了"第三种民主"，并起草了以主权在民为宗旨的"四六宪法"。中国思想各派对个体自由的认同已经表明中国自由观念具有了鲜明的现代性特质。

事实上，这一时代特质更深刻地体现在个体自由的本体依据中。我们知道，在西方，马丁·路德发起的宗教改革就通过"因信称义"的思想以个体的"良心"取代了外在的"上帝"，之后西方启蒙思想家通过理性形上学的建构将个体确立为绝对自由的享有者，由此为个体自由奠基。而中国也有着相似的哲学转向，王阳明将程朱的"天理"收摄为内心的"良知"就迈出了向个体自由转化的第一步，近代各派思想家也做了进一步的理论努力，其中最成熟的理论就是现代新儒家建构的"道德形上学"，例如牟宗三以自我"良知""坎陷"出民主与科学就是一个典型，虽然其中存在着理论弊病，但其理论指向却很明确地要为民权时代的自由奠基。

行文至此，可以看出中国自由观念并非一成不变的概念，而是随社会生活方式的变迁经历了由前现代的宗族自由、家族自由向现代个体自由的转变，呈现为一个历时发展的过程，所以，局限在前现代的观念中理解中国的自由观念并不合理。同时，我们也发现西方自由观念也经历了由前现代到现代的发展过程，这表明中西自由观念的发展具有历史的同步性，因此，个体自由作为现代性的自由观念，不仅仅属于西方，也属于中国。所以，以拒绝西方自由为理由否定中国发展现代自由的合理性，根本是不

---

① 康有为：《大同书》，第 161 页。
② 梁启超：《梁启超全集》第二册，北京：北京出版社，1999 年，第 675 页。
③ 徐复观：《中国自由社会的创发》，见徐复观：《中国思想史论集续篇》，台北：台湾时报文化出版事业有限公司，1982 年，第 397—402 页。

理解中国自由观念的时代性。

四、民族性与时代性的本源交汇：当下生活

以上笔者虽然对中国自由观念的民族性与时代性的内容做了大致的澄清，但尚不是一种透彻的思考，我们还需进一步追问这种民族性和时代性是如何可能的。不过，如果我们仅仅将民族性与时代性理解为史学意义上的时空坐标，那就将无法回答这一更加原初性的问题。为此，我们需要深入到本源层面上，揭示这种时代性与民族性的本源意义。

既然民族性表明中国自由观念并不同于西方，而是保持着自身独特的表达方式，那就意味着中国自由观念总是立足于"此地"；而时代性表明中国自由观念并非一成不变而总是与其所处的时代相适应，也就意味着中国自由观念总是基于"此时"的。但我们尚需意识到，这种"此时"与"此地"的交汇在原初意义上绝非一个"定格"的客观对象化的"坐标"，而是中国自由观念当下现身的"场域"。所谓"场域"作为一种自行敞开的境域，其实就是我们身处其中，却又浑然不觉的生活本身。所以，民族性与时代性的交汇在本源意义上就是指"此时""此地"的生活。注意，这里所说的"生活"并不是经验对象化的生活，而是前对象化的"存—在"本身、"生—活"本身，对此我们不能用任何现成的概念进行对象性的说明。在这个意义上，尚无所谓民族性与时代性，而作为时空坐标存在的民族性与时代性，则是对当下生活进行史学性考察而做出的对象化解释。据此而言，正是当下生活使民族性与时代性成为可能，因此，理解当下生活也就是我们理解中国自由观念的时代性与民族性的先决条件。

由于生活本身并不是一种现成在手的"什么东西"，而是生生不息、衍流不止的"在"本身，于是就原初地决定了自由观念的民族性与时代性是始终开放的、不断敞显新内容的，而不是某种概念化、凝固化的"特质"。这意味着以任何预设的"民族性"和定格的"时代性"来裁剪和限定我们对自由问题的思考都是不恰当的，而唯有在敞开的、不断发展的生活中呈现出的民族性与时代性才是中国自由观念本真的特质。

基于此，我们也就获得对中国自由观念的恰当理解。一方面，西方现代性的自由观念乃是基于西方民族国家生活的具体情境而产生的，即便同是西方文化传统的欧美各国也不尽相同，所以任何企图移植西方现代自由观念来充任中国的现代自由观念的做法既是没有必要的，也是绝无可能的。另一方面，中国传统的自由观念（宗族／家族自由观念）在前现代的生活方式下有其正当适宜性，但在现代性生活方式下则不再合乎时宜，而与现代生活相适应的个体自由观念在当代具有必然性和合理性。

此外，由于生活的衍流变化，中国自由观念不仅呈现出由前现代到现代的历史演变，而且还在续写着由现代向后现代发展的可能，继续丰富着自身的民族特质。这意味着当前自由观念所呈现的时代性与民族性也成为有待超越的内容。事实上，当前后现代主义者对现代自由的批判以及超越民族国家的思想趋势，都表明现代民族国家时代乃是一个需要被超越，甚至正在被超越的时代。特别是哈贝马斯等当代思想家已经明确提出"超越民族国家""主权终结论"的思想，这就提醒我们对个体自由的思考也势必要超越民族国家的局限性。这一切同样有着生活的渊源，当下生活既让个体自由的弊端充分暴露出来，也为我们克服这些弊端提供了土壤。所以说，生活本身还在孕育着中国自由观念更丰富的民族性和新的时代性。

由此，我们不仅要对自由观念进行对象化的解释，更要意识到关于自由问题的所有言说和表达皆有其当下生活的渊源，离开生活的土壤，即使枝叶、根系俱在也无法盛开自由之花，这不论对现实实践，还是对理论建构，都是如此。因此，我们在对古今中西的自由观念做出肯定或否定的评判之前，必须首先聆听当下的生活本身的"呼声""召唤"，进而才能对既有的观念和理论做出反思和评判，才能根植"此地"以中国的话语来表达中国人"此时"对自由的诉求。

"自由儒学"导论
——面对自由问题本身的儒家哲学建构*

如何面对现代自由是当代儒学无法回避的一项思想课题,为此笔者尝试提出"自由儒学"的理论探索,也即面向现代自由问题展开一种儒家哲学的创建,其总体的思想路径是对西方自由理论进行批判地借鉴,同时对传统儒学理论进行批判地继承,以保持儒家的话语特质,其意在于克服传统儒学与现代自由之间的紧张,同时避免西方自由主义的弊端,为发展现代自由开辟更稳健的道路。因此,"自由儒学"既不是以西说中或以中说西,也不是以古说今或以今说古,而是要面对自由问题本身——"自由何以可能"的问题展开思考,通过厘清"自由"概念的儒家话语,追溯自由的存在本源(本源自由),由此重建儒家超越性的形上自由(良知自由),进而建构起儒家现代性的形下自由(政治自由)。也就是说,"自由儒学"是要在一种崭新的地基上,也即在当下生活(本源自由)的基础上建构儒家的现代自由理论。

一、汉语及儒家话语中的"自由"概念

首先我们要明确汉语及儒家话语中"自由"的基本含义。现代汉语中,"自由"作为一个概念性名词,是由日语回归汉字的借词,日语平假名为じゆう,读音 jiyuu,以此与西语的"liberty"(或"freedom")对译。对此,在清末就有学者指出:"'里勃而特'(音译,指 liberty。——引者注)译为自由者,自日本始。"[①] 此外,当代汉学家马西尼(Frederico

---

* 原载《孔子研究》2018 年第 1 期。
① 《新政真诠——何启、胡礼垣集》,郑大华点校,沈阳:辽宁人民出版社,1994 年,第 415 页。

Masini）所著的《现代汉语词汇的形成：十九世纪汉语外来词研究》、周振鹤等著的《方言与中国文化》以及刘正埮等主编的《汉语外来词词典》等著作中也都指出"自由"是日本人借用古汉语词汇去"意译"西语的回归词。事实上，日本学者当初之所以用"自由"而非其他汉语词汇来翻译西语的"liberty"（或"freedom"），就已然表明二者在语义上存在着某种对应性，否则这种译法也不可能被人们普遍接受。这也就是说，汉语"自由"一词的基本语义必然蕴含着古今中西"自由"概念的一般性内容。而属于汉语文化圈的儒学，其"自由"概念自然是以汉语"自由"一词的基本语义为前提的，所以，在此我们可以通过汉语"自由"一词的语义来窥探儒家话语中的"自由"概念。

汉语"自由"一词始见于汉代的史书和典籍中，起初只是"自""由"两个单音节字的连用，而后渐渐作为一个复合词流行开来。我们先分别考察一下"自""由"二字的本义。

"自"字释义。见《说文解字·自部》："自，鼻也。象鼻形。"可见，"自"本义指鼻子。生活中，由于人们在说自己的时候，往往用手反指着自己的鼻子，借以强调自我，所以"自"就假借用作第一人称代词，指称自己，即如《集韵·至韵》的解释："自，己也。"《荀子·君子》也指出："自，犹己也。"总之，"自"就是指代个体、自我。

"由"字释义。"由"字最早见于甲骨文，字形为🖐，表示一滴油正流入器皿中，体现为衍行之貌。许慎撰《说文解字》并没有收集"由"字，但在清人朱骏声所著的《说文通训定声·孚部》指出："由叚借为迪。"① 关于"迪"字，《说文解字·辵部》解释为："迪，道也。从辵，由声。"其中"辵"与"辶"均有行走之意，"迪"字则表示道或道路。据此推知，"由"字的引申意为行走、蹈行，故《广雅·释诂一》有载："由，行也。"其实，这种用法在古代典籍中非常常见。略举二三例如下：

---

① 朱骏声：《说文通训定声·孚部》，清道光二十八年刻本，第452页。

观其所由。朱熹集注:"由,行也。谓所以行其所为者也。"①

舍正路而不由。朱熹集注:"由,行也。"②

是故隆礼由礼,谓之有方之士,不隆礼,不由礼,谓之无方之民。孔颖达疏:"由,行也。"③

撇开具体的使用语境,仅根据"自""由"二字的字义所合成的语义来看,"自由"一词的本义就是"由自""由己",指自己行走开道,表达的是个体性的践履和自我的创生行为,由此突显出的是行与不行以及如何行都取决于自己。那么,如何才是"取决于自己"?结合相关语句,可以总结为两个方面:一是摆脱束缚,二是自作主宰。

"自由"用作摆脱束缚。试举一例:

吾闻之也,有官守者,不得其职则去;有言责者,不得其言则去。我无官守,我无言责也,则吾进退,岂不绰绰然有余裕哉!④

赵岐注:官守,居官守职者,言责,献言之责,谏诤之官也。孟子言人臣居官,不得守其职,谏正君不见纳者,皆当致仕而去。今我居师宾之位,进退自由,岂不绰绰乎!绰、裕,皆宽也。⑤

这里孟子说自己虽然居于"师宾之位",却没有为官者职守的束缚,也没有谏言者的责任,全然处于"不在其位,不谋其政"⑥的状态,所以,赵岐对此注为"进退自由"。此处的"自由"表达的正是一种摆脱束缚、不受制于人的状态。

---

① 朱熹:《四书章句集注·论语集注》,北京:中华书局,1983年,第56页。
② 朱熹:《四书章句集注·孟子集注》,第281页。
③ 《礼记·经解》。
④ 《孟子·公孙丑下》。
⑤ 《孟子章句·公孙丑下》。
⑥ 《论语·泰伯》。

"自由"用作自作主宰。试举两例：

> 尔日不知何人逼使上车，仍将去，制不自由。①
> 方今权宦群居，同恶如市，主上不自由，诏命出左右。②

第一则是鄱阳王宝夤因受到挟制而身不由己，于是用"不自由"表示他无法自作主宰。第二则是讲由于宦官当权、奴大欺主，皇帝想要行使权力也无法由自己做主。

从"自由"一词本义而言，摆脱束缚与自作主宰并没有什么价值色彩，即如严复所说："自由"的"初义但云不为外物拘牵而已，无胜义亦无劣义也"③。但在古往今来的大多数语境中，人们对"自由"一词的使用却总是带有鲜明的价值立场。

其中，在现代语境中，"自由"一词作为表达自由观念的核心词语得到了积极肯定的运用。这种用法始见于1868年在华盛顿签署的《中美条约》附录，而后出现黄遵宪所著的《日本国志》一书④中。但真正使"自由"成为一个名词概念并得到广泛肯定的运用的，还是通过近代儒者严复翻译英国思想家密尔的著作 *On Liberty*（今中译名《论自由》）而实现的，这也是首次以儒家话语对"自由"一词做的概念性阐释。

严复将"On Liberty"意译为"群己权界"，就已经直接挑明了现代自由的核心问题，也即处理个体权利与公共权力的关系问题。他在"自序"中写道：

---

① 萧子显：《南齐书》，见许嘉璐主编：《二十四史全译》，上海：汉语大词典出版社，2004年，第658页。
② 陈寿撰，裴松之注：《三国志·魏志》卷十，北京：中华书局，1965年，第326页。
③ 严复：《群己权界论·译凡例》，见王栻主编：《严复集》第一册《诗文》上，北京：中华书局，1986年，第132页。
④ 参见黄遵宪：《日本国》，转引自马西尼：《现代汉语词汇的形成：十九世纪汉语外来词研究》，黄河清译，上海：汉语大词典出版社，1997年，第272页。

十稔之间，吾国考西政者日益众，于是自繇之说，常闻于士大夫。顾竺旧者既惊怖其言，目为洪水猛兽之邪说。喜新者又恣肆泛滥，荡然不得其义之所归。……学者必明乎己与群之权界，而后自繇之说乃可用耳。①

对于"己与群"这一最基本的社会关系，严复指出："必为我自由，而后有以厚生进化；必兼爱克己，而后有所和群利安。"②这就是在肯定个体与群体互利互爱的前提下，首先强调唯有个体享有自由权利，才有利于社会的发展，其实正是对"自由"本义的肯定。不过，为了强调合理的个体权利与自私的恣意妄为之间的根本不同，严复有意写为"自繇"而非"自由"以示区别。他说："自繇之义，始不过自主而无窒碍者，乃今为放肆、为淫佚、为不法、为无礼"，这些劣义"自是后起附属之诂，与初义无涉"③，所以"今此译遇自繇字，皆作自繇，不作自由者，非以为古也"④。

之所以如此，乃是因为"自由"的本义有悖于传统的伦理价值观念。在传统语境中，"自由"一词只有在表示超脱现实人伦生活之外的自在、自然的情况下，才是一个褒义词或者中性词，而在更多的时候，"自由"都是作为一个贬义词使用，指称个体与家族伦理观念，或与家族等级制度相冲突的言行，其词意大致与恣意妄为、放纵任性相当。也正是因为如此，我们看到传统儒家所追求的价值理想，即便具有某种自由的意味，通常也不用"自由"一词来表达。例如宋明儒者将自己追求的价值理想称为"孔颜乐处"，为此他们做了两方面的努力：一方面，是将家族伦理观念抽象为至上本体——天理良知，作为个体言行的最高价值标准；另一方面，提出"穷理尽性"的个体修身工夫作为通达天理良知的途径。如此一来，个体言行似乎既是出于自身的主动意愿，而不存在外在的强制和束

---

① 王栻主编：《严复集》第一册《诗文》上，第131—132页。
② 王栻主编：《严复集》第一册《诗文》上，第51页。
③ 王栻主编：《严复集》第一册《诗文》上，第133、132页。
④ 王栻主编：《严复集》第一册《诗文》上，第133页。

缚，同时又合乎家族伦理的价值和规范，故而"乐"在其中。这也就是所谓"从心所欲不逾矩"①的自由。然而，现实地看，这不过是通过不断地"克己复礼"而达到的一种高度的道德自律。就此而言，个体的言行的目的都是为了维护传统家族伦理价值，而并不是一种出于维护个体自身权利的自由。这不论是对庶民，还是对公卿大夫，都是如此，以至于皇帝也感慨"吾贵为天子，不得自由"②。这显然不等同于现代性的自由观念。

当然，即便如此，我们仍可以看出，古今之间儒家所追求的自由并没有脱离汉语"自由"一词的基本含义：（1）摆脱束缚。即如当代学者顾肃所说："一个人是自由的，就是指他（或她）的行动和选择不受他人行动的阻碍。这是自由一词的本义，任何其他的意义都由此延伸而出。"③（2）自作主宰。如孔子在《论语·颜渊》所言"为仁由己"就有此意，而现代西方学者杜威更进一步从政治维度上强调"因自由而解放，拥有所有权、积极的表达权和行动上的自决权"④。其实，在儒家话语中，"自由"的这两个方面具有一体联动性，即自身不受束缚就自然会趋向自作主宰，而自作主宰的先决条件就是摆脱束缚。⑤

二、自由问题的实质：主体性问题

由上可见，自由是与被束缚、受支配、受摆布相对立的状态，这无疑是对某种被动者、受动者的存在状态的否定。反过来说，自由的存在必然确证着一个自觉自动者，或曰主动者、能动者的存在，而所谓的"自觉

---

① 《论语·为政》。
② 李延寿撰，陈勇等标点：《北史》，长春：吉林人民出版社，1995年，第261页。
③ 顾肃：《自由主义基本理念》，第55页。
④ John Dewey, *Philosophy and Civilization*, Minton, Black & Company, 1931, p. 276.
⑤ 这两个方面的意思似乎与英国政治思想家以赛亚·柏林（Isaiah Berlin，1909—1997）所提出的"两种自由的概念"（消极自由和积极自由）相对应，但二者并不等同：儒家追求的"自作主宰"只指向自我，并不涉及他人；而柏林提出"积极自由"则是要回答"什么东西或什么人，是决定某人做这个，成为这样而不是做那个，成为这样的那种控制或干涉的根源"这样一个问题，所以，"积极自由"不仅指向自我，而且涉及他人，甚至积极地干预他人，例如新自由主义主张政府对社会的积极干预，这虽然也可以被视为"自作主宰"的进一步延伸，但是也可能由此导致对自由的扼杀。

自动者"也就是主体。据此而论，自由乃是主体的内在必然性，或者说自由就是内在于主体的必然性。在这个意义上，自由与主体的存在具有直接同一性。这是因为，一方面，主体必定是自由的主体，没有自由就不能称为主体，因为自由是主体的存在方式；另一方面，自由具有向来属"我"性，亦即自由必定是主体的自由，没有主体也就谈不上自由与否。据此可以说，自由问题实质上就是主体性问题。

哲学上的"主体"概念通常被公认为是一个近代西方哲学概念，是指个体性的人。如德国学者 H. 科尔滕就明确指出：主体性哲学是"近代哲学的本质规定"，"主体或自我这个概念在近代哲学中是被当作知识的以及意愿和行动的原始原则来使用的"。[①] 而对自由问题有着深刻见解的萨特明确指出："人并不是首先存在以便后来成为自由的，人的存在和他'是自由的'这两者之间没有区别。"[②] 他所指的"人的存在"就是每一个"我"的存在，即作为主体的个体的存在，如果"人的存在"与其自由之间没有区别，那么也就说明自由问题等于个体主体性问题。

但事实上，主体观念有着更加普遍一般性的意义。要知道，自西方哲学诞生之日起，便产生了"主体"概念；而且在近代以前，"主体"并不是指个体性的人。概括说来，哲学上的"主体"概念同时具有两方面的含义：其一是承载者、基础；其二是实体、本质。[③] 这两方面的含义体现在三种意义上：(1) 逻辑学的意义（主词）；(2) 形而上学的意义（作为

[①] H. 科尔滕：《主体性哲学——近代哲学的本质规定》，余瑞先译，摘译自德国《哲学研究杂志》1991 年第 1 期，参见《国外社科信息》1991 年第 15 期。
[②] 萨特：《存在与虚无》，陈宣良等译，北京：生活·读书·新知三联书店，1987 年，第 5—6 页。
[③] "主体"（英语 subject，德语 subjekt）源于拉丁文，其词根 sub 意为"在……下"，它后来有两种基本的含义：一是"基础"，例如 subbase（基层下层）、subgrade（路基、地基）、substratum（基质、根据）；二是地位"低下""次级""附属"等，例如 subsidiary、subordinate、subjection（被支配、被统治）。相应地，"subject"（主体）一词即兼有这两种意义：一方面，它是"主体""原因""理由""主题"，是真实存在并且独立存在的（substantive），是实体、本质、本体（substance），甚至还是可敬的、崇高的（sublime）；另一方面，意为"在底下的东西"，它是"臣民"，是被征服、被驯服的（subdued），是服从的、谦恭的（submissive），甚至是蠢材、坏蛋（subman），是颠覆性、破坏性的（subversive）。

本体的绝对主体);(3)认识论的意义(相对主体)。① 分而言之:(1)逻辑学意义上的"主体"意指一个判断中宾词的承担者,亦即主语或主词;(2)形而上学意义上的"主体"意指属性的承担者,亦即实体;(3)认识论意义乃至精神意义上的"主体"意指意识、意志、自我、精神等的承担者,也就是"人"。

在近代之前,西方哲学的"主体"概念主要是前两种意义,而且在很大程度上,逻辑学的主体与形而上学的主体是一致的,例如:"亚里士多德在逻辑意义上的'主体'即命题的主语,是某种特性、状态和作用的承担者,主语所表示的即存于世界中的实体。他提出第一实体之所以为第一实体,就在于他是其他东西的基础和主体。"② 也就是说,亚里士多德的"主体"概念既是逻辑判断中的"主词"或"主语",也是形而上学的"实体"概念;而他所说的"实体"就是 ti esti (是什么),或 to ti en einai (是其所是),其实就是"本质""本体"。而在认识论的意义上,将主体直接与人(个体性的人)相同一则是近代哲学的贡献。当然,这层意思并不与之前作为形而上学"实体"意义的主体概念相矛盾,而只是"主体"概念的现代形态。不过,"主体"在这三种意义上的统一性,是通过黑格尔哲学才被明确表达出来,也即"实体在本质上即是主体"③。对此,海德格尔也指出:"主体乃是被转移到意识中的根据,即真实在场者,就是在传统语言中十分含糊地被叫做'实体'的那个东西。"④ 其实,这三种意义上的"主体"实质都表达了形而上学的"实体"概念的意义,即作为一切属性的承担者,是存在者之为存在者(亚里士多德语)。

对于中国哲学而言,虽然没有直接提出"主体"概念,但同样在中国的轴心时期,也就是形而上学创立之初,思想家们便建构起了主体性

---

① R. Eisle 主编:《哲学概念辞典》(德文版),第 3 卷,E. S. Mittler 父子出版社,1930 年,第 165 页。括号内的说明为笔者所加。
② 参见冯契、徐孝通主编:《外国哲学大辞典》,上海:上海辞书出版社,2000 年,第 194 页。
③ 黑格尔:《精神现象学》(上),贺麟、王玖兴译,第 15 页。
④ 海德格尔:《哲学的终结和思的任务》,见海德格尔:《面向思的事情》,陈小文、孙周兴译,第 75 页。

观念。^① 以儒学为例，西周时期周公提出"皇天无亲，惟德是辅"^②之"德"其实就是儒家主体性观念的雏形；继而孔子"仁学"的"天生德于予"^③为儒家主体性观念的建构做了理论铺垫；发展到思孟时期，随着儒家心性形上学的初步完成，儒家传统的主体性观念也就被正式确立起来了，例如《礼记·中庸》所言"天命之谓性"之"性"就是一个典型的形上学意义的主体性观念，而后不论是汉儒所讲的意志之"天"，还是宋明儒学提出的"天理""良知"，其实质都是某种形上学意义的主体性观念。

据此而言，"主体"作为一种观念不仅仅是一个近代哲学的概念，而且也不为西方哲学所独有。^④ 可以说，人类两千多年的哲学史，就是主体性观念不断重建的历史，诚如海德格尔所总结的："哲学之事情就是主体性。"^⑤ 而不同的主体性观念也就确证着不同主体的存在。

这样一来，自由问题是主体性问题实际具有更加普遍一般性的意义，我们通过主体性观念可以解读古今中外的一切自由观念，并对各种自由理论进行分析。由于哲学上的主体性观念大可分为两个层级，其中形上的主体性确证着唯一绝对能动者，也就是绝对主体；形下的主体性确证着某个具体领域的相对能动者，也就是相对主体。因此，各种不同主体的自由观念也可以相应地分为两个层级：

（1）形下自由即相对主体性观念。形下自由是指某个具体领域中的主体享有的自由，如认知自由、道德自由、经济自由、政治自由等。虽然它们的具体内容和表现形式不尽相同，但所指的"主体"都是某个具体领域内的主体，其具体内容和形式也是限于某个具体领域之内，因此是一个相对主体性观念。

---

① "概念"是与具体的词语相结合的"观念"；而在没有与具体的词语结合之前，只能说缺乏某种"概念"，却并不意味着没有某种"观念"。
② 《尚书·蔡仲之命》。
③ 《论语·述而》。
④ 张汝伦：《主体的颠覆：从黑格尔到马克思》，《学术月刊》2001年第6期。
⑤ 海德格尔：《哲学的终结和思的任务》，见海德格尔：《面向思的事情》，陈小文、孙周兴译，第78页。

现代自由理论主要关注的就是政治自由问题，同时也会以政治自由为中心，延伸到道德自由、经济自由等社会各具体领域的自由问题。这是因为政治自由的基本内容就是讨论个体的自由权利（人权）问题，而经济自由、道德自由等其他各领域的自由本身也是一项个体的自由权利，所以在这个意义上，经济自由、道德自由也就是政治自由在经济、道德等领域中的延伸，或者也可以说，经济自由、道德自由等其他各领域的自由也属于一种广义的政治自由。所以，在形下自由中，政治自由相较于其他具体领域的自由更为基本。

政治自由主要处理的核心问题是个体权利（personal rights）与公共权力（public power）之间的关系和界限问题，而且要为现实保障个体权利而建构一系列相应的制度法规。也就是说，政治自由是通过限定每一项权利的具体内容和适用范围而实现对个体自由权利的保障，这显然是一种相对意义的自由，实质也正是一种相对主体性观念。

（2）形上自由即绝对主体性观念。形上自由也即本体自由，是作为整个存在者领域中唯一至上的存在者所体现的自由，如意志自由、心性自由、精神自由等。这个"唯一至上的存在者"是指具有绝对自足性、绝对能动性的存在者，因此是绝对主体，而绝对主体未必是个体，甚至未必是人，它也可以是神性的上帝，或者外在于人的客观"理念""绝对精神"或"天理"等。但无论怎样，由于绝对主体"不能为它之外更进一步的目的所用"①，因此体现出绝对意义上的自由，这实质是绝对主体性观念。

杜威曾特别指出这种形上自由与形下政治自由的根本不同，他说："将平等与自由统一起来的民主理想承认，机会与行动事实上的、具体的自由，取决于政治与经济条件的平等，在此条件下，个人独自享有事实上的而不是某种抽象的形而上学意义上的自由。"② 据此可以看出，形下的政

---

① J. 皮柏:《现代世界中的哲学思考》，江日新译，见孙志文主编:《人与哲学》，台北：台湾联经出版公司，1982年，第31页。
② 杜威:《新旧个人主义：杜威文选》，孙有中等译，上海：上海社会科学出版社，1997年，第33页。

治自由是依靠具体的经验内容充实起来的现实自由,而形上自由则是纯粹哲学意义上的自由,其实质是出于一种观念的构造,因此根本不同于具体的现实自由。

当然,这并不意味着形上自由仅仅是一个抽象空洞的概念设定而没有现实意义。事实上,我们通过对自由问题追本溯源的考察就可以看到,形上自由不仅作为一切现实自由的本体依据而具有现实意义,而且本身也有着本源性的基础。

三、追本溯源:自由何以可能?

"自由何以可能"这个问题本身就是以承认自由的存在为前提而进行的发问,这是因为自由作为一种价值理想本然地存在于我们的生活之中,是一个既定的生活实情。据此而言,真正具有现实意义的并不是争论"自由是否可能",而是对"自由何以可能"做出透彻的思考,这也就是要追溯现实自由得以可能的形上根据(ground)和存在本源(source)。

如上所论,自由问题的实质是主体性问题,所以,追问"自由何以可能"也就是追问"主体性何以可能"。以下笔者就从相对主体性何以可能、绝对主体性何以可能,以及新的主体性何以可能的维度上,探讨政治自由、本体自由以及新的自由是如何可能的。

(一)政治自由何以可能?

在政治哲学的维度上,各种政治自由理论的重点并不在于设计具体的制度法规或操作步骤,而在于对政治自由的内容进行理论的阐释,并对相应的政治自由主张进行合理性论证。虽然关于政治自由的各种理论在内容上各有侧重,主张也不尽相同,但其理论的核心与归旨却是一致的,也即阐明个体自由权利的基本内容,并以保障个体自由权利为目的提出相应的政治制度建构方案。

这其实也是当代儒家政治哲学研究的主要内容。虽然传统儒学与现代自由之间的紧张依然存在①，但毕竟有越来越多的儒者已经意识到传统儒学必须进行现代转化，例如林安梧就明确指出："'传统的宗法儒学'不同于'现代的公民儒学'……作为实践性的学问，儒学的落实处也不同了，落实的方法也不同了。"② 这种种"不同"就表明需要"礼有损益"，也即剔除维护家族伦理、君主专制的礼法观念，同时将现代性的自由观念纳入儒学之中，这就需要对现代政治自由的诉求做出儒学的阐释，并为政治自由的实现提供一种儒家的制度方案。

不过，仅限于对政治自由本身的阐释还远远不够，因为对于个体权利、民主政治、宪制建构等内容都需要有一个根本性的依据，否则所有的阐释将因缺乏合理性的基础而受到质疑。其原因在于政治自由作为相对主体性观念，是一个相对性的范畴，而任何相对性的范畴都要归属于一个更高层级的范畴，并且最终在一个最高范畴中达到统一，这个最高范畴也就是"存在者整体"③，或曰绝对主体性观念，此乃一切相对主体性的终极"根据"（Grund）和最后的"目的因"。虽然思考终极"根据"这类本体论（ontology）问题，只是哲学家的任务，但"本体论的承诺"却是任何相对存在者都无法逃避的，它总是以各种各样"日用而不知"的形式存在着，即便我们"否认出自哲学的来源，但决不能摆脱这种来源"④，包括当代的各种"反形而上学"理论自身也并没有真正摆脱形而上学。⑤ 事实上，所有形下学层面的建构，包括政治自由的理论建构和现实落实，都需要形而上学为之"奠基"（Fundierung）⑥。为此，我们必须找到政治自由的本体

---

① 参见郭萍：《"自由儒学"纲要——现代自由诉求的儒家表达》，《兰州学刊》2017年第7期。
② 林安梧：《孔子思想与"公民儒学"》，见陈炎、黄俊杰主编：《当代儒学》第1辑，第35页。
③ 海德格尔：《面向思的事情》，陈小文、孙周兴译，第68页。
④ 海德格尔：《面向思的事情》，陈小文、孙周兴译，第72页。
⑤ 当代反形而上学的实证主义其实也"说着柏拉图的语言"（即也是形而上学）；分析哲学虽然以拒斥形而上学为口号，但仍以"世界的逻辑构造"（der logische Aufbau der Welt）作为自身的"本体论承诺"；舍勒"爱的现象学"背后始终有一个上帝的存在。这都没有真正摆脱形而上学的承诺。
⑥ 胡塞尔对哲学意义上的"奠基"做了精确的定义："如果一个α本身本质规律性地只能在一个与μ相联结的广泛统一之中存在，那么我们就要说：'一个α本身需要由一个μ来奠基。'"参见胡塞尔：《逻辑研究》第二卷《现象学和认识论研究》第一部分，倪梁康译，上海：上海译文出版社，1998年，第285页。

论根据，也即要回答政治自由是如何可能的问题。

不难发现，西方自由主义理论虽然没有对政治自由的根基做具体的理论阐释，但在其阐述中却都涉及了政治自由的根本依据。例如，自由主义鼻祖洛克提出的"自然权利"说是基于"自然法"意义上的理性人假设，而新自由主义者罗尔斯在《正义论》中提出的"原初状态""无知之幕"则是以先验的个体理性为预设前提。这都表明他们的政治自由理论背后有着相应的本体论依据。虽然这种依据的理论形态是通过建构现代性的本体论哲学而完成的，但毫无疑问的是，这些前提性的观念为西方自由主义的理论学说奠定了本体论基础。不过，即便如此，我们也需要对西方自由理论的前提进行追问和反思。要知道，当前西方自由主义自身存在的种种弊端，不是仅靠调整具体的政治主张或政治制度就可以得到根本解决的，这意味着进一步发展现代自由不仅要检讨西方自由主义学说，而且也必须检讨西方近现代的本体论思想。

同样，当代儒家要发展现代自由就必须为政治自由提供相应的本体论依据。唯其如此，我们对"礼"的损益才有所根据。然而，在这个层面上，既有的儒学理论还没有给出恰当的理据，即便是为此做出积极努力的现代新儒学也没有成功，他们将"新外王"的主张依附于"老内圣"之中，从而使其对政治自由的言说始终存在着理论根据上的错位；而当前的儒家原教旨主义者则以"老内圣"为依据"理所当然"地否定了政治自由的合理性。就此而言，当代儒家要发展现代自由，既要对政治自由本身做出充分的儒学阐释，同时也必须为政治自由提供相应的本体论依据。这无疑要比西方自由主义的理论任务更加艰巨，但也更为根本和必要。

（二）本体自由何以可能？

本体自由作为政治自由的根本依据，是绝对主体性观念，但这并不意味着本体自由是一成不变的僵化概念。事实上，不同时代的哲学家总是基于当下的时代特质对绝对主体性进行着重建，因而不同时代的绝对主体性观念实际所代表的绝对价值并不相同。就儒学而言，前现代的传统儒家形上学根本地维护着传统的宗族或家族的主体价值，这显然与维护个体自由权利的现代自由相抵牾，因此并不能作为现代政治自由的根本依据；而儒学所具有的"苟日新，又日新，日日新"的特质，也不仅仅体现为形下层面的"礼有损益"，而且还体现为形上层面的"与时立极"，也就是"依据时代的特征建构相适宜的形而上学"①。不过，绝对主体性的重建并不应该是哲学家在象牙塔里进行的概念游戏，而是需要通过回答"绝对主体性何以可能"说明其来由。这既是重建本体自由的先决条件，也是对一切自由之本源的追问。

可惜，现有的自由理论尚未直接触及这一问题。因为传统形上学通常是以先验主义的立场将本体观念理解为不证自明的原初给予观念，在这种解释之下，本源性的问题就被"自然"地遗漏了。而随着当代哲学对传统先验论哲学的全面批判，已经暴露这种解释本身并不究竟。也就是说，任何本体观念并不是从来就有，或恒常不变的东西。那么，它又是如何确立起来的呢？不回答这一问题，既无从重建儒家超越性的本体自由，也无从检讨现代西方本体自由的缺陷。为此，我们需要超越传统形而上学，以更加本源的观念来解答这一问题。

众所周知，在当代思想界，海德格尔通过对存在者（Seiende）与存在本身（Sein）的划界，揭示出一切存在者的最终来源必定不可能再是任何存在者，而只能是先行于存在者的前对象化的"存在"本身。而存在本身根本不是什么现成在手的"东西"，甚至也不是海德格尔自己所说的"此在"（Dasein）的"生存"（Existenz）。② 对此，当代儒学的前沿理论"生活儒学"③做出了更为透彻的解答："存在本身"就是事情本身、

---

① 郭萍：《〈周易〉对于儒家哲学当代重建的启示——关于"重写儒学史"与"儒学现代化版本"问题的思考》，《社会科学研究》2015 年第 3 期。
② 海德格尔认为，"此在"是一种特殊的存在者，唯有通过"此在"的"生存"才能通达存在本身。然而，这意味着"此在"的"生存"成为一个先行于"存在本身"的观念，由此，"存在本身"难以摆脱主体性观念的色彩。
③ "生活儒学"是由当代儒家代表人物黄玉顺先生提出的一种当代儒学理论体系。参见黄玉顺：《爱与思——生活儒学的观念》，成都：四川大学出版社，2006 年。

生活本身。当然，这里所说的"生活"并不是日常经验意义上的现成化的生活，而是存在论（theory of Being）意义上的、作为本源的"生活"（Life）。这一观念直接启发了对自由本源问题的思考。

显然，本源生活作为"首要的存在实情"① 是一种未经自我选择的、混沌一体的"无我之境"。在这种"先于这一切（'消极的'和'积极的'自由）"② 的"自行开放"中，一切存在者都还只是前主体性的"在"着，但它这种敞开的态势又总指引着主体"自行"跃出，从而使自由成为可能，这正是一切自由的大本大源。海德格尔甚至认为这才是真正的自由，并据此否定了主体自由的意义，但事实上，这也是不恰当的。要知道，在前主体性的境域中，任何主体性都尚未诞生，万物都处于"不知不觉"的状态，这其实意味着既没有自觉能动性可言，也不存在所谓人为的压制束缚，因此根本谈不上自由与否。③ 而在此我们有必要将自由的本源问题作为思考自由问题的首要内容提出来，是因为唯有探明一切主体自由得以可能的源头和土壤，才有可能创发出一种有本有源的自由理论。

（三）新的自由何以可能？

生活本身作为一切自由的渊源，不仅给出了本体自由、政治自由，而且也使新的主体性成为可能，也即使新的自由成为可能。这是因为生活本身不是一池死水，而是始终在生生不息的衍流中生发着、构成着，不断涌现着新的可能，而人们总是从中收获新的感悟，由此促使人不断地由浑然地"在"生活转向自觉主动地"去"生活，从而获得新的主体性和新的自由。事实上，生活的变迁总是在改变着显现样态，这就本源地要求人们不能固守于任何一种既有的主体性，而需要不断地复归当下生活，与时俱

---

① 海德格尔：《存在与时间》，陈嘉映、王庆节译，第62页。
② 海德格尔：《论真理的本质》，见海德格尔：《路标》，孙周兴译，北京：商务印书馆，2000年，第218页。
③ 海德格尔对生存的分析，以及自由与祁克果有相似之处，主要体现在《什么是形而上学？》《论真理的本质》两篇文章中。参见海德格尔：《路标》，孙周兴译，北京：商务印书馆，2000年。

进地重新确立主体性，才能保持自身作为主体而存在，所谓性"日生而日成之也"①。这就表明主体性的确立不是一劳永逸的，而是随着生活所敞显的新的可能性而不断重建的过程。我们如果对此做这样一种对象化的解释，即生活本身的衍流，历时地呈现为不同的样态，那就是人们通常所说的不同的生活方式，由此造就了不同的社会主体性，相应地也就产生了各个时代不同的自由。

其实，我们今天谈及的政治自由，就是由生活本身的变迁而产生的一种现代性的自由观念，它的出现是与现代性主体（个体）的确立相同一的。要知道，在中国前现代的社会中，享有政治权利、有资格参与政治活动的只是宗族或家族中有权势的贵族或者士大夫、士君子，而所谓的小人与庶民则是被役使的对象，始终被排除在政治生活之外；不仅如此，即便是贵族和士大夫，其言行的价值指向也不是个体性的，而是以其宗族或家族的价值为导向的。这在西方的传统社会中也是如此，例如，雅典城邦享有民主政治的公民，只是指土生土长的成年男性公民，而妇女、外邦移民和奴隶都不包含在内；其民主权利的大小是按照公民财产的多少来决定的，因此只有少数富足公民才享有政治权利，而且这些公民行使政治权利是代表整个家庭，并不是个体自身。这显然都不同于现代政治自由观念，所以孔多塞直言："古代人没有个人自由的概念。"②

总之，本源地看，个体自由成为普遍的价值追求以及相应的本体自由的确立，都是源于生活本身显现样态的转变。因此，要进行儒家自由理论的建构首先要复归当下生活之中，通过现代性主体观念的确立才能对现代自由做出恰当的阐释。

四、"自由儒学"：现代自由的儒学阐释

基于对自由问题实质的揭示和对自由问题追本溯源的分析，"自由儒

---

① 王夫之：《尚书引义》卷三，见《船山全书》第二册，第300页。
② 转引自邦雅曼·贡斯当：《古代人的自由与现代人的自由》，阎克文、刘满贵译，第27—28页。

学"有意立足当下生活，以仁爱的生活情感为自由的本源，重建儒家超越性的形上自由，同时建构儒家现代性的形下自由。所以，"自由儒学"的理论构造具有三个基本的观念层级，即：本源自由→本体自由→政治自由。

（一）本源自由

生活本身在当下的显现样态就是现代性的生活方式，这也就是本源自由的现身方式。基于共同生活的维度，现代性（modernity）的生活作为一种普遍性、全球性的存在，既塑造了西方，也塑造着中国，是现代社会的一般根本特质，并无中西之分。当然，"中国不是一张白纸，再激烈的社会变革也是在中国的传统'底色'之上描绘出来的"[①]。也就是说，现代性在具体实现过程中与各国不同文化传统、生活的特殊性融合而呈现出的不同展开方式，使中国的现代化（modernization）总是与自身的文化传统和生活境遇融合在一起的。

事实上，中国的现代化进程早在中华帝国后期就已经悄然萌动了。特别是明清以来，中国的市民生活方式兴起，悄然瓦解着传统的家族社会，代之而起的是个体逐渐成为社会主体，在独立个体的基础上组建现代性的核心家庭（nuclear family），家族宗法伦理失去了发挥效用的土壤。慢慢地，中国社会各领域的现代性特质越发明显：经济生活中，逐步出现以个人而非家庭作为经济利益的分配单元和经济责任的承担者；政治生活中，参与选举与被选举等政治活动的单位不再是家族，而是个体。现代性的生活方式已经作为一股不可抗拒的力量，在推动着中国由前现代的皇权社会转向现代的民权社会，这正是现代自由的大本大源。由此也本源地塑造了现代性的社会主体——个体，而个体主体的确立也就意味着现代性的自由必然是个体的自由。

[①] 张志伟：《世界性视野中的"中国模式"——现代中国学之政治研究的方法论问题》，《中国人民大学学报》2006年第3期。

这里或许有人会质疑"本源自由"与各种"时代背景"的分析是否具有实质不同。对此，笔者想指出，所谓"背景"的本义是指绘画、摄影作品中衬托主体的背后景物，它是指对人物活动或事件的发生、发展、存在和变化起重要作用的历史条件或现实环境。① 即如有学者所言，"背景这个词作为概念性的理论术语，总以作为'焦点'的非时机、非势域的硬性'对象'为前提，因而无论怎样指的都是某种对象被置于其中的现成的或专题化了的背景"②。这就是说，在各种"时代背景"的分析中，研究者还只是将生活作为一个外在于思想的、现成化的"衬托物"来打量。而"本源自由"则与这种冷静的对象化分析截然不同，其意在突显生活是始终生发着新可能性的生一活、存一在本身，它与思想本然一体，由此将重新接通生活本身与自由的源始性关联。

据此，本源自由作为一种前提性观念，构成"自由儒学"第一部分的内容，主要有 1. 本源自由：自由之渊源，以及 2. 现代性生活方式的儒学叙述——本源自由在当今时代的显现样态。其中前者又包括：（1）"在"生活——本源自由的实质；（2）本源自由使主体自由（本体自由、政治自由）得以可能（共时维度）；（3）本源自由使新的自由成为可能（历时维度）。

（二）良知自由

虽然个体作为现代性主体是普遍性的，但对个体的主体性依据以及个体自由的本体意涵等问题，儒家具有不同于西方的理解。

我们知道，儒家之为儒家就在于以仁爱为大本大源来解释一切。就此而言，儒家认为生活本身就是本源仁爱的显现，那么个体作为现代性主体必然是由本源仁爱所给出的一个知爱、能爱的存在者，进而个体通过对仁爱情感的自觉体知和发挥而使自身的主体价值得到确证，这便是良知。

---

① 参见汉语大字典编辑委员会编：《汉语大字典》，成都：四川辞书出版社，1993年。
② 余平：《海德格尔存在之思的伦理境域》，《哲学研究》2003年第10期。

可以说，良知作为主体性根据，乃是儒家与西方自由主义的根本区别。虽然西方思想家如康德、黑格尔、海德格尔等人都论及"良知"，但他们并没有将此确立为主体性的根据，而且所论的内容也与儒家截然不同。① 当然，现代性生活方式下所确立的良知也不同于传统儒学中的良知观念。这是因为传统儒学的良知观念乃是个体维护君主专制和家族伦理的自觉，例如阳明虽然以"致良知"开启了通向现代性的可能，但他在经验层面上不仅以"破山中贼"来维护君主专制，而且还主张"破心中贼"来自觉践行家族伦理，其现实的价值立场上还是前现代的。与此不同，源于现代生活方式而确立的良知观念根本体现着现代性主体的价值，其在现实生活中指向维护个体主体价值的政治体制和伦理道德。

不过，在儒家的言说中，良知所体现的主体价值需要从形下、形上两个层面来理解：在形下层面，"良知"作为相对主体性观念，现实地体现为一种"共通的道德感"或者说"道德共识"，也就是通常所说的"正义感"。② 这并不是由既定的道德规范所决定的，而是在当下生活情境中"不虑而知"的价值判断。当然，任何"道德共识"都是一个随时随地因革的观念，因此只是一种相对价值，而并不具有绝对性。在形上层面，"良知"则是人之为人的根本依据。在这个意义上，"良知"代表着绝对主体性，是"非道德"意义上的至善，当然，它本身并不是传统儒家形上学中的人为预设的抽象概念，而是同样有着当下生活的渊源。

"自由儒学"提出的"良知自由"主要对应于形上学意义的"良知"

---

① 现代西方思想家虽然也认识到人不仅仅是利害计算的存在，如功利主义伦理认为人与人具有同情的道德，康德也强调人具有道德意志力，但这一切根本上皆是普遍理性的运用，而任何情感因素都被排斥在普遍的理性主体性之外。不仅如此，开启"基础存在论"的海德格尔通过对所谓"良知"的存在论分析，从更为本源的观念上否定了生活情感的因素，他认为"良知公开自身为操心的呼声；……良知的呼声，即良知本身，在存在论上之所以可能，就在于在其存在的根基处是操心"；"呼唤者是……在被抛境况为其能在而畏的此在"，"呼声的情绪来自畏"。在他看来，最真实的生存境况是"烦"（操心 / Sorge）、"畏"（害怕 / Angst），因此，"良知"只是"烦"与"畏"的情绪，并没有仁爱情感的因素。也就是说，海德格尔认为，此在的生存本身总有一种原始的亏欠和罪责，而这样的生存领会就决定了良知乃是一种出于此在的亏欠与罪责而发出的偿还的呼声，这显然是一种消极意义上的良知，与儒家源于仁爱情感的良知截然不同。
② 参见黄玉顺：《中国正义论纲要》，《四川大学学报（哲学社会科学版）》2009 年第 5 期。

观念。在儒家看来,"良知"作为人的本性,也就是"德性"。"德"不是名词,而是动词,即"德者,得也"①。也就是说,人的本性不是先验设定的概念,而是得之于天,即是"得"来的。同时,原初的"性"也不是概念化的本体之性,而是源始的"生性",以"生性"为始基才能确立本体之"性"。例如孟子所讲的"四端"之心乃是"生性",唯通过自觉的"存养""扩充""操存"才成为本体意义的"善性",也即"四德"。由此表明,"良知"德性之得与不得全在于主体自身的自觉,这一过程既不依赖于任何外部条件,也不受其他因素的限制,因此体现为一种绝对意义上的自由,此即良知自由。这也正是各种现实自由的基础。

具体在现代性生活方式下,"良知自由"就从本体层面上确证着现代自由:一方面,"良知自由"具有"爱有差等""推己及人"的特质,因而以自爱、爱己为起始原点,由此确证个体自由乃是现代自由的根本特质;另一方面,"良知自由"具有"一体之仁"的内在趋向,由此确证实现一切人的自由乃是现代自由的最终归旨。"良知自由"将从这两个方面为现实自由的发展提供根本的哲学依据。

所以,"良知自由"作为"自由儒学"第二部分的内容,主要有 1. 良知:儒家的现代性主体观念,以及 2. 良知自由。其中前者包括:(1)良知主体的儒学特质(区别于西方理性主体);(2)良知主体的现代性特质(区别于前现代的良知);(3)良知的基本含义(包括相对主体性含义和绝对主体性含义)。而后者包括:(1)"去"生活 —— 良知自由的实质;(2)自爱、爱己 —— 良知自由的起始原点;(3)一体之仁 —— 良知自由的内在趋向。

(三)政治自由

在现实生活中,社会各领域(政治、经济、文化、道德等)的自由都必须以人权为前提和基础才得以实现,而人权正是政治自由的核心内

---

① 《论语·为政》"为政以德"邢昺疏,见《十三经注疏·论语注疏》,阮元校刻,第 2461 页。

容,同时,各领域自由最终都要依靠相应的制度规范才能得到保障,而进行制度规范的建构也是政治自由的必要函项。因此,社会各领域的自由不仅与政治自由密切相关,而且都可以被归结为一种广义的政治自由。所以,在"自由儒学"的理论构想中,笔者将以政治自由为中心论述形下层面的自由问题,其内容实质是"良知自由"在现实生活中的展开和落实。

一方面,个体自由作为现代自由的根本特质,首先现实地体现为个体对自身权利的诉求,而其中最基本的内容就是人权的诉求。因为唯有保障和发展以人权为基础的个体权利才能切实维护个体的主体地位,这其实早已是现代社会的一个共识。不过,与西方自由主义的解释不同,儒家认为,个体权利的诉求不是出于一种理性算计,而是源于仁爱良知,所谓"爱利则形"①、"天下之理,本皆顺利"②。另一方面,个体作为一个知爱、能爱的主体,不会满足于只保全一己之权利,而是趋向于使所有人的权利都得到保障,这就自然需要参与公共生活的各种决策,因此个体理应拥有参政、议政的权利。据此便可更进一步说,所谓公共权力根本上就是个体权利在公共领域的延伸和汇聚,其所有者还是每一个个体,而且也唯有在这个意义上,才能彻底地体现个体作为社会主体的价值和地位。其实,在儒家传统中,孟子讲"人皆可以为尧舜"③就已经逻辑地蕴涵着每个个体都可能具有"制礼作乐"的资格,这可以说是为每个个体拥有公权力,可以参与公共决策,提供了一种观念上的准备,而发展到阳明心学时期,"满街都是圣人"的观念则为此开启了一种现实的可能性。据此而言,"主权在民"观念本就是儒家思想的必要函项。此外,按照儒家主张的"身—家—国"的推扩序列来看,唯有确保人人都有参政、议政的权利,个人才能真正成为对自己负责,对家庭、国家有所担当的社会主体。

---

① 《荀子·强国》曰:"礼乐则修,分义则明,举错则时,爱利则形。"清王先谦集解"爱利则形"时,引赵琼注"爱利人之心见于外也",引郝懿行曰"爱人利人皆有法"。参见王先谦:《荀子集解》,第292页。要注意的是此处的"人"并不仅指他人,也包括自身,而且首先是指向自身,这是儒家"推己及人""己欲立而立人,己欲达而达人"思想的内在逻辑。
② 朱熹:《四书章句集注·孟子集注·离娄章句下》,第297页。
③ 《孟子·告子下》。

而上述两个方面，最终需要得到相应制度的保障才能实现，所以，作为一种政治自由的思考，"自由儒学"还必须对现代政治制度建构问题做出相应的分析、评判，进而提供一种儒家的参考方案。

综上，政治自由作为最终的落脚点，构成"自由儒学"的第三部分，这一部分主要是基于儒家立场对现代政治哲学的三个基本问题做出解答：

1. 自由与权利，包括（1）人权：政治自由的核心内容；（2）儒家的人权观念；（3）关于权利的自由与平等问题。

2. 自由与权力，包括（1）权利与权力的关系（包括人权与主权的关系等）；（2）权力的主体；（3）权力的合法性（包括权力来源合法性与权力行使合法性）及其边界问题。

3. 现代政治制度的建构，包括（1）现代政治体制的类型及其分析评判；（2）基于"自由儒学"的制度建构方案（包括儒家的民主共和政体与分权制衡原则等）；（3）儒家契约观念：制度建构的工具性观念（包括诚—义［正义］—知［理智］—信等基本环节）。

"自由儒学"希望通过对这些问题的回应，不仅能给现代政治哲学问题提供一种儒学的参考，而且能在超越现代民族国家的意义上，重新理解政治自由，推动现代自由的进一步发展。

"自由儒学"纲要

——现代自由诉求的儒家表达*

近年来，笔者提出了"自由儒学"①。所谓"自由儒学"，是以探讨现代自由问题为核心的儒学理论，旨在对现代自由的诉求提供一种儒学的阐释，也为进一步发展现代自由提供一种儒学的方案。

之所以提出"自由儒学"并非出于个人的学术偏好，而是响应当今社会的感召，即中国人对现代自由的诉求，亟须一种民族性的表达，儒学作为与时偕行的入世之学，理应对此做出一种理论的解释。然而，当代儒家往往错把前现代的"传统儒学"当作"儒学传统"，导致至今还存在着儒学与现代自由的紧张。事实上，传统儒学是复数的，包含着各种不同形态的前现代儒学理论，其中并没有现代自由观念，尤其是皇权时代的儒学与现代自由之间存在着巨大的紧张；而儒学传统却是单数的，是一以贯之、代代相传的一套儒学原理，其本身逻辑地蕴涵着现代自由。有鉴于此，当代儒家的一项重要的思想使命就是要创建真正的儒家现代自由理论，"自由儒学"就是本人为此进行的一种理论尝试。

一、自由的呼唤：现代性诉求的民族性表达

中国人对自由的呼唤乃是以自身的民族话语表达了一种现代性的诉求。换句话说，此种对自由的呼唤本身兼具现代性和民族性两方面的特质。

---

* 原载《兰州学刊》2017年第7期。
① 参见郭萍：《自由儒学："生活儒学"自由之维的展开》《"自由儒学"简论》《自由与境界——唐君毅心灵境界论解析》《儒家的自由观念及其人性论基础》《传统儒学与现代自由的紧张及可能出路》等。另外，本人的博士学位论文《张君劢自由观研究》（山东大学，2016年）明确提出现代新儒家张君劢是"自由儒学的先驱"，这是关于"自由儒学"的第一部专著。

之所以说，自由是一种现代性诉求，并不是简单否定古代中国也有某种自由观念，但现代自由至少在三方面与古代自由根本不同：第一，自由作为一种价值追求，在现代社会得到普遍认可和突出强调是以往所有时代不能比拟的，以至于自由已经成为现代社会的一个基本价值标签。第二，我们今天所使用的"自由"是一个名词概念，这是近代"西学东渐"以来日语假借汉语对译英文"liberty"（或"freedom"）的回归词，而古代汉语典籍中，"自由"仅是一个复合性的动词，并不具有特定的含义。第三，更根本的是，今天我们所谈及的自由虽然不仅仅是一个政治哲学问题，但它确实首先是一个政治哲学问题，即指向个体自由权利以及以此为目的的一系列制度建构的问题，这就根本不同于我们传统思想中的自由观念。例如，道家的自由是逃逸于人伦生活之外的自然自在，所以老子追求的是"民至老死不相往来"①，而庄子则向往"无何有之乡"②；传统的儒家自由，特别是宋明儒家，推崇的是通过修身涵养工夫得到的境界自由，其实质是一种自觉恪守家族伦理观念的道德自律，甚至这种道德自律被进一步抽象为天理、心性等本体观念而具有了绝对性意义。这些都是无法与现代自由等量齐观的。

另外，自由作为一种现代性的诉求，意味着自由本身不仅仅属于西方，也同样属于中国，尽管关于现代自由的理论学说最早是由西方近代思想家提出来的。这是因为现代性作为一种普遍一般的时代特性，本身并无中西之分，自然地，现代性的诉求本身也就是一种中西共同的诉求。众所周知，1915年"新文化运动"③提出"民主与科学"的口号正是中国人对自由的诉求的一种最直接的表达，其中要"民主"就是为了在人伦政治生活中获自由，要"科学"就是为了在自然领域获得自由。这种对自由的诉求绝非当时自由主义一派的主张，而是中国在走向现代化的过程中形成

---

① 《老子》第八十章。
② 《庄子·逍遥游》。
③ 对于"新文化运动"存在三种不同的定义，可参见黄玉顺：《新文化运动百年祭：论儒学与人权——驳"反孔非儒"说》，此处指1915—1918年底、为期三年的思想文化运动。

的价值共识。所以，我们看到，不仅自由主义者胡适认为自由是每个人的"必需品"①，而且马克思主义者李大钊也明确指出："真正合理的社会主义，没有不顾个人自由的。"②此外，被称为"文化保守主义"者的现代新儒家对自由的诉求也与自由主义并无二致：既有张君劢为人权而奔走，为中国设计民主宪政方案，又有徐复观为创建自由社会而努力，牟宗三对健康自由主义的倡导。也就是说，自由乃是近代以来中国人的一种普遍性的价值诉求。

不过，各个民族国家对于自由的理解方式、叙述形式等有着各自的特殊性。也就是说，自由的诉求势必要诉诸一种民族性的表达。历史地看，西方实现自由的诉求很大程度上得益于他们成功地将现代性的诉求融入自身的文化传统之中，最典型的就是通过"文艺复兴"运动复兴了他们的"两希"传统，所谓"复兴"首先是尊重、认可并传承自身的文化传统，并立足当下做出时代性的阐释，而不是简单照搬古说的"复古"。通过对传统的"复兴"，西方对自由的诉求找到了自己民族化的表达，在学理上就体现为西方自由主义理论的建构。

而中国西化派自由主义者却简单地将儒学与封建专制思想绑定在一起，认为但凡儒学都与现代自由格格不入，要发展现代自由就必须拒斥儒学。于是，他们通过"反孔非儒"运动进行了全面的反传统，最终彻底抛弃了民族话语。时至今日，仍有学者认为："儒家思想缺乏保护个体权利不受集体利益和国家权力侵犯的自然权利传统。因而，儒教政治思想传统很难与自由民主的政治文化相容。"③然而，拒绝了民族性的表达，中国只能走向西方化的自由，而西化自由派也以屡屡失败的事实印证了西方化的自由在中国存在严重的"水土不服"，根本无法在我们的文化传统中扎

---

① 本文为1949年3月27日胡适在台北中山堂演讲，黄谷辛记录，原载于1949年3月28日台湾《新生报》。
② 李大钊：《自由与秩序》，原载于1921年1月15日《少年中国》第2卷第7期。
③ 刘小枫：《儒家革命精神源流考》，上海：上海三联书店，2000年，第105页。

根，民族话语的丧失只能让中国的自由之路变得愈发曲折艰难。①

因此，中国要发展现代自由就必定要对现代自由做出中国化的表达，正如有学者所说："一个民族的哪怕是最'现代'的自由理念，也必须从这个民族的历史文化传统精神当中引导出来"②，就连早年反传统的自由主义者殷海光也意识到需要"从自己的文化和道德出发向世界普遍的文化和道德整合（integration）"③。综观中国的思想传统，儒学向来具有关注人伦生活秩序、与时偕行的理论特质，其传统中已经具备引导出现代自由的思想基因，而且其作为中国的一大思想主流，本身也是中国人的一种民族话语。即如现代新儒家张君劢所说：

> 我们发觉欧洲现代思想是希腊思想的延续，希腊哲学是现代思想的基础。在欧洲是如此的话，那么，在中国为什么不能利用其旧有的基础呢？④
>
> 儒家思想的复兴并不与现代化的意思背道而驰，而是让现代化在更稳固和更坚实的基础上生根和建立。⑤

二、自由的困惑：传统儒学与现代自由的紧张

事实上，面对现代自由，近现代的儒家从未放弃自身作为民族话语的主体意识，而是一直在尝试从理论上回应现代自由问题，但儒学内部始终存在两种不同的立场：一种认为现代自由不利于中国社会，需要复活传统的儒学理论，特别是要复活传统的"三纲"礼法制度以此抵制现代自由；另一种则寄希望从传统儒学理论中发展出现代自由。前者是原教旨主

---

① 早期的马克思主义者忽视了中国自身文化传统，发展到顶峰便是后来"文革"中的"破四旧"，而自由主义者屡屡失败的一个重要原因就在于对传统的拒绝，黄玉顺等学者曾专文论述这一问题。参见黄玉顺：《"自由"的歧路：五四自由主义的两大脱离》，《学术界》2001年第3期。也见人大复印资料《中国现代史》，2002年第3期。
② 黄德昌等：《中国之自由精神》，第4—5页。
③ 殷海光：《中国文化的展望》，北京：中国和平出版社，1988年，第570页。
④ 张君劢：《中西印哲学文集》（上），台北：台湾学生书局，1987年，第586页。
⑤ 张君劢：《中西印哲学文集》（上），第596页。

义儒学的立场,其典型代表不仅有近代的"国粹派",更有当代儒学复兴运动中兴起的"大陆新儒教"。后者是现代主义儒学的立场,其典型代表就是 20 世纪的现代新儒学。

然而,不论前者还是后者,都是把现成化的传统儒学理论错当成了非现成化的儒学传统本身。于是,他们回应现代自由问题的方式不过是以历史上某种定型的儒学理论来取代现代自由(如原教旨主义儒学)或与现代自由进行嫁接(如现代新儒学)。因此,在这些儒学理论中依然存在着传统儒学与现代自由之间的紧张,这种紧张不仅体现在"外王"层面的政治自由中,而且深层地体现在"内圣"层面的本体自由中,而其根源在于脱离了自由的本源和儒学传统本身。

(一)外王的困惑

儒家的"外王"是指向社会现实的伦理规范和政治制度的建构,相当于《礼记·大学》"八目"中的"修身、齐家、治国、平天下",属于形下学领域。因此,"外王"层面的自由乃是指政治自由,也即以维护个体自由权利为目的而进行的相应的政治制度建构。

然而,传统的儒学理论中并不存在现代性的政治自由。对此,原教旨主义儒学与现代新儒学给出了两种不同的解释方案。

原教旨主义儒学有意无意地将现代自由等同于西方自由,将个体自由等同于恣意妄为,据此认为现代社会的诸多弊端都是由这种"现代"自由导致的。于是,他们借否定西方自由直接拒斥现代自由,否定现代民主政治制度的价值。而他们开出的救治"良方"却是要复活前现代的专制政治,例如当代的"大陆新儒教"极力鼓吹传统公羊家提出的"三纲"礼法制度,并设想通过"政教合一"的模式来保障落实。这种借中西之别否定古今之变的做法,不仅危害儒学自身的发展,而且与当代中国人的自由诉求背道而驰,而其强烈而狭隘的民族主义立场,更潜藏着助长极权主义的风险,特别值得警惕。

与此相反,现代新儒学基于儒家立场对现代自由做出了肯定性的解释，这种价值立场无疑更具积极意义。现代新儒家首先从确立个体价值的立场上对中国传统社会的政治，特别是皇权专制进行了全面批判，进而通过对传统儒学，主要是宋明儒学的重新阐释，将传统儒学与现代自由对接起来，而且基于儒家立场设计了发展民主政治的方案，如牟宗三专作"新外王三书"就是对儒学开出"民主与科学"的合理性和现实路径提供了一种学理上的解释，而张君劢通过对个体主义、自由主义价值立场的认同，直接提出了平衡个体权利与政府权力的"第三种民主"方案，并设计了以分权制衡为原则的"四六宪法"草案，这些都在很大程度上将政治自由纳入到现代儒学之中。

应该说，儒家思想与现代自由的确有诸多汇通之处。例如：现代政治自由的一项基本内容就是保障每个公民的私产不受侵害，这实与孟子"制民恒产"的思想相通[1]；而儒家所讲的"亲亲→仁民→爱物"[2]的推爱思想也与西方自由主义的功利伦理极为相似，他们也讲求对他人的同情，并认为这种"同情"的情感是由近及远、由人及物，逐步推展的。然而，这二者之间的交叠、对应并不代表着完全等同，也就是说，汇通儒家思想与现代自由并不等同于以传统儒学理论附会现代自由观念。在这个意义上，现代新儒学的诸多阐释难免牵强附会。例如他们直接用孔子的"为仁由己"[3]、孟子的"大丈夫"人格等来附会现代性的个体自由权利，或者将传统的"民本"等同于现代"民主"，或者将传统的"乡约"直接类比于现代的"自治"等，这些阐释都是不恰当的。其实，以这种方式为传统儒学理论做辩解是当前儒学研究中普遍存在的问题。

这就导致现代新儒学虽然在价值立场上接纳了现代自由，但还是如同传统儒学一样与现代自由是两张皮，二者之间的紧张并没有解除。即如有学者所说："到目前为止，诸如此类的努力似乎都没有取得任何实质性

---

[1] 《孟子·滕文公上》曰："民之为道也，有恒产者有恒心，无恒产者无恒心。苟无恒心，放辟邪侈，无不为己。及陷于罪，然后从而刑之，是罔民也。"
[2] 《孟子·尽心上》。
[3] 《论语·颜渊》。

的进展。这一结局几乎是注定了的——因为在自由主义思想与儒家文化之间，尽管人们可以在表层上找到一些连结点，但两者深层次的、核心的部分，却始终存在着某种内在的紧张，使它们之间永远不会出现本体意义上的交集。"① 这意味着，仅从外王层面进行汇通，而不探究传统儒学向现代转化的内在机理，将无法真正解决传统儒学与现代自由之间的紧张，因此，我们的思考必须深入到内圣层面。

（二）内圣的困惑

儒家的"内圣"是指修身明德，即《礼记·大学》"八目"中的"格物、致知、诚意、正心"。要成就"外王"功业须以"内圣"为基础，"外王"是"内圣"的下贯和外显，"内圣"是现实社会建制背后的理论依据，因此，"内圣"之学乃本体论，属于形上学层面。在这个层面上所指的自由乃是本体自由，实为政治自由的形上学依据。

对此，原教旨主义儒学不但没有进行积极的理论创建，反而直接用传统的本体观念为其复古专制的政治立场正名。如此一来，"老外王"依傍"老内圣"似乎具有了"名正言顺"的合理性，但这也从根本上暴露出他们彻头彻尾的拒斥现代自由的立场。不仅如此，他们对传统儒学本体观念所做神学化的改造，更是根本背离了儒家以仁爱解释一切，"不语怪力乱神"②的基本立场。

相较之下，现代新儒学在本体论层面体现出现代性转化的理论自觉。他们将传统的宋明儒学与康德、黑格尔等现代西方哲学进行对接、互释，由此创建的"道德形而上学"已经具备了明显的现代性特质。例如牟宗三提出自我的"良知"就是自由无限心，张君劢认为"精神自由"是一种个体性的自由，这都体现出以个体为本位的现代自由特质。在这个意义上，诚如有学者所指出的，现代新儒学绝非简单的"返本"，而是创造性的"释本"。③

---

① 《自由主义在当代中国》，见 http://bbs.tianya.cn/post-free-2196911-1.shtml。
② 《论语·述而》。
③ 黄玉顺：《现代新儒学对儒学复兴的三点启示——祝贺大陆版〈唐君毅全集〉出版发行》，见 http://www.confuchina.com/2014%20xueshuxinxi/20161122.htm。

然而，现代新儒学"释本"的做法依然没有真正涵摄现代自由。以牟宗三的良知本体为例，略作分析。其一，宋儒的良知本体虽然与康德的实践理性有某种对应性，即从行为主体上，良知和自由意志都是个体性的，但二者实质内容并不等同，前者是以传统家族伦理价值为个体自觉行动的根本指向，即以天理为良知；后者以个体价值为行动的根本指向，如康德强调"他人即是目的"，其中的"他人"乃是一个"个体"。因此，在价值指向上，实践理性体是现代性的个体主体观念，而宋儒的良知本体乃是前现代性的家族主体观念，如果将二者直接进行类比、互释并不恰当。其二，牟宗三的"良知"本体乃是从道德的进路入，也即认为良知是从现成的道德规范中超拔出来的。这不仅在理论进路上存在着形下道德对形上本体僭越的嫌疑，而且意味着良知本体是以某种既有的、已经现成化了的道德为先行观念，是一种没有新的可能性的东西，这根本导致其"良知"观念难以摆脱宋明儒学价值观念的束缚。

据此而言，现代新儒学并没有完成对传统宋明儒学的现代转化，而只是以一种现代哲学话语为"老内圣"做了辩解。既然"内圣"是前现代的，而"外王"只是"内圣之德之'作用表现'"[1]，这又如何能开出现代性的"民主与科学"呢？这就明显暴露出现代新儒学在内圣层面还存在着传统儒学与现代自由的紧张。这样的结果想必也非现代新儒家学的初衷。然而，如何才能解除这种紧张呢？如果仅仅就"内圣"而论"内圣"，恐怕得不到根本的解答，为此，我们必须对"内圣—外王"这一理论架构本身进行检讨。

（三）自由本源的困惑

"内圣—外王"是传统儒家形上学的典型架构，也即"形上—形下"的两层观念架构。近现代儒学在应对现代自由问题时所构建的理论依然延续着这一架构，典型的就是现代新儒学以"老内圣"开出"新外王"的进

---

[1] 牟宗三：《牟宗三哲学与文化论集》，南京：南京大学出版社，2010年，第342页。

路,而当代的"大陆新儒教"虽然明确反对"内圣外王"的话语,但其本身的理论架构依然是形上(天道本体)—形下("三纲"礼法)的两层架构,其实质与"内圣—外王"的架构一样。

我们知道,"外王"指向现实的某个具体领域,实为相对主体性观念;"内圣"指向一切具体领域之整体,实为绝对主体性观念。绝对主体性是一切相对主体性的根本依据,也即内圣是外王的本体论依据。据前文分析已知,现代新儒学与原教旨主义儒学虽然在外王层面的价值立场不同,但他们尊崇的"内圣"却都是"老"的。这是因为,不论现代新儒学,还是原教旨主义儒学,都认为"内圣"作为最高的范畴和最后的目的因,是不证自明的、恒常不变的原初给予性观念。如牟宗三辩解说,"良知"本体是"自觉地要坎陷其自己,即是自觉地要这一执"[1],至于良知从何而来,如何获得这样的自觉却并未做出说明,或者如张君劢直接承认"良心之所命"是"求其故而不得"[2]。也就是说,他们都是对"老内圣"做了一种先验对象化的解释,而从未反思"老内圣"本身是从何而来的。由于问题意识的缺乏,他们只能承袭历史上的现成化了的、不具有生发可能性的"死概念",但这种"无源之水""无本之木"即便被移植到现代又如何能发展出现代自由呢?要知道,对这一问题的遗漏实质正是对自由本源的蔽塞。

之所以如此,是因为他们对儒学传统做了一种现成化、对象化的理解,所以始终站在儒学传统之外而不自知。事实上,作为一种一以贯之的儒学传统,一直处于生发构成的过程中,始终是非现成化的状态;而作为现成化了的儒学理论却总是在不断地推陈出新,正所谓"日新其德"[3]。在漫长而跌宕的历史变迁中,儒学传统正是通过儒学理论形态的与时更新才得以一以贯之地保持和接续。这就提醒当代的儒学理论必须要立足新的时

---

[1] 牟宗三:《现象与物自身》,台北:台湾学生书局,1984 年,第 123 页。
[2] 张君劢:《人生观》,见张君劢、丁文江等:《科学与人生观》,上海:上海亚东图书馆,1923 年;济南:山东人民出版社,1997 年。
[3] 《易·象·大畜》。

代语境，进行彻底的重建，而不能以任何一种现成的传统儒学理论为效仿对象。就此说来，不论是原教旨主义儒学，还是现代新儒学，根本上还只是传统儒学在现代的翻版，而未能把现代自由融入自身，真正的儒家自由理论仍没有建构起来。不过，作为生生不息的儒学传统本身其实已经涵摄着现代自由了。

三、自由的自觉：儒学传统对现代自由的涵摄

传统儒学也并不是与儒学传统毫不相干的东西，而是作为儒学传统的"承载物"而存在。所以，我们可以通过传统儒学直观到儒学传统本身：一方面，我们看到古往今来一切儒学理论都是以仁爱情感为大本大源解释一切，这正是一以贯之、代代相传的儒学传统本身；另一方面，我们看到儒学传统本身是敞开的，不断发展着的，随着仁爱显现样态的变化总是生成着新的可能性，由此形成了历史上不同时代特质的儒学理论，不仅有原始儒学、帝国儒学等前现代的儒学理论，还有近代儒学、现代儒学、当代儒学，这样现代的儒学理论。儒学传统的内涵不断丰富，外延不断变化，不仅涵盖着前现代的家族伦理观念，也逻辑地蕴涵着现代自由观念。

现代自由根本上就是个体自由，这是由于现代性的根本特质在于个体的主体性。而原始儒学中就体现出了某种个体自由精神，最典型的就是孟子所讲的"大丈夫"人格，只不过孟子所高扬的个体还仅仅是一种行为主体，并不是以自身为目的的价值主体，其适用范围也仅仅是士大夫精英阶层，并不具有普遍性。

但随着生活的变迁，这种观念发生了变化，其间慢慢显露出一种走向现代性的可能。这可以追溯到中华帝国由盛而衰的转折点——两宋时期。两宋的社会生活呈现出明显的两面性：一方面，皇权专制统治加强，礼法制度更加森严，价值观念日趋僵化保守；另一方面，市民生活兴起，个体主体意识增强，体现出某些现代性的价值观念。这种两面性在宋明新儒学中有明显体现，例如阳明心学就兼具守成与革命的双重性。就其守成性而言，阳明所言之"心"乃是普遍必然的宇宙本体，即以天理为心，他

所主张的"破心中贼"实与程朱主张的"存天理，灭人欲"是一样的；而就其革命性而言，阳明以"心外无理"破除了程朱理学的"天理"对个体的束缚，确立个体良知就是天理，即以心为理，由此开启了一种通往现代性的可能。

这种可能性在阳明后学泰州学派中得到突出体现。例如王艮认为"百姓日用条理处，即是圣人条理处"①，"圣人之道，无异于百姓日用"，"愚夫、愚妇与之能行，便是道"②；这无异于赋予了百姓与圣人平等的权利和地位。不仅如此，他还强调个体自身的主体价值，认为"身是本，天下国家是末"，"吾身是个矩，天下国家是个方"③，甚至直接以"明哲保身"为良知，这其实是表达了一种个体本位的现代性观念。虽然泰州学派在当时被视为儒学的"异端"，但正是因其不同于"正统"的专制儒学理论，反而鲜明地体现出儒学传统所孕育的现代自由观念。此后，明清大儒黄宗羲不仅强烈批判了皇权专制政治，并且提出了具有现代民主色彩的政治思想；另有顾炎武提出"天下兴亡，匹夫有责"，则将对社会的担当性由卿士大夫扩展到匹夫大众，这都客观地推动了个体的独立自主性发展为一种普遍性的价值观念。

清军入关加强了帝国专制，一度打断了中国的现代化进程，但近代的"反帝反封"运动促使儒学传统中孕育的现代自由观念激发了出来，维新儒学谭嗣同号召国民"冲决君主之网罗"④；康有为将自由视为实现大同理想的基础⑤；梁启超指出"自由者，天下之公理，人生之要具"⑥；严复主张"以自由为体，以民主为用"⑦，还有前文论及的现代新儒学对现代自由的肯定。凡此种种都是突出的体现。

---

① 王艮撰，陈祝生等校点：《王心斋全集》，第71—72页。
② 王艮撰，陈祝生等校点：《王心斋全集》，第10页。
③ 王艮撰，陈祝生等校点：《王心斋全集》，第34页。
④ 谭嗣同：《仁学·自叙》，见蔡尚思、方行编：《谭嗣同全集》（增订本），第290页。
⑤ 康有为：《大同书》，第161页。原文为："近者自由之义，实为太平之基。"
⑥ 梁启超：《新民说》，见梁启超：《梁启超全集》第二册，第675页。
⑦ 王栻主编：《严复集》第一册《诗文》上，第23页。

由此我们可以看出，历史上儒学理论所体现的价值观念的变化。这就表明儒学传统本身就是开放的、生成的，已将现代自由涵摄在其中了，只是缺乏恰当的理论表达。也就是说，既有的儒学理论建构与儒学传统本身的价值趋向不相匹配，在这个意义上，恰当表达时代本质的"现代儒学"尚未登场。正因如此，我们需要进行新的理论探索，将儒学传统本身涵摄现代自由的面向开掘出来。

四、通往自由之路："自由儒学"的路径选择

"自由儒学"就是为此而建构一种新的理论学说。有鉴于当前儒学理论面对现代自由的种种困惑和儒学传统本身对现代自由的涵摄，"自由儒学"为开通儒家的现代自由之路，选择了不同于当代原教旨主义儒学和现代新儒学的思想路径。简单说来，"自由儒学"一方面基于发展现代自由的需要，主张批判地借鉴西方自由主义；另一方面基于发展儒学传统的旨趣，主张批判地继承传统儒学理论。前一方面表明"自由儒学"根本不同于原教旨主义儒学有意混淆西方自由与现代自由的立场；后一方面表明"自由儒学"有别于各种传统儒学理论的现代翻版，包括现代新儒学，将儒学传统等同于传统儒学理论的立场。分而言之：

（一）批判地借鉴西方自由主义

"自由儒学"的论域是现代社会普遍存在着的自由问题，这一问题本身无所谓中西，而是一切现代社会所共同具有的一种价值诉求。

历史地看，现代自由首先通过西方自由主义得到了理论的表达。而事实上，当前西方自由主义还只是一种"国族自由主义"（National Liberalism），现代社会的诸多弊端因此而起，典型的就是对于个体自由实行着"双重标准"，即民主规则和强权规则（甚至霸权规则）并行：面对本国，讲个体自由、民主政治；面对他国，则强调国家主权高于人权，国家利益高于一切，个体自由并不具有根本意义。不论是古典自由主义（Classical Liberalism），还是新自由主义（New Liberalism），甚至新古典

自由主义（Neo-Liberalism），都还无法在超越国族的意义上进一步发展现代自由，虽然新古典自由主义思想家哈耶克（Friedrich August Hayek）提出了"自由秩序"原理，但实际上他只认为那是"自由主义的乌托邦"①，而且他自身也难以摆脱国族情结②。

之所以如此，根本原因在于西方自由主义乃是一种形上学化的自由观，也即通过经验假设或先验预设将某种既定的观念作为绝对意义上的自由，由于自由是以遵循某种必然性为前提，最终反而被窒息。比如黑格尔的"绝对精神"作为一种绝对性的自由实是对客观规律的自觉符合，而客观规律在现实中的化身乃是至上的国家意志。他据此提出的"国家主义伦理"正是从根本上背离了个体自由。当代西方存在主义的自由观虽然以"去中心"超越了形上学化的自由，但同时又将个体推向了价值虚无和孤立在世的深渊。例如海德格尔认为"无家可归是在世的基本方式"③，此在"是源始的、不在家的被抛在世的存在"④。正是这种"无家可归"和"被抛在世"，从本源处塑造着孤立而冷漠的个体，这不仅没有带来更多的自由，反而导致了一种现代怪象，即逃避自由。⑤这种对自由的逃避一旦与政治权力融合生长，就极易成为现代极权主义的温床。

对此，"自由儒学"认识到要进一步发展现代自由，必须要批判当前西方的自由主义，探索一种超越国族主义的现代自由方案，这就决定了"自由儒学"与各种西化派的理论根本不同。

但是，应当看到，在中西之间，现代自由的基本含义具有明显的"交叠共识"，即个体作为主体具有不受干涉或自作主宰的特质。⑥基于共同的问题和基本的共识，"自由儒学"与西方自由主义都要对个体的主体

---

① 阿兰·艾伯斯坦：《哈耶克传》，秋风译，北京：中国社会科学出版社，2003年，第263页。
② 哈耶克本人特别强调自己的英国公民身份，这无论如何也不能说他已经摆脱了民族国家的情结。
③ 海德格尔：《存在与时间》，陈嘉映、王庆节译，第318页。
④ 海德格尔：《存在与时间》，陈嘉映、王庆节译，第317页。
⑤ 参见艾里希·弗洛姆：《逃避自由》，刘海林译，上海：上海译文出版社，2015年。
⑥ 汉语"自由"一词的本义就是自行其道，也即由己，这与西语的"freedom"（或"liberty"）的含义相对应，都是指基于个体主体的不受干涉或自作主宰。

地位和个体自由的根本价值做出必要的理论说明,并为相应的政治制度建构提出可供参考的思想方案。因此,关于人权、平等、民主、宪制等内容本身就是一切现代自由的理论学说都必然要涉及的内容。这意味着"自由儒学"与西方自由主义之间在思想内容上具有相当的借鉴融通性。而且自近代至今,西方自由主义经历了三个阶段的发展,其间通过不断地纠偏和修正而日渐成熟,其理论学说非常丰富,也确有诸多值得借鉴的内容。当然,这种借鉴乃是出于一般现代性的意义而非西方化的意义,也就是说,借鉴的目的是为了发展现代性的自由,而不是为了发展西方化的自由。

总之,"自由儒学"对于西方自由主义不论是批判,还是借鉴,都是为了更好地发展现代自由。在这个意义上,"自由儒学"与拒斥现代自由的原教旨主义儒学根本对立。

(二)批判地继承传统儒学

"自由儒学"之所以为儒学,就是要基于儒家立场,以儒学话语来理解和阐释现代自由问题。这种对儒家立场的持守和儒学话语的自觉,意在继承发展儒学传统,而不在于照搬传统的儒学理论。恰恰相反,"自由儒学"认为唯有对传统儒学进行批判的继承,才能真正发展儒学传统。

这里再次指出,传统儒学指的是历史上现成化了的儒学理论形态,即我们通常所说的先秦儒学、汉唐儒学、魏晋儒学、宋明新儒学等各种不同形态的儒家理论和学说,它们都是作为儒学传统的"承载物"而存在,而非儒学传统本身。当然,我们还是要通过这些"承载物"才能进入儒学传统,也唯有通过传统儒学理论才能理解儒学传统。在这个意义上,我们必须首先要尊重并继承传统的儒学理论,肯定他们对于发展儒学传统的积极意义。

但应当看到,这些已经实现了的、以某种形态固定下来的理论学说,都是生活在王权时代或皇权时代的儒者为了解决当时的社会问题而做出的理论回应,而绝不是为解决现代社会问题进行的理论建构。这意味着我们并没有任何现成的儒学理论可以照搬。不仅如此,我们更要意识到,传统儒学理论旨在为前现代的群体生活提供合理性方案，因此其理论指向是与前现代的宗族或家族伦理价值相一致的，虽然这些理论曾经对传统中国社会的繁荣起到了促进作用，但在今天，却与现代自由的价值诉求相背离。因此，我们不但不能照搬传统儒学理论，而且还要对其做出深入的批判。

与传统儒学理论不同，儒学传统乃是指儒学之"统"以不同的样态现身，并因此得以代代相"传"，也就是一以贯之的儒学原理。就"传"与"统"的本义而言，所谓"传"，即"驿"，本义是指一站传给下一站；所谓"统"，即"纪"，原指丝的头绪，儒学之"统"就是以仁爱为根本出发点解释一切，而绝非"三纲"等礼法制度。也就是说，儒学传统实为仁爱的代代相传，这本身并不是时间性的存在"物"，而只是不断以新的样态涌现出来的本源情感。由此，我们不能将儒学传统本身作为一个客观对象加以打量，也即儒学传统不能"被界定、归纳为一种以感性或理性的形式现成地摆在那里的东西"①。因为一旦"对象化"就意味着儒学传统是一个现成在手的"死"东西，仅仅存在于"过去"的维度上。这就让原本敞开的、绵延的儒学传统变成了一个个"过去的""现成化的"儒学理论的拼接。如果我们以这样的方式继承儒学传统，就只能是对"过去的"儒学理论进行修复和再版，而无法开显儒学传统在当代的新的可能性。据此而言，不复制任何传统儒学理论乃是发展儒学传统的内在要求。

在这个意义上，"自由儒学"不仅不同于简单复制传统儒学的原教旨主义儒学，而且也不同于对传统儒学进行"返本""释本"的现代新儒学，而是通过对传统儒学理论的批判继承，追溯一切儒学理论之源，重新建构的一种当代儒学理论形态。

五、溯源与重建："自由儒学"的基本理论建构

那么，"自由儒学"要通过怎样的理论建构才能真正继承儒学传统阐释现代自由，而不是以传统的儒学理论与西方自由主义嫁接呢？

---

① 余平：《传统的本体论维度》，《哲学研究》1993 年第 1 期。

对此，我们得先清楚"自由"和"儒学"的实质。对儒学，当然是指基于儒家立场的理论学说，实质是一种理论形态的存在物。对自由，则见仁见智，但不论是何种内容的自由，总不外乎两种类型：一类是某个具体领域内的自由，如政治自由、道德自由等，它与具体领域的主体相匹配，也即形下的自由，实质是一种相对主体性观念；另一类则是涵盖整个存在者领域的自由，如意志自由、上帝的自由、本体良知的自由等，是作为一切具体自由之依据的本体自由，与绝对主体相匹配，实质是一种绝对主体性观念。显然，不管是相对主体的自由，还是绝对主体的自由，自由必定是某种主体的自由，皆属于某种主体性观念。由此表明，自由问题的实质即主体性问题，而主体性问题无疑是指向存在者领域的。如果我们追问到此，就意味着只能以"自由"和"儒学"这两个现成的"存在者"或"存在物"进行嫁接，其结果不过是重蹈现代新儒学的覆辙。

因此，我们还要继续追问，直到找到自由与儒学共同的发源地，并以此为共同的语义平台才能展开新的理论建构。于是，我们不得不思考这样一个问题，即一切存在者究竟从何而来？众所周知，这个问题是由海德格尔首先提出的，并决定性地影响了当代哲学的转向。海德格尔通过对存在者（Seiende）与存在本身（Sein）的划界，揭示出一切存在者的最终来源必定不可能再是任何存在者，而只能是先行于存在者的存在本身。那么，存在本身又是什么呢？其实，这种提问方式本身就不恰当，因为存在本身根本不是什么具体的"东西"，甚至不是海德格尔所说的"此在"（Dasein）的"生存"（Existenz）。[①] 对此，当代儒学的前沿理论"生活儒学"[②] 已经系统阐明了"存在本身"就是事情本身、生活本身，而且在儒家看来，生活本身就是本源仁爱情感的涌现。这一观念的提出对于我们思

---

① 海德格尔认为，"此在"是一种特殊的存在者，唯有通过"此在"的"生存"才能通达存在本身。然而，这意味着"此在"的"生存"成为一个先行于"存在本身"的观念，由此，"存在本身"难以摆脱主体性观念的色彩。
② "生活儒学"是由当代儒家代表人物黄玉顺先生提出的一种当代儒学理论体系。参见黄玉顺：《爱与思——生活儒学的观念》，成都：四川大学出版社，2006年。

考自由问题具有重要的启发意义。

既然一切存在者都来自生活本身,也就意味着回到生活本身,乃是思考一切主体自由和建构儒学理论的先行观念。由此,"自由儒学"需要在建构主体性自由之前,先要对现代自由展开一番溯源工作,探明现代自由是如何可能的,其实也就是探明现代性主体是如何可能的。由于一切主体(存在者)都源于生活本身(存在),因此,有什么样的生活就有什么样的主体,而生活本身并不是任何"物化"的存在者,而是作为"无"的存在本身,事实上,生活本身就是生生不息、衍流不止的情境,历时地呈现为不同的生活方式,其各种现实化了的存在就是不同的社会历史形态。正是由于生活本身始终是变动不居的,一直处于非现成化的生发状态,所以总是生发、构成着新的主体性。这就让社会主体随之不断转化,由前现代的主体转向了现代性的主体,而现代性主体确立的同时也就产生了现代性的自由。可以说,现代自由之所以可能正是源于生活本身。

"自由儒学"基于儒家立场,认为生活本身作为"生生"之境,总是以"让……"的情态无限敞开着,使新的主体得以可能,这本身就是仁爱最本源的显现,所谓"天之大德曰生"[①]。同时,"生生"也就是最源始意义上的自由,即作为一切主体自由之源的"本源自由"。通过这种溯源工作,自由儒学揭示出本源仁爱情感造就了现代社会的主体:个体;本源自由孕育产生了现代性的自由。由此"自由儒学"将从形上、形下两个层面展开主体自由的建构,首先是建构形上的本体自由,其意在为政治自由奠基,所谓"先立乎其大";最终落实为形下政治自由的建构,即为个体自由权利的合理性提供儒学的解释,并为相应的制度安排提供儒学的方案。

由上可以归纳出"自由儒学"的基本理论建构思路:追溯一切主体自由之渊源(本源自由),并以此为本体自由奠基,进而通过重建本体自由为政治自由奠基。由此,"自由儒学"呈现为"本源自由—良知自由—

---

① 《易·系辞传上》。

政治自由"的三层观念体系。

（一）本源自由

本源自由是提出并解答自由的本源问题，即自由何以可能的问题。这是任何一个有本有源的自由理论所要解答的首要问题，其中不仅包括何谓本源自由、本源自由与主体自由的关系等一般性论述，而且要针对性地论述本源自由的当下样态即现代性的生活方式，阐明现代性的生活本身与现代性主体和现代自由的源始关联。

（二）良知自由

"自由儒学"将每个个体对现代自由的诉求一般化、抽象化地表达为"良知自由"，据此作为当代儒家的本体自由观念，旨在确证现代自由的绝对价值，为现代政治自由奠定本体论基础。"自由儒学"所提出的"良知自由"不仅区别于西方自由主义所依赖的理性自由，而且也根本不同于传统儒学以家族伦理为价值指向的良知自由。

在"自由儒学"理论中，形上的良知自由与形下的政治自由存在着"生成"与"奠基"双向关系。从观念生成的角度看，形上的良知自由其实是形下政治自由诉求的本体论化，而形下政治自由的诉求有着当下生活的渊源。从观念奠基的角度看，形下的政治自由需要形上的良知自由作为其本体依据。诚然，进行形而上学的思考是哲学家的事情，甚至西方自由主义者不承认本体自由的存在，但政治自由作为一个相对主体性观念，其背后总有一个绝对主体性观念作为最终的承诺，只是"百姓日用而不知"。所以，如果没有良知自由作为"本体论承诺"，政治自由涉及的具体观念和主张是缺乏根基的。

（三）政治自由

政治自由是"自由儒学"的最终落脚点，也是"良知自由"在现实生活中的展开。在这个层面，"自由儒学"主要阐明两个核心性问题：

1. 对个体自由权利做出儒学的解释。(1) 人权作为政治自由的核心内容，乃是"良知自由"在现实中最直接的体现。(2)"主权在民"是个体权利的必要函项，实为"良知自由"现实推扩的必然结果。(3) 基于儒家立场，阐明民主政治建构的根本目的和基本原则。

2. 为超越国族主义的现代自由提供一种儒学的思路。(1) 以无限隔的生活本身为大本大源，在超越现代民族国家的意义上，重新确立个体作为现代性主体的地位。(2) 以良知个体克服理性个体的孤立冷漠的在世状态，确立基于独立个体的仁爱生活共同体。(3) 关于超越国族主义的人权观念。(4) 关于超越国族主义的"主权在民"思想。(5) 关于超越国族主义的民主政治方案。

总而言之，建构"自由儒学"其意不仅要为解决传统儒学与现代自由的紧张找到出路，也希望能为现代自由的进一步发展提供积极的参考。

儒家自由观念在当代的新开展*

自由作为现代社会价值的一个标签，乃是"现代性社会的最高原则"，甚至是"一切价值的价值"。① 近代以来，中国社会出现的各种思潮和社会革命，无不与中国人对自由的诉求密切相关，可以说，"自由是整个二十世纪都不曾做完的思想课题"②。

西方自由主义诸理论的广泛传播，虽然表达着一种现代性的自由，但其脱离中国思想传统和现实的缺陷，已经表明其无法恰当地表达中国人对现代自由的诉求。

就此而言，儒学作为中国最重要的思想派别，不可回避地要对现代中国的自由问题做出回应。对此，儒学传统的自由观念为我们提供了诸多宝贵的思想资源，但绝不意味着我们可以简单地移古作今。毕竟，中国社会已经由前现代的宗族、家族生活方式转为现代性的个体家庭生活方式，这意味着现代中国人的自由观念势必体现着现代生活特质，而传统儒学中的自由观念无法表达中国人对现代自由的诉求。

为此，笔者认为有必要立足现代性的生活，继承转化传统儒学，并在此尝试对现代自由问题提供一种儒学的言说。

一、儒家现代自由观的本源：现代性的生活方式

孟子讲"知人论世"③，就彰明了这样一个道理：有什么样的生活，就

---

* 原载《社会儒学论丛》第一辑，济南：山东人民出版社，2017 年。
① 参见黄裕生：《自由：现代性社会的最高原则》，《社会学家茶座》2008 年第 4 辑。
② 刘梦溪主编：《中国现代学术经典·张君劢卷》，石家庄：河北教育出版社，1996 年，总序，第 22 页。
③ 原文出自《孟子·万章下》："以友天下之善士为未足，又尚论古之人。颂其诗，读其书，不知其人，可乎？是以论其世也。是尚友也。"

有什么样的主体。由此进一步说,有什么样的主体,就有什么样的主体自由。在本源意义上,现代自由观念的确立并非人为刻意的"约定",而是生活本身的"俗成"。

(一) 社会生活方式的现代转型

中国社会自明清以来,市民生活方式兴起,悄然地瓦解着传统的家族社会,代之而起的是个体逐渐成为社会主体,在独立个体的基础上组建现代性的核心家庭(nuclear family),家族宗法伦理失去了发挥效用的土壤。近代以来,经济活动中,逐步以个人而非家庭作为经济利益的分配单元和经济责任的承担者;政治生活中,参与选举与被选举等政治活动的单位不是家庭,而是公民个体。现代性的生活方式以不可抗拒的力量推动着中国由传统的皇权社会转向现代民权社会。

对此,我们首先要清醒地认识到:现代性的生活方式是全球性的,而非西方的。当然,不可否认,现代性的生活方式首发于西方;但从共同生活的视域来看,现代性的生活作为一种普遍性、全球性的存在,既塑造了西方,也塑造着中国。事实上,现代化进程从一开始就是全球性的事情。[1] 而将中国发展现代性等同于西方化,无疑是混淆了"现代性"(modernity)与"现代化"(modernization)两个不同的概念。现代性作为现代社会的一般根本特质是一致无二的、不分中西的;但现代化是现代性在具体实现过程中与各国不同文化传统、生活的特殊性融合而呈现出的不同展开方式,西方有西方的现代化,中国有中国的现代化,不能一概而论。也就是说,"中国不是一张白纸,再激烈的社会变革也是在中国的传统'底色'之上描绘出来的"[2]。中国在走向现代性的过程中自然需要与自身的文化传统和生活境遇融合,形成中国的现代化模式。其实,我们已然

---

① 黄玉顺:《反应·对应·回应——现代儒家对"西学东渐"之态度》,《上海师范大学学报(哲学社会科学版)》2009 年第 5 期。
② 张志伟:《世界性视野中的"中国模式"——现代中国学之政治研究的方法论问题》,《中国人民大学学报》2006 年第 3 期。

身处中国现代化的进程之中了。

（二）现代生活方式确立的新主体性

现代性的生活方式确立了新的社会主体，即个体。对于个体性观念，人们往往认为是西方的传统观念，似乎在西方是古已有之的，有的学者以为希腊的民主城邦制就体现出现代性的个体观念（individual idea），有的则以为西方中世纪也具有个体主义。但事实上，在近代以前，就社会主体而言，西方同中国的传统是一样的，都是群体性的，即以家族为单位的群体性主体，他们同样以家族利益和家族荣誉为最高价值，个体没有独立价值；而个体主义是在西方的现代化的生活方式中才突显出来的价值观念，并通过宗教改革和启蒙运动在理论上得到支撑。

现代生活所确立的个体主体，不再是家族的附庸，而是独立的个体，这成为现代性的一个根本特质。不过，基于不同的思想传统，中西思想家所确证的个体主体性不尽相同，而体现出各自民族的特殊性；但无论怎样，对于认同个体作为现代社会的主体，中西之间却是根本一致的。

二、儒家形下自由的新开展：政治自由与现代社会的主体建构

（一）现代社会主体建构的儒学叙述

在儒家看来，现代性的生活方式乃是仁爱生活情感在当下的显现样态，这本源地造就了现代社会的主体：个体。

1. 个体是仁爱的自觉能动者

渊源于仁爱情感的个体，首先是一个具有自主自觉的仁爱情感的存在者。如孔子曰"为仁由己，而由人乎哉？"[1] "我欲仁，斯仁至矣"[2]。孟

---

[1] 《论语·颜渊》。
[2] 《论语·述而》。

子曰"反求诸己"①,"求在我者"②,"反身而诚"③。凡此皆体现出个体是自觉能动的存在者,具有自作主宰的独立性。其实,在宗族和家族的生活方式下,儒家也同样体现出个体的自主自觉性,只不过其自觉行为的目的在于实现宗族/家族的价值,这诚然是符合当时的生活方式,但同时遮蔽了仁爱对个体价值的认可;事实上,自爱才是儒家仁爱的逻辑起点。

2. 自爱是仁爱的起点

儒家认为,仁爱之始本然地就是"爱己"。儒家讲"仁爱",是通过"差等之爱"的推扩,实现"一体之仁"的圆融。而"差等之爱"是依据亲疏远近关系的不同而流露出不同程度的仁爱情感,孟子"亲亲—仁民—爱物"④的说法最为典型,这既是博施济众的仁爱"外推",也是仁爱情感的递减。但这一概括并不完备,因为"推己及人"之推扩,显然是由"己"开始的,如孔子所说"己欲立而立人"⑤,"立人"之前提是"己欲立"。孟子也说"人之于身也,兼所爱"⑥,"无尺寸之肤不爱焉"⑦。人是由"爱自身"而"兼所爱"。所以,"亲亲"仁爱尚有一个隐含的逻辑起点:"爱己"。"爱己"并非自私,而是自爱。自爱乃出于生活实情,是仁爱情感所显现出来的原初意向性。唯自爱者方能爱人,这是仁爱推扩的第一步。因此,仁爱的起点在于爱己,而非爱亲,这既是生活实情,也是人之常情。相反,对于不自爱、不爱己的人,孟子斥为"自暴自弃"。

> 自暴者,不可与有言也;自弃者,不可与有为也。言非礼义,谓之自暴也;吾身不能居仁由义,谓之自弃也。⑧

---

① 《孟子·离娄上》。
② 《孟子·尽心上》。
③ 《孟子·尽心上》。
④ 《孟子·尽心上》。
⑤ 《论语·雍也》。
⑥ 《孟子·告子上》。
⑦ 《孟子·告子上》。
⑧ 《孟子·离娄上》。

这表明，个体不仅仅是行为上的自作主宰者，而且自身就具有独立价值。试想，一个否定自身价值的个体，亦即否定了自身作为主体的存在，又如何作为自动自觉者去爱亲、爱民、爱物呢？

当然，传统儒学是将个体的独立价值归为家族整体价值的一部分，这是基于家族生活方式的理解；而今随着传统家族生活的解体，个体的独立价值自然突显出来，"爱己"作为儒家仁爱思想的逻辑起点，为此提供了最好的理论说明。正是由于个体既是自觉自主的仁爱施予者，同时也是仁爱之所爱者，才确证了现代社会中个体的主体地位。

3. 个体是家国的根本

> 孟子曰："人有恒言，皆曰'天下国家'。天下之本在国，国之本在家，家之本在身。"①
>
> 朱熹注曰："（'天下国家'）虽常言之，而未必知其言之有序也，故推言之，而又以家本乎身也。"②

可见，以身为本，正是儒家推己及人的基点。在现代社会，这个"身"不再是宗族或家族的代表，而是公民个体。个体是家庭、国家存在的根基和最终目的。所谓"本"则需从确证个体为社会主体的两个方面上讲：（1）个体作为仁爱的自觉施予者，即意味着由个体为始基，可以实现亲民爱众、由身及家及国的推扩，这是表明个体为家、国的存在和发展的基础。（2）爱己意味着个体具有独立价值，仁爱流行是为每个个体的价值得到实现，这表明个体是现代社会的家、国的存在和发展的根本目的。

---

① 《孟子·离娄上》赵岐注云："天下谓天子之所主，国谓诸侯之国，家谓卿大夫家。治天下者不得良诸侯，无以为本；治其国者不得良卿大夫，无以为本；治其家者不得良身，无以为本也。"参见《十三经注疏·孟子注疏》，阮元校刻，北京：中华书局，1980年，第2718页。这种解释在先秦封建时代是讲得通的，但对于后世，特别是现代社会而言，是不适用的观点。
② 朱熹：《四书章句集注》，第278页。

（二）现代政治自由观念的儒学解释

个体成为现代社会主体，最直接的体现是个体权利意识的觉醒，这现实地体现为人权观念。

1. 权利源于爱

关于人的权利、利益方面的思想，在《荀子》中多有阐发。例如所谓"爱利"（爱而利之），爱最直观地体现为利欲：爱谁，就希望谁得到利益；这里，利本身就是爱的体现。黄玉顺曾指出："利欲出自仁爱；仁爱始于自爱；利益冲突源于某种仁爱情感。……一切皆源于爱。"① 爱己也就意味着希望自身得到利益，这是仁爱的逻辑起点，因此，爱利施予的对象是个体，这具有自然的正当合理性。

2. 权利是人性之本

在儒家看来，人权是仁爱和爱由己始是在现代生活方式下自然生发、顺理成章的观念，是因其自然之势而导之，所谓"天下之理，本皆顺利"②。孟子也曾说"利之而不庸"③，表明个体有利益需求就应当得到满足，这并不能视为政府官员的功劳，因为这只是生活的自然需要。所以，如果个体权利得不到保障，就是根本违反人之本性的。而现实中最直接的利益就是私产，也就是孟子所说的"制民以恒产"④；有"恒产"并非目的，而是为"有恒心"，孟子以"心"为主体，"有恒心"就是保障人的主体性，在现代生活中则直观地体现为个体自由权利的享有，这也是人权观念的实质。个体自由既是人人所共欲，自然应当人人平等地享有，孔子早有言：

---

① 黄玉顺：《中国正义论的形成——周孔孟荀的制度伦理学传统》，第 206 页。
② 朱熹：《四书章句集注》，第 278 页。
③ 《孟子·尽心上》。
④ 《孟子·梁惠王上》。原文为："无恒产而有恒心者，惟士为能。若民，则无恒产，因无恒心。苟无恒心，放辟邪侈，无不为已。及陷于罪，然后从而刑之，是罔民也。焉有仁人在位，罔民而可为也！是故，明君制民之产，必使仰足以事父母，俯足以畜妻子；乐岁终身饱，凶年免于死亡。然后驱而之善，故民之从之也轻。今也制民之产，仰不足以事父母，俯不足以畜妻子；乐岁终身苦，凶年不免于死亡。"

"己欲立而立人,己欲达而达人"①,"己所不欲,勿施于人"②。这也成为现代社会公认的"金律"。唯有保障人权,才能根本地保障个体的主体地位,这也是现代社会基本的价值共识,诚如泰州学派的王艮所说:"明哲保身"就是"良知良能"。③

3. "主权在民"是儒学自有的函项

个体自由权利不仅仅指私领域不容干涉,而且意味着个体拥有参与公共事务的权力。这在儒家看来也是理所当然之事。孟子即指出"人皆可以为尧舜"④,王阳明则以"致良知"说开启了将这一观念落实为现实的可能。所以,嵇文甫认为,王阳明将圣人的资格放宽了,"聋圣人,哑圣人,工圣人,农圣人,大大小小,形形色色的圣人,都该为阳明所容许",于是许多下层社会的分子,都有机会闯入圣人的门墙了。⑤ 这就表明,人人可为圣人不只是理论言说,而且是实际践行。我们知道,传统社会中,只有尧舜周孔等极少数精英才可称为圣人,而只有圣人才能"制礼作乐",这意味着只有极少数精英才有权力制定社会规范、政治制度,决定国家大事。在这个意义上,圣人才是公共权力的拥有者,故朱子有言:"权者,圣人之大用。未能立而言权,犹人未能立而欲行,鲜不仆矣。"⑥ 而孟子的观点已然表露出对传统伦理的革命,阳明心学将此推向现实,无疑是表明人人具有参与公共事务、制定规范制度的权力,每个个体都是权力的拥有者。据此而言,当今的"主权在民"观念本就是儒家思想的函项。

事实上,按照儒家"身—家—国"的推扩序列来看,在现代社会中,唯有确保个体的自由权利,积极参政议政,行使民主权利,个人才能真正作为社会主体对自己负责,对家庭、国家负责,即如孟子所言,唯有在"独善其身"的基础上才能"兼济天下"。

---

① 《论语·雍也》。
② 《论语·颜渊》。
③ 黄宗羲著,沈芝盈点校:《明儒学案·泰州学案一》,第715页。
④ 《孟子·告子下》。
⑤ 嵇文甫:《晚明思想史论》,北京:东方出版社,1996年,第13、117页。
⑥ 朱熹:《四书章句集注》,第116页。

三、儒家形上自由的新开展:良知自由与现代主体性的确立

当然,"差等之爱"所体现的对个体权利的肯认,仅仅是"仁"的一面;我们知道,儒家同时也强调"一体之仁",唯有兼顾这两个方面,才能理解儒家所讲的"仁爱"。儒家以"一体之仁"表明人人皆具有良知,并且以良知为个体的主体性根据。虽然西方思想家如康德、黑格尔、海德格尔等人都论及"良知",但他们并没有将此确立为主体性的根据,而且所论的内容也与儒家截然不同。① 可以说,以良知为人的主体性的根据,乃是儒家区别于西方自由主义的根本所在。

在儒家的言说中,良知同样源于仁爱生活情感的显现,它不仅仅确证着形上的绝对主体性,而且也确证着形下的相对主体性。因此,需要从两个层面上理解。

(一)"良知"的相对主体性意义

儒家以"良知"为人的相对主体性,乃是一种经验层面的言说。孟子由本源的生活情境,提出"良知"是人人所具有的"不学而能""不虑而知"的能力。这就表明"良知"并不是知识性的"认知",无法通过经验的认知能力或先验的理性反思而获得,而是对当下生活的感悟性的"体知",是在"见孺子将入于井"的情境中,真实呈现出的"怵惕恻隐"的仁爱情感,在这个意义上,"良知"根本是一种原初的情感能力。

---

① 现代西方思想家虽然也认识到人不仅仅是利害计算的存在,如功利主义伦理认为人与人具有同情的道德,康德也强调人具有道德意志力,但这一切根本上皆是普遍理性的运用,而任何情感因素都被排斥在普遍的理性主体性之外。不仅如此,开启"基础存在论"的海德格尔通过对所谓"良知"的存在论分析,从更为本源的观念上否定了生活情感的因素,他认为"良知公开自身为操心的呼声;……良知的呼声,即良知本身,在存在论上之所以可能,就在于其存在的根基处是操心";"呼唤者……在被抛境况为其能在而畏的此在","呼声的情绪来自畏"。在他看来,最真实的生存境况是"烦"(操心/Sorge)、"畏"(害怕/Angst),因此,"良知"只是"烦"与"畏"的情绪,其中毫无仁爱情感的因素。据此可以说,现代西方所确立的普遍主体性根本上是排斥任何情感因素的。如海德格尔是将个体的本己生存状态领会为良知,亦即良知为此在的生存本身,良知非实体性的呼唤,是罪责的呼唤,是出于此在亏欠的偿还的呼声,是消极意义的。

在现实的人伦生活中,"良知"首先体现为一种"共通的道德感"或者说"道德共识",比如人们会对某些现实既有的观念和行为产生正义或不正义的"直觉",这就是人们所说的"正义感"。① 这种正义感乃是情境中的"不虑而知",它最终落实为见义勇为的言行,由是让良知得到当下的直观呈现,正如熊十力所说:"良知是真真实实的,而且是个呈现,这须要直下自觉、直下肯定。"② 所以也可以说,良知就是一种现实的良能。

良知所体现出的道德价值性,并不是由现实既定的伦理规范设定而成的。相反,良知是一种本真的伦理精神,是制定具体的伦理规范和政治法规的基础。在儒家看来,现代社会中,唯有个体具备了这样的伦理精神,才能保障人人有资格参与公共生活的决策和管理,也才有能力做出公正的选择。可以说,现实中具体的伦理规范和制度法规都是这种伦理精神的实体形态。由此也可以看出,儒家与西方自由主义伦理的区别就在于:儒家认为,公共生活中的个体在保障自身权利的同时,也能够尊重他人的权利,自觉维系社会的正义,而且这既不是出于功利主义的利害算计,也不是先验普遍的理性法则使然,而是出于本源的仁爱情感,是出于爱人爱己的伦理良知。儒家的良知伦理,指向的是一个通过个体良知的发动而形成的自由有序的和谐社会,而无须依靠统一的权力中心来强制性地维护,由此也开显着一种超越民族国家的可能途径。

当然,需要指出的是,伦理意义的良知只是一种相对价值的体现,本身是一个随时因革的观念,因此只具有相对主体性的意义,而不能绝对化。

(二)"良知"的绝对主体性意义:良知自由

在形上的层面上,儒家是以"良知"为人之为人的根本依据,在这个意义上,"良知"具有绝对主体性的意义。但儒家的人性论并非经验道德观念的抽象,而是同样渊源于当下的仁爱生活情感,实为对本源生活的

---

① 参见黄玉顺:《中国正义论纲要》,《四川大学学报(哲学社会科学版)》2009 年第 5 期。
② 转引自牟宗三:《自律道德与道德的形而上学》,见郑家栋编:《道德理想主义的重建——牟宗三新儒学论著辑要》,北京:中国广播电视出版社,1992 年,第 291 页。

整体对象化的解释。这是因为，在儒家看来，良知之为本性，乃是德性，而"德"不是名词，而是动词，即"德者，得也"①。这表明，人的本性不是先验设定的概念，而是得之于天，即是"得"来的，即孔子所谓"天生德于予"②。"天"不是作为 nature 的经验自然，也不是形上意义的至上神，而是"诚"；所谓"诚者，天之道"③，"诚"即指生活实情、生活情感本身。儒家如此的"（天）道—（人）德"（所谓"道德"）观念，就是将生活的实情领会为仁爱情感，从而获得人的普遍主体性。

在这个意义上，"性"源始地不是本体之性，而是本源的"生生"，是前主体性的"生性""天性"；而作为本体的人性，乃是基于"生性"，不断地"习""得"而成。这在孟荀的人性论思想中都有集中体现。孟子的性善论就是将"生性"理解为"四端"之心，即在"见孺子将入于井"的生活情境中涌现的"怵惕恻隐"之情，这并不同于经验对象化的"已发之情"，而是前主体性的生活情感；而人之为人的善性是指"四德"，它是"四端"不断地"存养""扩充""操存"的结果，此谓"立乎其大者"。荀子虽言"性恶"，但"恶"也是生性，所谓"生之所以然者，谓之性"④，而并不是人的绝对主体性所在。荀子认为，由于生"性"会导致利欲争乱，因此要发挥"心有征知"的能力，通过对生"性"的矫正，即"化性"，才能确立人的本体之"性"，即"起伪"⑤。由此表明两点：

第一，主体性之得与不得，全在于"自""己"。孔子曰："为仁由己，岂由人乎哉？"⑥孟子曰："求则得之，舍则失之。"⑦荀子："心者，形之君也，而神明之主也，出令而无所受令；自禁也，自使也；自夺也，

---

① 《论语·为政》"为政为德"邢昺疏，见《十三经注疏·论语注疏》，阮元校刻，第 2461 页。
② 《论语·述而》。
③ 《礼记·中庸》。
④ 《荀子·正名》："生之所以然者，谓之性。"《荀子·性恶》："凡性者，天之就也，不可学，不可事。"可见，"性恶"之"性"乃是生性，"生之谓性"（诸多先秦典籍如郭店楚简，都将"性"写为"生"），意味着"性"首先理解为本源的"生"，即生活的实情。
⑤ 《荀子·性恶》。
⑥ 《论语·颜渊》。
⑦ 《孟子·尽心上》。

自取也，自行也，自止也。"①儒家强调一切自作主宰，即表明德性是由己而得，是自得之性，而自得也就是自由。如孟子所说："故由由然与之偕。"②朱熹注："由由，自得之貌。"③ 这就表明，绝对主体性的确立意味着主体享有绝对的自由。

第二，在这个意义上，德性良知可以说就是"习性"，所谓"习与性成"④。王夫之对此进一步解释说：性"日生而日成之也"⑤。顺着本源生活的衍流，将自身从其"所是""实是"转向"能是""能在"；而"得""由"正是这种转变的枢纽，"得"即具有"能"的主动性，"得，能也"⑥，成就其作为主体的在世方式。这意味着人性良知是随生活的衍流而不断生成、变化的，因此应当"与时立极"地确立绝对主体性。

然而，本源性的生活对于确立绝对主体性的源始意义，在儒学形上学化的发展中被逐渐遮蔽，于是，在宋明儒学以及现代新儒学中，主体性的根据只是先验预设的概念，而不再是由本源生活情感而生成、习得的人性。这不仅意味着绝对主体性无法从当下的生活实情中得到支撑，而且由于理论预设的内容成为某种绝对必然性，根本上意味着此主体性并非"自得之性"，相应地否定了良知自由的绝对性。因此，我们需要回到原始儒家那里，通过澄明绝对主体性的生活本源，来重新确立相应的绝对主体性。

由此表明，在现代性的生活方式下，性"日生日成"意味着："德性""良知"作为儒家传统的绝对主体性的根据，不再确证传统的宗族或家族的绝对主体地位，而是作为现代社会的主体性的依据，确证着个体的绝对主体性。相应地，由本体良知而体现出的"良知自由"，乃是从形上层面体现着现代性的自由观念，即不再是传统的家族自由或宗族自由，而

---

① 《荀子·解蔽》。
② 《孟子·公孙丑上》。
③ 朱熹：《四书章句集注》，第240页。
④ 《尚书·大甲》。
⑤ 王夫之：《尚书引义》卷三，见《船山全书》第二册，第300页。
⑥ 刘淇：《助字辨略》，北京：中华书局，1954年，第276页。

是现代性的个体自由。这是中国人的现代性诉求在本体论上的表达，唯此才能为现代性的政治自由奠基。同时，由于良知乃是基于仁爱情感而确立起的绝对主体性，而根本不同于西方自由主义所确立的理性冷漠的个体，由此所体现的儒家的自由观念也将根本不同于西方自由主义的自由观，这既体现中国人表达现代自由诉求的民族特殊性，也为超越西方自由主义的局限性提供了形上学的依据。

"儒家人格主义"之省察

——狄百瑞《中国的自由传统》评议*

美国汉学家狄百瑞①为探索儒家的现代自由问题撰写了《中国的自由传统》②一书。时至今日，狄百瑞的观点依然具有相当普遍的代表性，因此一直为学界津津乐道。然而，书中也存在一些关键性的问题却被有意无意地忽视了。为此，我们今天有必要重读这本书，对其中的问题加以省察。

该书中，狄百瑞有着明确的理论意图，就是要为中国现代自由的发展找到传统文化的基础，让现代自由从中国的文化传统中生长出来，形成一条本土化的发展道路。所以，他首先强调自由主义并不专属于西方，也属于中国，现代自由是中西两个传统中的共同价值。他说：

> 如果认为自由主义唯有存在于过去的西方，认为它是舶来品、不能与中国的生活及生活方式融合的话，那么这也可能因此反而破坏了让它从自己的根本自然地滋长的机会，也破坏了近日世界和平生存而必然要接受的文化交流。③

---

* 原载《哲学动态》2019年第5期，刊发时有所删改，此为未删减稿。本人曾以初稿求教黄玉顺教授，并得到深具启发性的批评意见，详见黄玉顺：《关于狄百瑞"人格"观念的一封信》，见杨永明主编：《当代儒学》第14辑，成都：四川人民出版社，2018年。在此向黄教授表示由衷感谢！

① 狄百瑞（William Theodore de Bary，1919—2017），美国哥伦比亚大学东亚语言与文化系教授，海外研究中国思想的著名学者。主要著作有《高贵与文明》（2004）、《亚洲价值与人权》（1998）、《为己之学》（1991）、《东亚文明：五个阶段的对话》（1988）、《中国的自由传统》（1983），主编《中国传统资料选编》。

② 狄百瑞：《中国的自由传统》，李弘祺译，香港：香港中文大学出版社，1983年初版；北京：中华书局，2016年再版。本文采用的是2016年版。

③ 狄百瑞：《中国的自由传统》，李弘祺译，北京：中华书局，2016年，第133—134页。

为此，他声明："我将集中讨论那些渊源于传统儒家但同时也朝着'近代的''自由的'方向发展的观念。"① 由此证明前现代的儒学传统中已经存在着现代性的自由。在此前提下，狄百瑞特别强调了儒家自由主义具有不同于西方自由主义的某些独特的甚至更为优良的品质，意在克服西方自由主义中的极端个人主义缺陷。

相对于问题本身，狄百瑞的独到之处在于其论述角度。他并没有围绕人权、权力、民主等一些自由主义研究中的基本问题展开，而是特别地提出了"儒家人格主义"的概念，也即一种与儒家自由主义相匹配的人格范型，并以此为中心论述了儒家自由主义的特质及其发展途径问题。对此，笔者充分肯定这一概念积极的理论价值和现实意义。要知道，现代自由总是现代主体的自由，任何具有现代自由观念的主体必然首先具备现代性的人格，因此，发展现代性人格本身就是发展现代自由的一项核心内容。不过，笔者同时发现，狄百瑞所谓的"儒家人格主义"实质内容还是一种宋明儒学所提倡的传统道德主体，其中虽然也彰显出某种个体自主性，但直接将此作为一种与现代自由发展相匹配的儒家现代性人格却是不恰当的。

一、"儒家人格主义"的初衷：儒家现代性人格的范型

"儒家人格主义"是狄百瑞针对西方自由主义发展中体现出的个体主义而提出来的概念，旨在强调儒家自由主义所体现的人格特质。那么，为什么人格问题与自由问题直接相关呢？笔者认为，这根本是因为两个问题的实质是相同的。

关于自由问题的实质，笔者曾在一篇拙文中指出：

> 自由是与被束缚、受支配受摆布的对立状态，这无疑是对某种被动者、受动者的存在状态的否定。反过来说，自由是确证着一

---

① 狄百瑞：《中国的自由传统》，李弘祺译，第11页。

个自觉自动者、主动者、能动者的存在，这个自觉自动者，也就是主体。据此而言，自由乃是主体的内在必然性，或者说自由就是内在于主体的必然性。在这个意义上，自由与主体的存在具有直接同一性。这是因为，一方面，主体必定是自由的主体，没有自由就不能称为主体，自由是主体的存在方式；另一方面，自由具有向来属"我"性，亦即自由必定是主体的自由，没有主体也就谈不上自由。由此可以说，自由问题实质上就是主体性问题。[①]

进一步说，形上层面的自由乃是绝对主体性问题，形下层面的自由乃是相对主体性问题。狄百瑞所探讨的儒家自由主义，主要聚焦在现实的政治自由领域，是属于形下的相对主体性问题。

反观人格问题的实质亦然。现代汉语词典将"人格"解释为"人的性格、气质、能力等特征的总和；人的道德品质；人作为权利、义务主体的资格"。这是分别从心理领域、道德领域和政治领域对人的主体特质做的归纳。除此之外，也有不少解释是从法律、经济等领域做的归纳。但无论怎样，所有的解释无不表明人格实质表征着一种形而下的主体特质。也就是说，"人格"是一个相对主体性概念，而人格问题就是相对主体性问题。

据此而论，儒家人格也就是身为儒者所具有的主体特质，也即儒家的形下主体性问题。狄百瑞以"儒家人格主义"为中心探讨儒家自由主义是有根据的，也就是要通过阐明儒家现代性的主体特质，来体现儒家现代自由的实质和特点。事实上，从人格角度讨论自由问题并非狄百瑞的独创，历史上早有不少思想家从这一角度直接或间接地讨论过，例如黑格尔就认为真正的自由与普遍的人格确立密切相关。[②]这表明，确立儒家的现代性人格确乎是儒家现代自由发展过程中一项绕不过去的内容。

对此，黄玉顺教授也曾在更广泛的意义上，强调过建构儒家现代性

[①] 郭萍：《"自由儒学"导论——面向自由问题本身的儒家哲学建构》，《孔子研究》2018年第1期。
[②] 参见俞吾金：《决定论与自由意志关系新探》，《复旦大学学报（社会科学版）》2013年第2期。

人格的重要性，他说：

> 今天，伦理学的重建，有一个很重要的问题，或者说是一个最核心的问题。什么问题呢？在形而下的层级上重建相对主体性，那就是"国民"人格的建构。……今天如何在儒学的思想资源的基础上，建构现代性的"国民"人格这样一种主体性，这确实是一个非常重要、非常现实的课题。①

当然，狄百瑞在书中主要是出于发展中国现代自由的意图而提出"儒家人格主义"的。所以，他首先通过《韦氏国际大辞典》（第三版）中对"liberalism"下的定义，说明他对自由主义所具有的一般人格特质的理解。

> 自由主义是一种建立在对于进步、对于人的基本善性及个人的自主性的信念之上的哲学。它捍卫容忍的态度与个人的自由，使个人在生活的各个领域中不受独裁权威的宰制。②

通过这个定义，狄百瑞强调自由主义主张的自由是个体自由，它直接体现为不受独裁权威的宰制，因此与"个人主义"密切相关，进而指出英文"liberalism"译为"自由主义"也是"侧重在个体的自主性，也就说人可以顺其自我的性向而行"③。而在中国传统思想中对于"个人的自主性或'顺性'这类观念实不陌生"④，中文以"自由主义"一词翻译"liberalism"，这个"自由"的"自"常与"己""身"或"私"等字合用，就是指"自我"（self）；而且在中国古文中"自"也有"由、从，或

---

① 黄玉顺：《儒学与生活：民族性与现代性问题——作为儒学复兴的一种探索的生活儒学》，《人文杂志》2007 年第 4 期。
② 狄百瑞：《中国的自由传统》，李弘祺译，第 56 页。
③ 狄百瑞：《中国的自由传统》，李弘祺译，第 55 页。
④ 狄百瑞：《中国的自由传统》，李弘祺译，第 56 页。

出自"的含义,与英文"auto"(自己、自动、自发)这个词近似。① 所以,他认为"自由主义"适用于指称整个西方或儒家传统所具有的个体自由。

不过,他又进一步强调说,在西方,自由主义所体现出的个人主义(individualism)是互不相关的孤立的个体;而儒家思想中所体现的个人主义却与此不同,它不是孤立的个体,而是与他人互动关联的,在保持个体自主性的同时,更体现出个人对社会的责任,对他人的关爱,具有人道主义(humanitarianism)特质。② 众所周知,人道主义思想起源于西方文艺复兴时期,到法国大革命时期则被具体化为"自由""平等""博爱",这显然是一种典型的现代性价值观念。

狄百瑞认为,儒家自由主义正是通过"新儒家之个人主义与人道主义(Neo-Confucian Individualism and Humanitarianism)"③体现出来的,并把这种融合了人道主义的儒家个体主义称为"儒家人格主义"(Confucian Personalism),其突出特点是"个人与他人之间,与生物的及历史的洪流之间,与道的有机进程之间构成一个动态的关系"④。参照现代英语,不难发现"人格"(personality)、"人格主义"(personalism)其实是与"个体"(individual)、"个体主义"(individualism)相对应的,有时甚至可以互换。例如"personal",既可以译为"人格的",也可以译为"个人的"。就此而论,狄百瑞提出"儒家人格主义"是代表着一种儒家现代性人格的范型,意在体现儒家自由主义的根本特质。

二、"儒家人格主义"的实质:儒家前现代人格的副本

在狄百瑞看来,儒家人格主义虽然是一种现代性人格,但早已体现

---

① 狄百瑞:《中国的自由传统》,李弘祺译,第57页。
② 人道主义(Humanitarianism),是欧洲文艺复兴时期兴起的一种现代性观念。著名慈善公益组织国际君友会的王爱君在其《人道》中有如下记载:人道主义,主张以人道取代神道,亦为人文主义的展现,在伦理上则与博爱主义相同,主张超越人种、国家、宗教等所有的差别,承认人人平等的人格,互相尊重,互相扶助,以谋人类全体之安宁幸福为理想的主义。
③ 狄百瑞:《中国的自由传统》,李弘祺译,第10页,对应该书的第三讲"新儒学思想中的个人主义"。
④ 狄百瑞:《中国的自由传统》,李弘祺译,第55页。

在两宋的新儒学当中，而且经由元明的平民化的推广运动得到了普及。也就是说，现代性人格乃是孕育并脱胎于传统儒学。我们发现，西方现代人格的形成也有类似的情况，例如英文的"人格"（personality）一词就是从前现代的基督教"位格"（person）①一词转化而来的，这实际上意味着在前现代的基督教中就蕴藏着某些现代人格的内容。在这个意义上，狄百瑞能发现并揭示传统儒学中蕴涵着某些现代人格的内容着实是很了不起的。

不过，他认为"儒家人格主义"，"在道德上是传统主义者，但他们在政治上则是改革主义的人。因此他们实际上正符合了我们一路讨论的自由的新儒学的基本条件"。②这种人格通过黄宗羲的综合达到了完满，而"这个新的综合代表了比较成熟的新儒家的自由主义"③。这样的"儒家人格主义"是否能代表一种现代性人格却是需要深入辨察的。

在论述中，狄百瑞强调，儒家人格主义的"关键性的观念是'为己之学''自得''自任于道'以及程朱思想中与'自我'有关的观念"④。其中，"自任"与"自得""这两个观念所表达的是一种道德和文化的个人主义"⑤，而"为己之学"就是要"学为圣人"，"成圣之道代表了'为己之学'的方法，而就新儒家之修身来说，圣人已成为理想的自我"⑥。毋庸置疑，这些内容通过一番现代性的阐释就大有发展出儒家现代性人格的可能，非常值得我们珍惜和挖掘，但需要指出的是，在宋明儒学，尤其是狄百瑞特别看重的程朱理学，所指向的是一种前现代的圣贤君子人格，其中不乏与现代价值相抵牾的内容。而对于这一深微关键处，狄百瑞似乎毫无觉察！在此，笔者就沿着狄百瑞的思路，从儒家人格主义的根本依据和其实现的途径两个层面做具体分析。

---

① 传统基督教中的"位格"指的是"三位一体"（Trinity）的上帝：同时既是同一个位格（上帝），又显现为三个位格（圣父、圣子、圣灵）。
② 狄百瑞：《中国的自由传统》，李弘祺译，第107页。
③ 狄百瑞：《中国的自由传统》，李弘祺译，第12页。
④ 狄百瑞：《中国的自由传统》，李弘祺译，第12页。
⑤ 狄百瑞：《中国的自由传统》，李弘祺译，第88页。
⑥ 狄百瑞：《中国的自由传统》，李弘祺译，第64页。

(一)宋明儒学的心性观念并非儒家现代性人格的本体依据

诚如王爱君在《人格论》中所说,中国哲学中的人格不只是常识义和心理学层次的,而是义理层次的,人格的完成即是义理的完成,也就是哲学的完成。所以,我们看到狄百瑞对儒家人格主义的论述并没有局限在形下层面,而是直指儒家哲学的义理,首先探讨了儒家人格主义的本体依据问题。

在他看来,儒家自由主义者既是儒家文化和道德传统的保守者,也是传统社会制度的革新者,而其根本依据正是宋明儒学的心性本体论。他说:"所谓'自由主义者'一词可以是'改革者'的意思——敢于与现存否定人有实现其合理需求与欲望之机会的不公正政府相抗衡的'改革者'。"① 这种革新意识根本上是出于宋明儒者重振"道统"的"心性"自觉。② 宋明儒家"强调心之自主,又认为个人直接可以'得道'("道学"一语隐含了个人有诠释"道"的权威)"③,这可以表明个体之"心"对于承载传统道德价值的"道统"的传承具有关键性作用,而且宋儒还对"道统"做了创造性的诠释。如此一来,"个人对于传承的文献与经典传统获致更大自由的基础就奠立起来了"④。

应该看到,宋明儒学,特别是阳明心学一派,通过对良知本体的突出,积极彰显了个体的自主性,对此李泽厚也曾指出,"王的中心范畴("心")则是潜藏着某种近代趋向的理学末端"⑤。但不论程朱理学,还是陆王心学,"就其'本体论'看,两派都传承思孟以来的正宗心学,即都承认关于心性本体的先验设定"⑥。这个先验设定正是宋儒所要重振的"道统"。这意味着宋明儒学所要维护的最根本价值并不在于个体性的"心",

---

① 狄百瑞:《中国的自由传统》,李弘祺译,第9页。
② 狄百瑞:《中国的自由传统》,李弘祺译,第21—25页。
③ 狄百瑞:《中国的自由传统》,李弘祺译,第24页。
④ 狄百瑞:《中国的自由传统》,李弘祺译,第25页。
⑤ 李泽厚:《中国古代思想史论》,北京:人民出版社,1985年,第242页。
⑥ 黄玉顺:《儒学的当代复兴的思想视域问题——"儒学三期"新论》,《周易研究》2008年第1期。

而在于普遍流行的"道",个体性的"心"的存在价值根本在于是否自觉自主地体现了"道统",而其自身并不具有独立价值,更不是目的性的存在。所谓"在天为命,在人为性,论其所主为心,其实只是一个道"①。唯有"道统"才是至上的价值。据此可以看出,狄百瑞虽然以个体"心性"为儒家人格主义的根据,但实际又以宋明儒学所理解的"道统"为根据的根据,并将其作为"社会改革与人之更新的泉源"②。这意味着"道统"才是儒家人格主义真正的本体依据。

然而,这个"道统"的实质又是什么呢?宋儒自认为,孟子之后,"道"之不传久矣,直到北宋道学家才复兴接续了"道统",而后在程朱的继承发扬中,又体贴出一个"天理"作为道统的代名词,并赋予其新的诠释。由此,宋明儒学,特别是程朱理学是通过"理"的权威,重新确立起社会生活秩序的基础和生活的意义,"天理"就是其所传之"道统"。那么,何谓"天理"?理学家们以《礼记》所言"礼者,理也"为根据,表明"天理"就是传统"三纲"伦理的形上化表达。在程朱理学中,相关论述比比皆是,例如:"天下只有一个理"③,"天理流行,触处皆是……'父子有亲,君臣有义'之类,无非这理"④,"父子君臣,天下之定理"⑤,"凡生于天地之间者,又各得之以为性,其张之为三纲,其纪之为五常,盖此理之流行,无所适而不在"⑥。

显然,君臣父子等帝制统治下的伦常道德观念正是"天理"的实质内容,而此"理"由天道之必然,落实为人性之必然,就给人的存在设定了先验的必然性,这意味着普遍的"天理"比个体的"心性"更具有逻辑先在性,它既是个体自主性恰当与否的标准,也是个体发挥自主性的根本

---

① 《遗书》卷第十八。
② 狄百瑞:《中国的自由传统》,李弘祺译,第25页。
③ 程颢、程颐著,王孝鱼点校:《二程集》,第196页。
④ 朱熹:《朱子语类》卷四十,见朱熹撰,朱杰人、严佐之、刘永翔主编:《朱子全书》第15册,上海:上海古籍出版社、合肥:安徽教育出版社,2002年,第1435页。
⑤ 程颢、程颐著,王孝鱼点校:《二程集》,第77页。
⑥ 《朱之公文集·读大纪》。

意义。特别是被狄百瑞喻为新儒家哲学《圣经》的《性理大全》，尤其强调唯遵从"天理"才能保障个体"心性"不至于堕入利己主义，其实质是以"天理"根本宰制乃至消解了个体的自主性，其极端的主张就是以"天理"革除"人欲"、以"道心"压制"人心"的思想。这显然与现代性人格的特质和发展现代自由的理想背道而驰。

当然，狄百瑞也指出，宋儒对儒家道统做了某种创新性的诠释，而且落实为现实的改革，但要清楚的是，他们实际改变的只是君主专制之下具体的施政方案和制度规范，而不是要颠覆以"三纲"为基本内容的前现代伦理、政治。事实上，宋明儒者虽然也具有某种参政的自觉，但其倡导的"新政""变法"还都是以"皇极"为归旨而展开的，其根本目的还是为更好地巩固传统的家族伦理以及相应的皇权统治，因此还是与现代价值格格不入。

总而言之，宋明儒学的心性本体论兼具开新与保守的两面性，而狄百瑞没有意识到其中保守性的内容对于现代性价值的危害，直接以此为儒家人格主义的本体论依据，而无法在积极批判的前提下继承发展宋明儒学，因此根本无法为现代性人格奠定哲学基础。

（二）宋明儒学的"新民"主张并非儒家现代性人格的实现途径

如果说儒家人格主义代表着一种儒家的现代性人格，那么，在现实层面，它意味着个体彻底摆脱了传统家族伦理网罗的束缚，成为具有独立价值的社会主体，也即个体已从前现代的臣民转变为现代性的国民。然而，狄百瑞以程朱理学家所主张的"新民"作为实现儒家现代性人格的理想途径，却恐怕是一条南辕北辙的歧途。

1. 程朱理学"新民"的实质内容

狄百瑞指出，民间讲学是"新民"的重要方式，它分为"小学"与"大学"两个阶段。其中，小学阶段是依据朱子《近思录》所阐发的"天理"之道，实施以《立教》《明伦》《敬身》为主要内容的规范教育；大学阶段则是培养"克己复礼"，自觉恪守"天理"的工夫。上节笔者已指出,程朱理学强调的"天理"实为抽象化了的传统家族伦理,而在现实的"新民"教育中,抽象的"天理"还原为具体的"礼"。因此,小学就是"学礼"教育,大学就是"复礼"教育,而不论所学之"礼",还是所复之"礼",都是在扼杀而非发展现代性人格。

在书中,狄百瑞自相矛盾地引用元儒许衡为《小学》做的提纲,直接暴露出"新民"的实质内容正是前现代的"三纲"伦理。他说:

> 所谓教者,非出于先王之私意。盖天有是理,先王使顺其理;天有是道,先王使行其道。因天命之自然,为人事中当然,乃所谓教也……道者何?父子也、君臣也、夫妇也、长幼也、朋友也。……盖人而不能明人之伦理,则尊卑上下、轻重厚薄淆乱而不可统理。①

然而,他非但没有意识到自己的矛盾,反而进一步将"克己复礼"视为"一种开明的自我考验和训练,也是一种自我超脱的宗教体验"②。他说:"有两个'己'。一个是原来、内心的真'己';另一个是带有'己私',为自意所支配的'己'。"③克己就是把内心原有的善发扬出来,以真"己"克制那个带有"己私"之己。"以使自己与别人的区别得以消除,而形成道德与精神的联结。在这里,极端的个人主义看来是消失了,由一种我称之为'儒家人格主义'者来代替。"④

要知道,现代性的个体权利诉求在传统的纲常伦理中皆被视为违反天理的"非礼"欲求,正是"克己"的内容,而且唯有如此才能达到"复礼"的要求。因此"克己复礼"并不是消除极端的个人主义,而是根本消除个体的独立价值。更危险的是,这不是一种外在的强制方式,而是引导

---

① 狄百瑞:《中国的自由传统》,李弘祺译,第37页。
② 狄百瑞:《中国的自由传统》,李弘祺译,第34页。
③ 狄百瑞:《中国的自由传统》,李弘祺译,第34页。
④ 狄百瑞:《中国的自由传统》,李弘祺译,第35页。

个体自愿放弃自己的独立性，甚至自觉为"三纲"伦理献身。在这方面，即便是更具开放性的阳明心学也不例外，"破山中贼"的主张也是要革除个体欲求。

事实上，"真正开始具有比较鲜明的现代性倾向的，是阳明后学当中的某些学派，例如以王艮为代表的泰州学派"①。而狄百瑞恰恰对于泰州学派中最具现代个体精神的李贽持否定态度，他说："在新儒学的脉络中，李贽是把他个人的极端个人主义推得太远了"，"这一来，李贽的个人主义和王阳明及泰州学派的人道主义便有了紧要的区别"。②虽然李贽思想在表达上未必得当，但正是这种敢于冲决家族伦理道德的"异端"才真正驱动着现代性人格的发展，而且他对个体权利欲求的认可也根本与现代人道主义价值相一致。要知道，人道主义作为一种现代性国民的自觉担当精神，是建立在个体主体的基础上，而且以维护每个个体的自由权利为根本目的。据此而言，联结着旧道德的"儒家人格主义"恰恰是反人道主义的，也是背离现代性人格的。

2. 程朱理学"新民"的推行方式

狄百瑞认为"新民"的推行方式首先是少数儒士精英的"自新"，进而通过他们对广大民众的教化而实现普遍的自新。他说：

> 程颐以"新民"取代古本的"亲民"。朱子在《大学章句》里，十分强调"自新"这个观念，认为它是更广大的人群之再生之基础。接着，元明两代早期新儒学运动的动力就深深地植根于这个观念上，因为这项社会新生的希望，正是建立在朱子对于人的道德性与个人完美性的新诠释之上。③

笔者非常认同现代性人格的确立是通过"自新"实现的，而且认为

---

① 黄玉顺：《论"重写儒学史"与"儒学现代化版本"问题》，《现代哲学》2015 年第 2 期。
② 狄百瑞：《中国的自由传统》，李弘祺译，第 106 页。
③ 狄百瑞：《中国的自由传统》，李弘祺译，第 15 页。

根本的"自新"就是思想观念的自我更新。从最本源的意义上讲，观念的自新并不是来自任何权威说教，而是来自对当下生活的感悟和领会。事实上，在生活的变迁衍流中，人们总是会不断获得新的生活感悟，这自然会引发自身观念的更新。① 但不可否认的是，现实中人们对生活的感悟有先觉后觉之别，尤其在社会生活方式发生根本转型时期（如由传统向现代的转型）更为明显。先知先觉者往往是掌握丰富知识、对时代有敏锐感悟能力的人，他们能率先觉悟到生活的发展趋势，因此会最先实现"自新"；而对于广大民众来说，也确实需要通过"以先知觉后知，以先觉觉后觉"② 来实现自新。在此前提下，笔者认为，狄百瑞的观点依然存在着矛盾，而且极易破坏现代性人格的培养和发展。

其一，狄百瑞一方面承认"自新"是"更广大的人群之再生之基础"，但另一方面却认为"自新"仅仅是少数天赋异禀的精英才具备的能力。他说："通往真理的特殊途径并非人人可得"，大多数平民需要通过学习文化典籍来获得，而这"又诉诸更高层次的真理来对某些文化价值或经典文献赋予新的解释、意义与重要性"。③ 但是只有以程朱为代表的少数精英才掌握"更高层次的真理"，因此"程颐和朱熹自由地重编《大学》，以便适应他们自己的思想，而他们的学生又接受他们新订的文字"。④ 现实中，这种单向灌输的教育方式很容易使少数精英"合理"地成为广大民众的思想权威，似乎广大民众唯有接受少数精英的教化才能实现更新，但这实质已经否定了广大民众"自新"的能力。

要知道，现代性人格确立的过程也是一个启蒙祛魅的过程，也就是说，现代性人格是通过打破各种权威和教条，独立运用自身理性确立起来

---

① 在此笔者援引的是黄玉顺"生活儒学"的基本观点，该理论从最本源的意义上揭示了一切主体（包括主体性观念）如何可能的问题，即本源生活领悟给出一切存在者（形而上者和形而下者）。参见黄玉顺：《爱与思——生活儒学的观念》，第40、113—128页。
② 《孟子·万章上》。
③ 狄百瑞：《中国的自由传统》，李弘祺译，第18页。
④ 狄百瑞：《中国的自由传统》，李弘祺译，第25页。

的。① 因此，即便是后知后觉者的人格更新也同样是一种"自新"。《孟子》中有言："圣人有忧之，使契为司徒，教以人伦……。放勋曰：'劳之来之，匡之直之，辅之翼之，使自得之；又从而振德之。'"② 这其实表明先知先觉者是作为辅助者、启发者而发挥作用，根本还在于"使自得之"。在现代语境中，唯有自由平等才符合现代性人格的特质，因此"先觉觉后觉"更多的是平等开放的对话，而非单向灌输式的教化。

其二，狄百瑞所指的少数精英的"自新"也并不是出于当下生活的感悟，而根本是对"道统"的重新发现。前文已说明，宋明儒学所宣扬的"道统"实质正是扼杀钳制现代性人格的"三纲"伦理。这意味着程朱等"自新"的精英并非现代性人格的典范，而是传统家族伦理的卫道士。就此说来，由这些精英主导的民间讲学和乡约治理，恐怕难以体现现代意义上的"自由教育"和"自发精神"，反倒会成为一种束缚个体自主性的手段。

事实上，真正的先知先觉者不只是掌握丰富知识的"知礼"者，而且必须是"知人"者，对此《论语》有载："樊迟问仁。子曰：'爱人。'问知。子曰：'知人。'"③ 所谓"知人"最根本的就是能敏锐地体察到生活变迁所导致的社会主体的转变，能辨识新的社会主体。因此，当生活方式发生了现代性转向时，先知先觉者唯有率先意识到个体是现代社会的主体，才能积极地启发后知后觉者。但显然，程朱理学家们根本不是这个意义上的先知先觉者。

综上表明，宋明儒学中虽然出现了某些现代性人格和现代自由的可能，甚至某些特征，但是始终杂糅着大量前现代的甚至皇权专制主义的内容，因此并不能直接充实起儒家现代性的人格。据此而言，狄百瑞断言：

---

① 如康德所说："这个启蒙除了自由，并不需要任何别的东西……即在一切事情上公开运用自己理性的自由。"参见康德：《答复这个问题：什么是启蒙？》，见康德：《历史理性批判文集》，何兆武译，北京：商务印书馆，1990年，第24页。
② 《孟子·离娄下》。
③ 《论语·颜渊》。

"社会新生的希望,正是建立在朱子对于人的道德性与个人完美性的新诠释之上。"这非但根本不可能,而且还破坏和否定了现代人格。不难发现,他是出于克服西方自由主义的极端个人主义缺陷,而强调儒家人格主义和自由主义不同于西方人格主义和自由主义的独特性,但由于未能明辨宋明儒学内在的复杂性而陷入了思想混乱。事实上,这不只是狄百瑞个人的问题,也是当代儒学研究普遍存在的一个问题。

三、狄百瑞"儒家人格主义"的根本缺陷

在笔者看来,狄百瑞"儒家人格主义"存在的思想混乱,其根本缺陷在于他没有真正意识到儒家人格的时代转变问题,更未能从时代转变的维度上,认清宋明儒学内部的分歧及其不同的价值取向。对此,我们通过翻看宋明经济发展史、生活风俗史等记载就不难发现,宋明以来市民生活逐步兴起,中国社会自身萌动了现代性的观念因素,其中也包括具有现代特质的人格和自由的观念。只不过,这种现代转向还仅仅是一种萌动,而且现实阻力很大,因此当时的社会生活整体呈现为现代开放趋势与传统保守趋势的相互牵制和博弈,即一方面两宋时期维护皇权统治和纲常伦理的重心已经由汉唐时期外在的制度建构,转向每个人内在的自觉的价值认同,因此思想观念越发保守;另一方面兴起于市民生活中的思想观念却与传统的纲常伦理貌合神离,特别是具有现代性色彩的个体独立精神日渐彰显。笔者认为,这种生活实情在当时的儒学中必然会有相应的体现,只不过既有的某些研究范式遮蔽了这种两面性,尤其是对宋明儒学中现代性观念的面相视而不见。而在这方面,狄百瑞难能可贵地提出"儒家人格主义"倒是大有解蔽的作用,当然,他自身并没有自觉地意识到这一点,所以又不恰当地将宋明儒学直接等同于一种现代性观念。

事实上,以程朱理学与陆王心学为主的宋明儒学,分别与当时社会生活的两种截然相反的历史趋势相对应,反映着两种不同的价值取向。从学理上看,理学派将"理"与"心"分离开来,将"道心"与"人心",或"天理"与"人欲"对立起来,认为只有符合"道心""天理"的才是

真正应有的"人格";然而这种"人格"的内涵实质上是一种帝国伦理政治规范的自我内化,现代性人格恰恰就是被"天理"扼制消灭的,就此而言,程朱理学并不具有现代性观念。与此不同,心学派在强调天理是普遍本质的同时,也特别提出唯有个体之心才能通达和确证天理,即认识天理成为一种个人体验,这是心学的工夫论。我们看到,正是沿着王阳明"心即理"的进路,明清儒学才出现了王艮挺立个体人格、船山解构先验人性、戴震突显个人情欲等具有现代价值倾向的思想。这些思想的发展实质反映着儒家人格由传统向现代的转化过程。不过,这一转化过程漫长而曲折,至今仍在继续,远非狄百瑞所说在黄宗羲那里就达到了完满。

四、关于儒家现代性人格的思想机制

据此可以说,建构儒家现代性人格依然是当代儒者的一项使命。当然,这本身是一个庞大的系统工程,需要各领域人士的共同协作。不过,作为一种哲学的努力,我们可以为此提供一种可能的思想机制。①

鉴于狄百瑞思想的缺陷,笔者认为,当代儒家要发展现代自由、建构现代性人格首先不是"返本"而是"溯源",也即思考儒家人格观念的时代转换——由前现代的人格观念转化为现代性的人格观念,这是如何可能的?其实,也就是要追溯现代自由之渊源,追溯现代性人格之渊源②,这也是以"面向事情本身"为口号的当代哲学的基本态度。

据此而论,"生活造就了我"这句俗语已经昭示了,正是由生活本身这个大本大源给出了作为主体存在的"我"。笔者基于"自由即主体性"的理路,认为前现代的生活造就前现代的主体,因而就存在着前现代的自由、前现代的人格;但那毕竟还不是现代性的人格、现代性的自由。因

---

① 近年来,笔者尝试建构的"自由儒学"实质也是对这项工作的一种开展。参见拙文《"自由儒学"纲要——现代自由诉求的儒家表达》,《兰州学刊》2017 年第 7 期;《自由何以可能?——从"生活儒学"到"自由儒学"》,《齐鲁学刊》2017 年第 4 期。
② 笔者提出"自由儒学"的理论路径为"溯源—重建",参见拙文《"自由儒学"纲要——现代自由诉求的儒家表达》,《兰州学刊》2017 年第 7 期。

此，当生活的衍流样态呈现为现代性的生活方式时，人格和自由就会发生现代性的转换。而这种转换不仅发生在西方社会，也发生在宋明以来的中国社会，因此在中西之间现代性人格具有某些普遍一般性特质。

所谓现代性人格的一般特质是指个体作为现代社会主体，既享有个体权利，同时也承担相应的义务和责任，是权利与责任的统一体。其中，个体权利是个体现实地成为自由主体首要内容，唯有在个体权利得到保障的前提下，个体才具有承担相应的社会义务和责任的可能性和必要性；而个体对于社会责任的自觉承担乃是个体权利内在的函项，它同个体权利一样也是个体主体性的直观体现，也唯有个体自觉承当起相应的社会责任才能使其自身作为社会主体的价值得到充实的体现。这种权利与责任的并存统一的个体特质正是与现代自由价值相匹配的现代性人格的一般特质。

不过，基于中西不同的文化传统，儒家对现代性人格的理解又有其独特性。我们知道，儒家以仁爱作为理解一切的出发点和归宿，那么，生活本身就是仁爱。站在儒家立场看，正是由仁爱生活造就了现代性的个体主体，因此个体的权利与责任都是源于仁爱，也就是说个体对自身权利的维护，对社会责任的自觉担当都是一种爱己、自爱的体现。而且儒家认为，现实中的爱己、自爱行为，其根本依据也并不是西方自由主义所依赖的先验的道德律令（实践理性）或者经验的功利计算（工具理性），而是在于个体性的良知本体。这种以个体良知为根本依据充实起来的现代人格乃是儒家与西方现代性人格的根本不同。

对此，我们需要明确的是，作为现代性人格所依据的良知，并不同于宋明儒学中的良知本体观念。如前文所论，阳明心学以个体良知通达天理的工夫论，开启了通往现代的可能性，但在本体论上，所通达的"天理"却是以前现代的"三纲"伦理为实质的先验观念，所以，这样的良知本体虽然落实到个体上，也还是无法确证现代价值的。对此，与狄百瑞交往甚密的现代新儒家也曾通过借鉴现代西方哲学（尤其是康德哲学），在很大程度上对传统的良知本体做了现代性转化，但由于他们没有彻底摆脱传统儒学的先验进路，最终还是留有弊病。而今，笔者强调儒家良知本体的重建，必须以现代性生活为大本大源，这意味着当代儒学的良知本体不再以某种现成的道德规范为前提预设，而是相反，现代社会道德伦理的建构和儒家现代性人格的塑造都是以良知本体为基础和根本依据的。

诚然，儒家现代性人格的确立不一定意味着现代自由的完全实现，但在现实中，它却是发展儒家现代自由的积极的内在动力。就此而言，狄百瑞通过对"儒家人格主义"的思考和努力开出了一个重要理论维度，我们很有必要在这方面展开更为深入的探讨。

儒家岂能拒绝自由？
——驳陈明先生对自由儒学的质疑*

近日，在清华大学的一次会议上①，陈明先生以"鸠占鹊巢：自由儒学质疑"（以下简称"陈文"）②为题发言，对任剑涛教授讨论的"自由主义儒学"、笔者提出的"自由儒学"进行了质疑：

> 前阵子他（指任剑涛）在一个所谓自由儒学的座谈上提出，自由儒学今天已经由格义的自由儒学进入到了命题的自由儒学的阶段。
>
> 这跟书名正好形成对照，儒学是由经成为经典，自由则是由格义到命题，即由自由的概念研究，转换为实践贯彻，实质就是用自由主义的那套观念价值去填占儒家儒学在中国社会和文化中曾经的位置。
>
> 这是他的预设和期待，应该也是所谓自由儒学的愿景构思。
>
> 对此，我想说的是，这种自由儒学是自由主义的前途，不是儒学的前途，因为它是自由主义的中国版，而不是儒学的现代版。
>
> 如果不承认，不服气，那我建议剑涛及其同仁思考两个问题，一个是自由主义的方法论和价值论是个人主义的，而儒学的价值论与方法论则不是，它的古典性表现在对天及其德性的信仰和坚持上。
>
> 另一个是，自由主义只是西方现代文明的政治理论，只是西方

---

* 原载涂可国主编：《中国文化论衡》，北京：社会科学文献出版社，2019年。
① 2018年6月在清华大学举办的"儒学的现代转向"暨《当经成为经典：现代儒学的型变》新书发布学术研讨会。参见任剑涛：《当经成为经典：现代儒学的型变》，北京：社会科学文献出版社，2018年。
② 陈明：《鸠占鹊巢：自由儒学质疑》，爱思想网；另名为《鸠占鹊巢：自由主义儒学质疑》，儒家网（www.rujiazg.com），2018年8月10日。

文明架构中的一个局部板块，而儒家思想则是中国文明的基础性架构，二者在文明地位和意义上并不完全对称。

这两点自由儒学诸君是否有自觉？是否曾试图从理论上进行应对化解？……

而你（指任剑涛）这里所谓命题的自由主义儒学，却是鸠占鹊巢，不加反思地洞开城门，系统地将一个外部的政治方案植入中国思想、中国社会并力图付诸实施，而不考虑它们对于中国社会和历史主题与目标的匹配度。

陈文提到的"自由儒学的座谈"是指 2018 年 4 月 28 日在山东大学召开的"儒学现代转型与儒家自由观念建构"学术研讨会暨《自由儒学的先声》新书发布会。与会学者围绕拙著《自由儒学的先声——张君劢自由观研究》[①]，讨论了"自由儒学"理论的得失。

陈文的上述质疑，不仅曲解了自由儒学本身，而且混淆了"自由儒学"与"自由主义儒学"的区别；更严重的是他臆造了儒家与自由价值的对立。鉴于这种拒绝自由、拒绝人类社会现代文明价值的"儒家"势必会将儒学、将中国社会引入歧途，我们有必要做出澄清和反驳。

一

在"自由儒学"新书发布会上，任剑涛教授基于"自由主义儒学"的立场，对"自由儒学"做了理论上的肯定与批评。

任教授明确指出了"自由儒学"和"自由主义儒学"的区别："自由儒学"是完备性的儒学，跟晚清以来儒学的取向一样，始终想从儒家的传统中"开出"科学与民主。只要坚持"开出"的进路，就是坚持明显的完备性学说立场。而这种完备性立场，可能恰恰窒息了政治生机。而"自由

---

① 郭萍：《自由儒学的先声——张君劢自由观研究》，济南：齐鲁书社，2017 年。

主义儒学"并不是在体用角度讲的儒学，而是一种理性的架构表现。①

任教授首先肯定了"自由儒学"的重大意义，因为现代社会最重要的价值就是自由价值。儒学该如何去对接自由，对自由如何表态，如何托生，如何与实践接榫，都是儒学尤其是社会政治儒学必须承接的重大主题。"自由儒学"把儒学的自由观突显出来，在某种意义上开启了儒学研究的一个方向，因为自"五四"以来，国人对自由的重视程度相当不够，大多只谈民主不谈自由，但实际上没有自由就没有民主。

同时，任教授批评"自由儒学"试图构建一个系统完备的哲学理论，而不愿将之作为一种政治学说来处理，其理论意义强过了实践性意义。他认为，各种完备哲学理论只是"cultural background"（文化背景），政治哲学对此可以不予考虑；而"自由儒学"执着于从完备的哲学上来开出自由价值，必将导致问题。因此，应当仿照或者吸取西方政治哲学的成功经验，内圣的归内圣，外王的归外王；进而建议"自由儒学"重视罗尔斯的《政治自由主义》，因为它开放了一条非西方国家思考立宪民主建构的非完备性学说的进路。

不难发现，任教授的"自由主义儒学"与笔者的"自由儒学"，虽然不乏共识，即既认同儒家亦认同现代自由价值，致力于儒学与现代自由价值的交融；但其批评表明，"自由儒学"至少在如下两个方面根本不同于"自由主义儒学"。

第一，从方法论的角度看，"自由主义儒学"是以"内圣的归内圣，外王的归外王"为思想方案，主要是将传统儒学的修齐治平的道德理想与现代西方自由主义政治主张和制度相调和，实现双方在形下的政治伦理制度层面的对接②；其思想进路是传统儒学与自由主义的"兼取—融通"，其

---

① 任剑涛：《自由儒学与自由主义儒学》，《天府新论》2018 年第 5 期。
② 参见任剑涛：《内圣的归内圣，外王的归外王：儒学的现代突破》，《中国人民大学学报》2018 年第 1 期；《现代儒学的浮现：从独享政治权威到竞争文化资源》，《政治学研究》2016 年第 2 期；《社会政治儒学的重建——关于"儒家自由主义"的理论期待》，《原道》第七辑，贵州：贵州人民出版社，2000 年。

实质是传统儒学与自由主义的"异质共建"。① 而"自由儒学"则是根植于儒学本身,来发展出自己的而非自由主义的现代自由理论,主要通过反思现代新儒家"返本开新"路径的缺陷,提出儒家要发展现代自由就不能止于"返回"到某种传统儒学,而是要面对现代性的生活方式所突显的现代自由问题本身,展开有本有源的思考。据此,"自由儒学"不是"返本",而是提出"溯源—重建"的思想进路,通过追溯现代自由的大本大源即现代性的生活方式及其主体显现样式,重建儒家的本体自由观念,进而建构儒家的政治自由观念,形成儒家对现代自由问题的一种系统解释。因此,这根本不同于将传统儒学与自由主义加以优化调配的方案,而是一种直面现代自由本身的儒家哲学建构。这恰恰是一种"儒学的现代版",而非陈文所谓的"自由主义的中国版"。

第二,在上述方法论的前提下,"自由主义儒学"不涉及形上学思考,即不进行儒家现代本体观念的建构,而是自觉地克制,仅仅在政治伦理层面进行言说,尤其是强调对具体实践性内容的阐释,其意在于避免各种完备哲学理论的风险。而"自由儒学"不仅涉及形下的社会政治层面的内容,而且相应提出形上层面的本体依据,乃至进一步追溯自由的本源,由此形成一个具有三个观念层级的理论系统。

确实,在这方面,笔者与任教授持有不同的观点。笔者认为,任何关于自由的学说,包括自由主义,背后必然会有一个本体论承诺,故不能不考虑文化背景。虽然政治哲学家未必需要去建构本体观念,他可以不思考甚至不承认这个本体,但事实上不论怎样,本体作为一种观念承诺始终无法逃避。

在西方,从笛卡尔开始,就以"我思"建构了作为本体观念的绝对个体自我;此后的哲学家不断发展、修订和完善,不论是理性主义、经验主义,还是意志主义,其实都是从本体论上确证着个体的绝对主体地位。

---

① 冯川:《"新传统"与"儒家自由主义"就"儒学与现代性话题"与杜维明教授对话》,《博览群书》2002年第3期。

这实际上已经为西方现代政治哲学奠定了本体论基础；所以，现代西方政治哲学家往往是在默认这个主体的前提下，直接阐发政治自由的内容。

但对于儒家而言，现代性的本体观念依然没有完全建立起来。在此情况下，仅局限于政治哲学层面的言说，就是"无根"的。为此，"自由儒学"不仅从形下的政治层面进行阐释，而且还从本体层面提出了"良知自由"，意在为现代政治自由提供一个相应的本体依据。然而，鉴于现代新儒家"老内圣"与"新外王"错位所招致的诟病，笔者认为，要保证所建构的本体观念与现代政治自由相匹配，还必须进一步追溯一切自由（包括本体自由和政治自由）的本源，因此提出了"本源自由"——自由的本源。如此构想，旨在为现代政治自由夯实一个坚实的哲学根基。唯其如此，才能对现代自由问题做出彻底的思考和解答。

因此，任教授的"自由主义儒学"与笔者的"自由儒学"是两种根本不同的理论。然而，陈文却将二者混为一谈。

二

基于上述澄清，笔者须进一步指出：陈明先生在尚未了解"自由儒学"的情况下，就臆断"自由儒学""将一个外部的政治方案植入中国思想"，是一个"鸠占鹊巢"的"自由主义的中国版"。这是对"自由儒学"的极大误解。

其实，上文已经表明，"自由儒学"并不像"自由主义儒学"那样将传统的儒学与既有的自由主义加以兼容处理，而是直截了当地着力思考儒家如何应对现代自由问题。在中国与西方共同面对现代自由问题的当下，西方思想家虽然已经提供了一种理论解释——自由主义，但它作为一种西方话语，无法体现中国人对自由理解的独特性；同时，传统的儒学理论虽然是一种中国话语，却不是解答现代性问题的理论。而当前，儒家对现代自由问题的积极回应，势必要兼顾现代性与民族性，即需要为中国人的现代自由诉求提供一种民族性表达。鉴于此，"自由儒学"并不囿于传统的儒学理论和既有的自由主义，而是直面现代自由问题本身，尝试建构一种新的儒学理论层层深入的阐释：政治自由何以可能？本体自由何以可能？现代自由本身何以可能？

简单说来，"自由儒学"以"溯源—重建"为思想进路，构建了一个包含三个观念层级的思想系统：本源自由（自由的本源）→良知自由（形上的自由）→政治自由（形下的自由）。在观念奠基的意义上，本源自由为良知自由奠基，良知自由为政治自由奠基；在观念生成的意义上，本源自由生成政治自由和良知自由。① 其中：

（1）本源自由即追溯和探究现代自由价值观念产生的本源，意在揭示现代自由与现代生活方式之间的源始关联。笔者曾论述过，自由与主体存在是同一的，自由问题即主体性问题②；故自由作为一种主体性观念，必然来源于前主体性的"存在"本身，即非现成化的、衍流不息的生活本身。因此，生活本身乃是一切自由的渊源：从历时维度讲，生活不断演变，其当下的现身样态就是现代性的生活方式，这使得个体成为现代社会主体，从而使得现代自由成为可能；从共时维度讲，主体性的形上自由和形下自由皆由前主体性的生活本身给出。

（2）良知自由即现代政治自由的本体依据。按照儒家的理解，生活本身的情感显现，不仅仅是烦、畏（海德格尔）、厌恶、焦虑（萨特）等生存情绪，更重要、更根本的是仁爱情感，即"爱人"及"爱物"的情感；其他一切正面情感，以及各种负面情感，诸如烦、畏、厌恶、焦虑等，皆源于此。由此，儒家必然将良知确立为现代性的生活方式下的个体的根本主体性，并提升为本体层面的良知自由。作为对现代个体自由根本地位的哲学确证，良知自由并非传统儒学"良知"概念的副本：其一，良知自由不预设任何形下的道德价值，而是一个前道德的、形上的本体概

---

① 相关内容可参见拙著《自由儒学的先声——张君劢自由观研究》，以及拙文《"自由儒学"纲要——现代自由诉求的儒学表达》（《兰州学刊》2017年第7期）、《"自由儒学"导论——面对自由问题本身的儒家哲学建构》（《孔子研究》2018年第1期）、《自由何以可能？——从"生活儒学"到"自由儒学"》（《齐鲁学刊》2017年第4期）等。
② 参见郭萍：《"自由儒学"导论——面对自由问题本身的儒家哲学建构》，《孔子研究》2018年第1期。

念，因而不同于传统儒学（如宋明儒学）或现代新儒学所建构的道德形上学；其二，良知自由以现代性的生活方式为大本大源，乃是现代性个体主体价值的确证，而不是那种维护前现代主体价值的个人自觉。

（3）政治自由即对形下政治自由进行的儒学阐释。自由儒学认为，政治自由的合理性并不是出于自然法、理性或功利等，而是形上的良知自由的形下落实、现实展开。现实中的个体作为一个知爱、能爱的存在者，其自由体现为两个维度：一是"爱有差等"的维度。个体的知爱、能爱首先体现为爱己、成己，此为儒家推爱的逻辑前提，唯由爱己方能爱人，唯由成己方能成人；而爱己、成己最基本的内容，就是个体对自身权利的维护。二是"一体之仁"的维度。个体的知爱、能爱绝不止于自身，而是以爱人作为爱己的必要环节，这不仅是因为唯有互爱才能长久地维护自身权利，而且也是因为爱人以及维护群体和谐本身就是个体主体价值的体现。这一维度不仅能促进民族国家内部的政治自由的发展，而且能为超越民族国家的政治自由提供有益的思想参考。

由此可见，"自由儒学"三个观念层级的阐释皆一以贯之地根植于儒家立场，既不是对自由主义的格义或套用，也不是任何版本的自由主义。事实上，在中西社会共同发展现代自由价值的意义上，"自由儒学"恰恰是一种与自由主义展开平等对话的儒家学说。据此可知，陈文给"自由儒学"扣上"自由主义的中国版"的帽子，大错特错。

三

陈文之所以质疑"自由儒学"，除了混淆和误解之外，根本还是由于其臆造了传统与现代、儒学与自由的截然对立。

例如陈文所谓的儒家与自由主义在价值论与方法论上的对立，就是这种臆想的一种体现。陈文认为，"儒学的价值论与方法论则不是，它的古典性表现在对天及其德性的信仰和坚持上"。然而，且不说这句话在表达上的问题，事实上，"天""德性"等词语在儒学史上的不同儒学形态中具有不同的含义。在原始儒学，特别是在孔子思想中，"天"并非一个实体性的本体观念,而是代表着本源性的存在,亦即"生生"本身、存在本身、生活本身,并没有被固化为某种既有伦理政治秩序的象征。相应地,"德性"作为人之主体性的确证,乃源于"天",亦非一成不变,而是如王船山所说的"日生而日成"①,故孔子是"圣之时者"②。据此而言,由现代性的生活方式所确立的德性,势必确证着个体作为现代社会的主体。对于当代儒学而言,这个意义上的"天"及其"德性"才是应当坚守的。

但在孔孟之后、秦汉以来的传统儒学中,"天"丧失了上述本源性意义,而被固化为一个象征着皇权帝国纲常名教的本体概念。例如,汉儒提出的作为宇宙本体的"天道",实与人间政事相"感应",映射着作为帝国伦理政治核心价值的"三纲",即所谓"三纲可求于天"③;宋儒体贴出的"天理",也是"其张之为三纲,其纪之为五常,该皆理之流行"④。与此相应,"德性"也成为与这种"天""理"内涵一致的固化概念,这就无法发展和确证现代性的个体主体价值。这些观念是与皇权时代的社会生活方式相匹配的,因而在历史上也发挥过积极作用,否则不会成就中华帝国的繁盛。但在现代中国,如果还以此为圭臬,那无疑是在开历史的倒车。那么,陈文所"信仰和坚守"的,是不是这样的"古典性"的"天"与"德性"?

据此,陈文反对个人主义的价值论和方法论。不知陈文所反对的"个人主义",究竟是指以个体为社会主体的现代价值立场,还是自私自利、损人利己的价值立场?陈文未做说明。鉴于这是两种根本不同的价值立场,需要明确分辨,不能含糊带过。其实,这个问题从严复开始就做了明确的区分,他为此特地将"自由"改写为"自繇"⑤;后来现代新儒家张君劢也专门提出,代表个体主体价值的立场应称为"个性主义",而不能

---

① 王夫之:《尚书引义》卷三,见《船山全书》第二册,第 300 页。
② 《孟子·万章下》。
③ 苏舆撰,钟哲点校:《春秋繁露义证》,第 344 页。
④ 朱熹:《朱文公文集》卷七十,见朱熹撰,朱杰人、严佐之、刘永翔主编:《朱子全书》第 23 册,第 3376 页。
⑤ 约翰·穆勒:《群己权界论》,严复译,《译凡例》,第 viii—ix 页。

与自私妄为的个人主义混淆。① 如果陈文所说的"个人主义"是指的自私自利、损人利己、恣意妄为的价值立场，则无须多言，因为它不但是儒家所拒斥的，而且也是古今中外众多理论学说包括自由主义所共同拒斥的；而如果陈文所说的"个人主义"是指的以个体为主体的价值立场，那么，它早已是现代社会的价值共识，也是现代新儒学、自由儒学等许多现代儒学的价值共识。

个体之所以是现代社会主体，这并不是某家某派、某种主义所臆造的，而是现代生活方式本身所造就的。从古代的集体到现代的个体，这种社会主体观念的古今之变，并无中西之分。而自由之所以是一种现代性的基本价值诉求，就在于它是个体主体价值的集中体现。正因为自由乃是现代社会人人享有的基本权利，而非某些人的特权，因此必须划定并且遵守"群己权界"，由此才能导出诸如平等、法治、民主等现代价值。在这个意义上，任何现代性理论学说都以个体主体为出发点和归宿，且以个体自由的实现为价值取向，儒学作为与时俱进的理论也不例外。

据此而言，陈文以抵制"西方自由主义"、反对所谓"个人主义"为旗号，实质上是拒绝自由，拒绝现代价值。问题在于：当今之世，儒家岂能拒绝自由？

事实上，中国人对现代自由的诉求乃是时代的呼声；对此，近代以来的儒家一直在做出积极的回应：自严复译介西方自由主义论著，到张君劢、徐复观等现代新儒家展开相关哲学理论的创发，再到目前一些儒者对"自由主义儒学"或"儒家自由主义"的论说，都足以表明儒家一直在致力于建构儒家的现代自由观念。"自由儒学"也是在继承前人成果，特别是 20 世纪现代新儒家的成果的基础上进一步展开的探索；正因为如此，笔者将张君劢的自由观称为"自由儒学的先声"。而今，陈文却以儒学与自由的截然对立为根据来质疑"自由儒学"，这不仅是对近现代以来儒家之努力的抹杀，而且势必将儒学，甚至将中国社会引入歧途。

---

① 张君劢：《新道德之基础》，《再生》（上海版）第 236 期，1948 年 10 月 25 日。

第五编　自由儒学的跨文化思考

儒家的自由观念及其人性论基础
——与西方自由主义的比较*

在目前的中国,不论儒家还是自由主义者都发生了严重的分化,各自出现了不同价值倾向的内部派别,包括自由主义儒家和儒家自由主义。尽管前者在儒家中不是主流,后者在自由主义者中也不是主流,但这种现象毕竟已经逼显出了一个亟待思考的问题:儒家和自由主义者究竟如何看待自由?儒家思想和自由主义理论之间究竟是什么关系?为此,有必要对儒家与西方自由主义的自由观念及其人性论基础进行审视,辨明差异,寻求共识,尝试对自由观念做出更具超越性的解读。

上篇:西方自由主义的自由观念及其人性论基础

西方自由主义基本上是一种政治哲学,即一种形而下学;但它有其形而上学的基础,尤其是人性论的基础。但"性恶论"并非自由主义人性论的全部,正如"性善论"并非儒家人性论的全部。将西方历史上三种形态的自由主义及其人性论基础加以梳理,可以窥探出西方自由主义的特点及其与儒家思想的某些相通之处。

(一)古典自由主义(Classical Liberalism)

古典自由主义的早期代表是约翰·洛克(John Locke),其政治哲学思想主要集中在《政府论》一书中。为了论证"人生而自由",他提出了古典自由主义的人性假设:人天生是自私的。作为一个典型的经验主义者,洛克所说的"天生"(natural)是与其"自然状态"(the state of

---

* 原载孙聚友主编:《国际儒学论丛》第 2 辑,第 65—78 页。

nature）说相匹配的，是基于对人类原始状态的一种尽管非历史性的，却是经验性的假设，而不同于欧陆的先验理性主义者，如康德所说的逻辑上先于任何经验的"先验"（transcendental）或"先天"（a priori）的预设。在"自然状态"下，人所具有的趋利避害、保存自身的"自私"本性并不是什么"原罪"，而是人所享有的"自然权利""自然自由"。他说："上帝既创造了人类，便在他身上，如同在其他一切动物身上一样，扎下了一种强烈的自我保存的愿望。"① 这类似于荀子的性恶论，"今人之性，生而有好利焉"②，尽管荀子是在否定的意义上使用"恶"的，但事实上，儒家从来不否认人的"自我保存的愿望"。

那么，"自然权利"指的是什么呢？在洛克看来，就是财产权。他所说的"财产"（拉丁文为 proprius；英文为 property）并非仅指物质财产，而是指自我的"所有物"（property），包括拥有生命（life）、自由（liberty）和财产（estate）。他说："人类对于万物的'财产权'是基于他所具有的可以利用那些为他生存所必须，或对他的生存有用处之物的权利。"③ 这里，生命是基础，自由是核心与实质，而私产（estate）则是生命与自由的物质保障。最后这一点其实是与孟子"制民恒产"的思想相通的："民之为道也，有恒产者有恒心，无恒产者无恒心。苟无恒心，放辟邪侈，无不为已。及陷于罪，然后从而刑之，是罔民也。"④

那么，这种自然权利和自然自由如何得到保护和落实呢？优先依靠"自然法"，即"理性"。"自然状态有一种为人人所应遵守的自然法对它起着支配作用；而理性，也就是自然法。"⑤ 人们"在自然法的范围内，按照他们认为合适的办法，决定他们的行动和处理他们的财产和人身，而无须得到任何人的许可或听命于任何人的意志"⑥。自由亦然，"人的自由

---

① 洛克：《政府论》上篇，瞿菊农、叶启芳译，北京：商务印书馆，1982年，第74页。
② 《荀子·性恶》。
③ 洛克：《政府论》上篇，瞿菊农、叶启芳译，第75页。
④ 《孟子·滕文公上》。
⑤ 洛克：《政府论》下篇，瞿菊农、叶启芳译，第6页。
⑥ 洛克：《政府论》下篇，瞿菊农、叶启芳译，第5页。

和依照他自己的意志来行动的自由,是以他具有理性为基础的,理性能教导他了解他用以支配自己行动的法律,并使他知道他对自己的自由意志听从到什么程度"[1]。因此,人依靠"自然法"——理性——实现着"自然权利"和"自然自由";如果没有理性,人就没有自由。这样的"理性"其实是另一种意义上的人性,这就犹如荀子所讲的人性,既有负面价值的"性恶"一面(就意欲而论),也有价值中性的、与"物之理"相对的"人之性"一面(就认知能力而论),"凡以知,人之性也;可以知,物之理也"[2];后者甚至具有更加根本的意义,使"涂之人可以为禹",因为"今使涂之人者,以其可以知之质、可以能之具,本夫仁义之可知之理、可能之具,然则其可以为禹明矣"[3]。

基于这种自由观念,古典自由主义者不同程度地倾向于"自由放任主义"(法语为 Laissez faire),对政府的存在和作用极其警惕。洛克认为,政府的主要作用,甚至唯一作用,就是在个人财产受到侵害时执行法律的惩罚权利,而任何过多的干涉都是对个人自由的侵害。

对此,古典自由主义的集大成者约翰·密尔(John Stuart Mill)做了精致系统的论证,并明确提出:只有在某个人的行为无疑可能或已经造成对他人的危害时,集体才有理由对其行为加以干涉;否则,任何人和任何团体在思想自由、言论自由、宗教自由等方面均无权干涉。他所指的自由"是指对于政治统治者的暴虐的防御"[4]。古典自由主义者一致将国家(政府)视为消极的存在者——"被动的执行者"和"守夜人"。这一点成为他们与新自由主义(New Liberalism)在政治主张上的主要区别之一。

古典自由主义的基本思想在西方资本主义早期的经济理论和伦理学说中得到了充分贯彻并有所发展。亚当·斯密(Adam Smith)的《国富论》从经济理论上发挥了古典自由主义的主张;而在人性预设上,他又做

---

[1] 洛克:《政府论》下篇,瞿菊农、叶启芳译,第39页。
[2] 《荀子·解蔽》。
[3] 《荀子·性恶》。
[4] 约翰·密尔:《论自由》,许保骙译,北京:商务印书馆,1959年,第1页。

了进一步的补充,强调自私固然是人的本性,但并不是人性的全部。"无论人们会认为某人怎样自私,这个人的天赋中总是明显地存在着这样一些本性,这本性使他关心别人的命运,把别人的幸福看成是自己的事情,虽然他除了看到别人幸福而感到高兴以外,一无所得。这种本性就是怜悯或同情,就是当我们看到或逼真地想象到他人的不幸遭遇时所产生的感情。""这种情感同人性中所有其它的原始情感一样,决不只是品行高尚的人才具备。"① 人们之间的关系越密切,互相间的同情就越强烈;反之,则越淡漠。这种关于人性的双重倾向的观点,与荀子的思想,甚至整个儒家的"仁爱"观念,都是具有相通之处的:一方面,"差等之爱"在某种意义上其实是"自私"的;但另一方面,"一体之仁"却克服和超越这种差等之爱。②

亚当·斯密对人性论做的补充,在古典自由主义的伦理学说中也得到充分体现,杰里米·边沁（Jeremy Bentham）作为在政府政策层面上的最大代表,所建构的功利主义伦理学最重要的原理——"最大幸福原理",即以"最大多数人的最大幸福"为最高价值,这饱含着对他人"同情"的思想,并认为这种"同情"情感是推己及人、由近及远的,逐步推展甚至扩及动物的。这个价值取向无论如何也不能视为与儒家的"亲亲→仁民→爱物"③ 的价值取向是截然对立的;恰恰相反,儒家的动机其实同样是"最大多数人的最大幸福"。

（二）新自由主义（New Liberalism）

19世纪后半期以来,出于对古典自由主义所倡导的"消极（否定性）自由"的反拨,英美哲学家格林、霍布豪斯、罗尔斯等人对古典自由主义进行了修正和改造,转向倡导"积极（肯定性）自由",这就是"新自由

---

① 亚当·斯密:《道德情操论》,蒋自强等译,北京:商务印书馆,1997年,第5—6页。
② 参见黄玉顺:《荀子的社会正义理论》,《社会科学研究》2012年第3期;《中国社会科学文摘》2012年第8期转载。
③ 《孟子·尽心上》。

主义"。在伦理学层面上，新自由主义更接近儒家思想。

新自由主义的奠基人是托马斯·格林（Thomas Hill Green）。在其《关于自由立法和契约自由》的演讲中，通过区分"消极自由"与"积极自由"，他对自由的意义做出了新的阐释：自由不仅仅是"不受强制的"、放任式（消极）的自由，更应该包括那些与"实现自我"、表现和发展个人天资能力相关的积极自由。在这点上，孔子的"我欲仁"[①]或许也可以理解为一种积极自由。

格林认为，这种积极自由包含着幸福美好生活的一切因素，是人们共同向往的；而这种自由的伦理学基础，就是所谓"共同之善"（common good）。"共同之善是人们设想与他人共存的东西，与其他人共享的善，而不管这种善是否适合他们的嗜好。"[②]作为新黑格尔主义者，格林反对个体主义，主张整体主义，认为事实之间存在着内在联系，各种事物形成一个有机的整体。基于"共同之善"的理论预设，格林认为，在人类社会中，个人与他人之间的相互依存关系决定了个人的善也是与他人的善相互包含的，那么，每一个人所追求的善都相互蕴含，最终共同构成一个整体的"共同之善"。这意味着，对于某个人是善的东西，对于他人也必须是善的。儒家的"人同此心，心同此理"的"至善"观念，似乎与此有类似之处。既然如此，基于"共同之善"，一个人意识到自己有自由的要求，同时也就意识到别人也有同样的自由要求。这让人想起孔子"己欲立而立人，己欲达而达人"[③]的"推己及人"观念。

进一步说，格林认为，为了实现"共同之善"，个人需要做出必要的牺牲或放弃某些个人的偏好或利益，以确保不会造成对他人实现个人之善的阻碍。因此，他首次提出了"自由的限度"问题，主张以政府干涉式的自由取代放任式的自由。而这样一来，就暗藏了由个人本位向社会本位的偏移倾向，就此而论，格林的思想究竟在多大程度上仍然属于自由主义，

[①]《论语·述而》。
[②] Thomas Green, *Prolegomena to Ethics*, Oxford, 1883, pp. 232-233.
[③]《论语·雍也》。

抑或埋下了"通往奴役之路"——从国家干预主义到国家主义——的种子，这是值得深思的。

较之格林，里奥纳德·霍布豪斯（Leonard T. Hobhouse）的新自由主义可能更为允当一些。他重新审视了古典自由主义的自由放任原则，因为他看到了古典自由主义过分突出个人权利和个性而导致的弊端，如自由竞争造成弱肉强食，少数人集中很多财产，等等。这样一来，平等的缺失使自由受到侵害，个体的自由无法得到保障，因此需要国家的干涉。在坚守传统自由主义强调个人权利和个性的核心理念的同时，霍布豪斯以"社会有机"和"共同之善"为基础，提出了"社会和谐"的观念，追求经济上的平等，强调利益分配的公平性，主张国家通过税收干涉经济、调控市场，认为国家有义务"创造这样一些经济条件，使身心没有缺陷的正常人能够通过有用的劳动使他自己和他的家庭有食物吃，有房子住和有衣服穿"[1]。由于这些主张很大程度上与社会主义的诉求比较接近，故而有时又被称为"自由的社会主义"。但他并没有以社会主义来取代自由主义的理想，而是吸收社会主义的某些因素来克服古典自由主义的某些弊端，故属于新自由主义。

而更周全一些的新自由主义者，则是约翰·罗尔斯（John B. Rawls）。罗尔斯的"公平的正义"理论的先行观念是启蒙的"平等"观念，而"自由"是制度正义的结果：没有平等就没有正义的制度，而没有正义的制度也就没有自由。这种"平等"观念贯彻于第一条正义原则中；而第二条正义原则貌似在容纳某种"不平等"，其实不然，它仍然以平等为前提（地位与职位对每个人开放）；与此同时，这种"不平等"应做如下安排，即人们能合理地指望这种不平等对每个人都有利。换言之，罗尔斯正义论的核心课题是利益问题——利益的公平分配问题。这必然指向一种以利益为中心的人性论，也就是说，新自由主义所依据的人性论基础虽然与古典自由主义有明显不同，但依然没有背离人是"以利益为趋向的存在"这一

---

[1] 霍布豪斯：《自由主义》，朱曾汶译，北京：商务印书馆，1996年，第80页。

基本前提。显然，这也是与荀子的性恶论相通的。

（三）新古典自由主义（Neo-Liberalism）

但新自由主义对古典自由主义的矫枉过正，尤其是对国家干预的过分强调，也是令人忧虑的。因此，新古典自由主义试图通过向古典自由主义的"复归"，克服前两个阶段的自由主义理论带来的弊端。我们可以将弗里德利希·哈耶克（Friedrich August Hayek）作为新古典自由主义的代表，他所建构的"自由秩序原理"可谓是对古典自由主义和新自由主义的"否定之否定"。

哈耶克思想给人印象最深刻的地方，是高度警惕和激烈批判新自由主义所蕴含的极权社会主义——国家社会主义倾向，并称之为"致命的自负"和"通往奴役之路"。他强调，真正的、原初意义上的自由，并不是新自由主义者所鼓吹的"积极自由"的种种"自由权项"，因为这些"自由权项"尽管许诺可以实现新的自由和对权力、财富的公正分配，但很可能会使人们放弃原始意义上的自由，导致对真正自由的极大伤害，从而使人处于奴役状态。因此，在他看来，所谓"积极自由"其实恰恰是一条"通往奴役之路"（the Road to Freedom was in fact the High Road to Servitude）。这对于今天的某些极权主义儒家和某些儒家自由主义者来说是很有警示意义的。

由于"积极（肯定性）自由"潜藏着通往奴役的危险，哈耶克再度强调"消极（否定性）自由"的价值，竭力将"自由"从新自由主义那里的"积极自由"或"新自由"（New Liberty）拉回到"消极""原初"的意义上。他指出，自由就是"一个人不受制于另一个人或另一些人因专断意志而产生的强制状态"①，其最根本的特点就是反对强制（coercion）。尽管在现实政治中，一些人对另一些人施加的强制不可能完全避免，但应当

---

① 弗里德利希·冯·哈耶克：《自由秩序原理》（上），邓正来译，北京：生活·读书·新知三联书店，1997年，第4页。

尽可能使强制减小到最低限度。为此，哈耶克重申："今天很少有人明白，把一切强制权限制在实施公正行为的普遍规则之内，这是古典自由主义的基本原理，我甚至要说，这就是它对自由的定义。"① 为了避免极权主义的危险，哈耶克认为，应当以遵循作为普遍原则的"公正行为规则"来促成社会秩序的自发形成。这就是他理想中的健康社会的"自由秩序原理"，它基于古典自由主义的基本人性设定，兹不赘述。

下篇：儒家的自由观念及其人性论基础

以上讨论表明，自由主义与儒学之间其实存在着诸多相通之处。然而长期以来，人们习惯于将儒学与自由主义截然对立起来。这其实是一种错觉，似乎儒家从来就是反对自由主义，甚至反对自由的。这种错觉缘自两个方面的误解：

一是以为自由主义是西方古已有之的东西，殊不知自由主义乃是一种现代政治哲学。将古代的中国儒学与现代的西方政治哲学对立起来，是将"古今"对立误识成了"中西"对立，或者说是有意无意地用"中西对抗"来掩盖"古今之变"，从而拒绝现代政治文明。事实上，作为政治哲学概念的"自由""平等""民主"都是形而下学的范畴，是属于社会规范、社会制度层面的范畴，即儒家所讲的"礼"的范畴；那么，按照孔子"礼有损益"的思想（制度规范随生活方式的转换而历史地变动）、中国正义论"仁→义→礼"的核心结构，自由、平等、民主等正是"现代儒学"的题中应有之义。

另一个误解则是将儒家等同于古代儒家，而不知道居然还有并不反对自由，甚至高扬自由旗帜的现代儒家。现代儒家难道不是儒家吗？当然是，而且现代儒家中早就有自由主义儒家，其中最典型的就是张君劢。

---

① 弗里德利希·冯·哈耶克：《经济、科学与政治》，冯克利译，南京：江苏人民出版社，2000年，第436页。

（一）现代新儒家的政治自由观：以张君劢为代表

众所周知，张君劢是 20 世纪现代新儒家的代表人物之一，当年在"科玄论战"中以倡导"新宋学"著称①；但他的政治哲学却是自由主义、民主主义的，追求"个体自由"是他的价值目标。张君劢认为，中国问题的症结所在，就是个人自由与国家权力的冲突和矛盾：在君主专制下，国民唯唯诺诺，凡事必求诸自古不变的教条，毫无个体自由；而一个国家之健全与否，就在于个体是否得到自由发展。因此，他将"国民之自由发展"视为一个国家最不可缺少的；对于个体自由的尊重和保护，乃是国家政治运作的根本所在，"夫政治之本，要以承认人之人格、个人之自由为旨归"②，一切蔑视个体人格、剥夺个人自由之举，都应当在排斥之列。

那么，如何才能使国民自由得到尊重和保护呢？通过考察欧洲现代民族国家建立的历史，张君劢指出，唯有通过民约论、国民主权论、个人自由权利论以及政府应征得被统治者同意等议论，推动民主政治运动、宪政运动，来改善国家行政，才能保护和发展个人自由。其中，有无宪法乃是个人自由是否能够得到保障的关键，因此必须要设立宪法，从法律制度上对个人的"生命、自由、财产"等权利加以确认和保护。因此，宪政理想成为他终身不懈的追求。为此，他翻译和介绍了大量外国宪法文献，还亲自拟定了几部很有影响的宪法草案。

张君劢还认为，仅以宪法来维系的"自由"是远远不够的，"真正之理性必起于良心上之自由。本此自由以凝成公意，于是为政策，为法律"③。这就将自由问题提升到了哲学形上学的高度。张君劢所创造的"良心自由"这个充满儒家意味的概念，值得我们深入探究。何谓"良心自由"？或许现代新儒家另一位代表人物徐复观的一种说法可以为之诠释："不再是传统和社会支配一个人的生活，而是一个人的良心理性支配自己

---

① 参见黄玉顺：《超越知识与价值的紧张——"科学与玄学论战"的哲学问题》，成都：四川人民出版社，2002 年。
② 张君劢：《政治学之改造》，《东方杂志》，1924 年，第 21 页。
③ 郑大华：《张君劢传》，北京：商务印书馆，2012 年，第 76 页。

的生活，这即是所谓'我的自觉'，即是所谓'自作主宰'，即是所谓自由主义。"① 由此可见，这种内在的、基于独立人格的"良心自由"不仅仅是张君劢个人的观点，也代表了现代新儒家在自由观念上的一种共识。简言之，"良心自由"意味着：个体的内在的精神自由、意志自由是根本的，而社会层面、政治层面的自由只是其外在的体现。

可惜张君劢没有对此进行系统的理论阐述，而是主要投入了具体的政治主张和制度设计中。好在同为现代新儒家的熊十力、冯友兰、牟宗三等人在哲学建构上着力良多，他们试图为政治自由提供形上学本体论的证明。

（二）现代新儒家自由观念的人性论基础：以牟宗三为典型

对于现代新儒家来说，为现代政治哲学层面上的自由观念提供形上学根据，是"内圣开出新外王"的问题。对此，熊十力、冯友兰、牟宗三等人各有理论，限于篇幅，这里仅以牟宗三的理论为例。

牟宗三以其"两层存有论"对"自由"做了观念层次上的区分：一种是超越意义上的自由，即意志自由，其根据是具有本体意义的自由意志，而不同于康德的"自由意志"；一种是政治意义上的自由，即对个体权利的维护和落实。前者作为"无执的存有"，是本体，是自由的本质所在，具有形上学的意义，牟宗三称之为先验的"道德良知"；后者则作为"有执的存有"，是末用，是作为自由意志的"道德良知"的外在化的客观形态。他说："吾人须知'精神人格之树立'中的自由（freedom）是精神的、本原的，而其成之政治制度，以及此制度下的出版、言论、结社等自由（liberty），则是些文制的。这些文制是精神自由的客观形态。"② 一方面，政治层面的自由必须以先验的"道德良知"为根本依据；而另一方面，内在于人心的"道德良知"（意志自由）也有必要进行外在化和客观化。

---

① 徐复观：《为什么要反对自由主义》，见萧欣义编：《儒家政治思想与民主自由人权》，台北：台湾学生书局，1988年，第291页。
② 牟宗三：《道德的理想主义》，《牟宗三先生全集》第9册，台北：台湾联经出版事业有限公司，2003年，第312—313页。

为什么必须进行客观化呢？牟宗三认为，儒家的传统，在内在的精神自由、意志自由方面比西方有优势；但在政治自由、政治民主方面则远不及西方，表现在中国的社会治理上就是"只有治道而无政道"，"有政道之治道是治道之客观形态，无政道之治道是治道之主观形态，即圣贤君相之形态"①。这意味着中国缺乏相应于形上自由的形下政治制度建构。但在现实生活中，这种关乎政治自由的制度建构是必需的，"客观实践方面的国家政治法律（近代化的）虽不是最高境界中的事，它是中间架构性的东西，然而在人间实践过程中实现价值上，实现道德理性上，这中间架构性的东西却是不可少的"②。这就是需要由心性的"道统"开出"形式的实有"的"政统"，以此规范政权来维护个体权利。

那么，如何实现由道德良知到政治自由的贯通和过渡呢？牟宗三提出了"良知自我坎陷"。他说："知体明觉不能永停在明觉之感应中，它必须自觉地自我否定（亦曰自我坎陷），转而为'知性'……它必须经由这一步自我坎陷，它始能充分实现其自己，此即所谓辩证的开显。它经由自我坎陷转为知性，它始能解决那属于人的一切特殊问题，而其道德的心愿亦始能畅达无阻。"③ 政治自由、政治民主作为社会必不可少的"中间架构"，只能依靠道德良知自觉自愿地"暂时先让一步"加以落实，通过"辩证的开显"实现出来。

然而，道德良知的意志自由究竟如何"坎陷"出政治自由来？这不仅是牟宗三也是所有现代新儒家都始终未能解决的问题。这就是人们所批评的现代新儒家"内圣开不出新外王"的问题。究其原因，从形而上的本体开出形而下的政治自由，这种"形上—形下"的传统形而上学思维方式必然陷入"先验论困境"，因为现实的政治自由并非什么形上本体、先验人性的产物，而是现实生活的要求，即现代性的生活方式的要求。这就

---

① 牟宗三：《论中国的治道》，黄克剑、林少敏编：《牟宗三集》，北京：群言出版社，1993年，第246页。
② 牟宗三：《历史哲学》，台北：台湾学生书局，1984年，第193页。
③ 牟宗三：《现象与物自身》，第122页。

需要一种超越"形上—形下"思维方式,"面向生活本身"的思想视域,这种思想视域是原始儒家所具有的,而被后世遮蔽和遗忘了。①

(三)原始儒家与本源性的自由

孔、孟、荀的原始儒学不仅涉及形而下的政治自由问题、形而上的意志自由问题,更具有"本源性的自由"观念,这使得儒学在自由问题上具有开放性。为了更透彻地阐明自由问题,从而更真切地理解儒家的自由观念,我们提出"形下的自由"(post-metaphysic freedom)、"形上的自由"(metaphysic freedom)和"本源的自由"(source freedom)概念。

形下的自由是指社会政治层面的自由,它基于现代生活方式所塑造的相对主体性,即是现代社会的个体性的主体性;形上的自由则是指哲学本体论层面上的自由,它基于作为本体的绝对主体性,通常体现在人性论当中。在这个层面上,可以说,只要有主体观念,必定有某种自由观念,因为自由不外乎主体的自主意识,正如上文所引现代新儒家徐复观所说:"一个人的良心理性支配自己的生活,这即是所谓'我的自觉',即是所谓'自作主宰',即是所谓自由主义。"②说这"即是所谓自由主义"固然不妥,但说这是一种自由观念则是毫无问题的。至于本源性的自由,则是通过追问"主体性本身何以可能"以回溯前主体性的存在而获得的自由,即通过获得新的主体性而获得新的自由境界。所谓"本源"是说比"主体性""存在者"更优先的"存在";如果说人性是一种主体性,而主体性是自由的前提,那么,这种存在者化的主体性或人性绝非什么先验的东西,而是源于存在的,即是源于生活的。③ 这正是原始儒家所固有的观念。

但这并不是说原始儒家已经具有了现代政治哲学的自由观念,因为

---

① 参见黄玉顺:《面向生活本身的儒学——黄玉顺"生活儒学"自选集》,成都:四川大学出版社,2006年。
② 徐复观:《为什么要反对自由主义》,见萧欣义编:《儒家政治思想与民主自由人权》,第291页。
③ 参见黄玉顺:《爱与思——生活儒学的观念》,成都:四川大学出版社,2006年。

政治自由的观念源于现代性的政治生活，即源于现代性的生活方式；但原始儒家所具有的本源性的自由观念对于形而上的意志自由和形而下的政治自由都是敞开的，即：其本源观念必然在现代性的生活方式下导出政治自由观念。唯其如此，上述现代新儒家的政治自由诉求才是可以理解的。

1. 荀子的性恶论与自由观念

学界有一种较常见的看法，认为在儒家各派中，荀子的性恶论最接近于西方近代启蒙思想，因而荀子的思想最切合于现代社会。确实，荀子的性恶论是与西方自由主义的人性论最切近的；但是，它并没有导出政治自由的观念。这是因为：政治自由的观念是现代性的生活方式的产物，而荀子所面对的却是一种前现代的生活方式——从宗法王权社会向家族皇权社会转型之际的生活方式。

但荀子的人性论却具有一种形上自由的观念。其实，荀子的人性论并不等于性恶论，他还有另外一层人性论，它甚至比性恶论更具有根本的意义。① 荀子说："凡以知，人之性也；可以知，物之理也。"② 这里与"物理"相对的"人性"本身，并不属于善恶的范畴；不仅如此，在荀子看来，这种人性具有判断善恶，亦即判断那种关乎群体生存的利害关系的能力，使人能够做出趋利避害的自主自觉的选择，从而不仅成为人类建立礼制，而且也是"涂之人可以为禹"（人皆可能成圣）的先天的内在根据。这无疑是具有形上自由的意义的。

不仅如此，即便就荀子的性恶论而言，也是不可忽视的，甚至具有更为本源的意义，即蕴涵着本源性的自由观念。这是因为：性恶论所导出的"化性起伪"思想，显然意味着主体性的重建；而获得一种新的主体性，显然意味着获得一种新的自由境界。可以设想，当这种思想视域遭遇到现代性的生活方式时，从中引出一种现代性的主体性观念，从而引出一种现代性的政治自由观念，就是顺理成章的事情了。事实上，荀子之所以

---

① 参见黄玉顺：《荀子的社会正义理论》，《社会科学研究》2012年第3期。
② 《荀子·解蔽》。

被人们视为更切合于现代性，正由于他对人性的独特理解，亦即把"仁爱"（善）与"利欲"（恶）联系起来：主体性仁爱中的"差等之爱"倾向必然导致利益冲突，这就是"恶"，但这样的"物之理"是人们的"人之性"可以意识到的，这其实并非什么先天的判断，而是一种生活感悟；在这种生活感悟中，生成了一种新的主体性，于是这种主体性仁爱中的"一体之仁"倾向寻求解决利益冲突的路径，即根据正义原则（义）去建构制度规范（礼）。这种"去存在""去生活"的方式无疑就是一种本源自由的体现，即是主体的自我超越；假如荀子的"在生活"的际遇、"去生活"的情境是现代性的生活方式，则其主体自由的观念必定会有政治自由的体现。

2. 孟子的性善论与自由观念

孟子思想的进路与荀子的有所不同，但同样具有形上的自由观念和本源的自由观念，这种自由观念同样是向形下的政治自由敞开的。我们甚至可以说，比起荀子来，孟子具有更鲜明的个体自由精神。

我们还是从人性论谈起。众所周知，孟子将至善的"仁义"视为人性的基本内涵，并且设置为具有本体论意义的绝对主体性。如上文所说，这与西方功利主义的自由观念背后的仁爱人性预设是可以相通的。这个占据形上地位的主体，无疑具有形上的自由，也就是说，他是自作主宰的。按照孟子的观念，不自由是由于放失了至善的"本心"，"茅塞其心"[①]，而自由的获得则是由于"求其放心"[②]——找回了放失的本心。这样的自由观念当然不是社会层面的政治自由，但显然也逻辑地蕴涵了政治自由；只不过由于这个自由主体所遭遇的不是现代性的生活方式，而是前现代的社会环境，所以孟子所表现出的自由意志，是宗法社会的，或从宗法王权社会向家族皇权社会转型时期的"大人"人格、"大丈夫"精神。

不仅如此，这种精神人格的获得过程蕴涵着本源性的自由观。这涉及对孟子人性论的重新认识。人们常将孟子人性论与宋明理学的人性论

---

① 《孟子·尽心下》。
② 《孟子·告子上》。

混为一谈,以为都是先验论。其实不然,孟子并未直接将"仁义礼智"视为先验的或先天的东西,而是明确地指出了这"四德"的来源或发端,即著名的"四端"——恻隐、羞恶、辞让、是非方面的情感[①]。四德是"性"(人性),而四端则是"情",即生活情境中的生活情感。从生活情感的发生到人性的确立,这就是"先立其大者"[②],即确立绝对主体性的过程。四端"德性"的获得,意味着一种新的主体性的获得;这个获得过程,是在具体的生活情境之中发生的,这就是本源性的观念,其中就蕴涵着本源性的自由观念。

3. 孔子思想与本源性的自由观念

孟、荀的根本思想,无疑都是来自孔子的。但孔子并没有明确的形上意义上的人性论:除了一句"性相近也,习相远也"[③]之外,"夫子之言性与天道,不可得而闻也"[④]。换言之,孔子更多的是本源性的、生活情境性的言说。这不仅大异于西方自由主义,也颇异于后世儒学。但唯其如此,孔子的自由观念更集中于本源自由层面;也唯其如此,孔子的自由观对于形上自由和形下自由来说更具有开放性。这是因为:愈是本源性的观念,愈具开放性,亦愈具自由度。所以,李大钊曾指出:"孔子于其生存时代之社会,确足为其社会之中枢,确足为其时代之圣哲,其说亦确足以代表其社会其时代之道德。使孔子而生于今日,或更创一新学说以适应今之社会,亦未可知。"[⑤] 这就是说,假如孔子处于现代性的生活方式中,他一定会由其本源性的自由观念中,引申出现代社会的政治自由观念;换句话说,孔子将会是一个"中国自由主义者"。

---

① 《孟子·公孙丑上》。
② 《孟子·告子上》。
③ 《论语·阳货》。
④ 《论语·公冶长》。
⑤ 李大钊:《自然的伦理与孔子》,原载《甲寅》1917年2月4日(署名"守常")。

理性的困惑：跨文化伦理何以可能？
——与史蒂文·卡兹教授商榷*

全球化以来，寻求跨文化的人类共同伦理已经成为伦理学发展的方向。学者们以各自不同的思想进路提出了自己的观点，其中理性主义的立场似乎得到越来越多的认同。最近，美国著名宗教哲学家史蒂文·卡兹（Steven T. Katz）教授的《文化多样性背景下的人类伦理》一文，集中表达了这一立场。① 然而，理性主义者由于预设了理性的先验至上性，而拘守于既有的理性主体，导致其在寻求跨文化伦理时存在着无法克服的理论困境，最终无法真正为跨文化的伦理建构提供参考。为此，我们需要深入到更为本源的、前主体性的"存在—生活"视域中，基于共同生活的生活感悟，才能超越各自不同的文化传统，超越自身既有的主体性，通过新的主体性的确立，而使跨文化伦理建构成为可能。

一、伦理原则何以可能：伦理学层级的批判

当前对于跨文化伦理的探讨大致可分为两种思路：经验主义思路和先验主义思路。

孔汉思（Hans Kung）提出的"全球伦理"（global ethic）就是经验主义思路的典型，他主要是通过不同文化传统和信仰下的不同伦理规范的对比，求同存异，归纳其共同点，寻求一种最低限度的行为规范。其《宣言》所说的全人类的基本一致性，就是基于经验观察的结论，认为这种从

---

* 原载《学术界》2014 年第 8 期。
① Steven T. Katz, "Human Ethics in the Setting of Cultural Diversity", in *Symposium of The Third Nishan Forum on World Civilizations*（《第三届尼山世界文明论坛论文集》）. 以下凡引此文，不再注明。

现有的不同价值体系中归纳出来的共性，即"共同拥有和共同肯定"的规范，就是具有普适性的伦理规范——"金规则"（Golden Rule）。① 这显然是经验主义的方法，实际上缺乏相应的正当性和合理性的理据，翟振明教授就质疑说："孔汉思所谓的'全球伦理'却是对世界宗教的实践和实际所遵循的规则进行观察的结果。"② 这种对事实经验的观察和归纳只能证明某种事实的存在，而不能证明这些规范本身的正当性和合理性。

至于先验主义思路，具体表现为宗教伦理学的立场和理性主义伦理学的立场。上述的"全球伦理"就同时兼有宗教伦理的色彩，《宣言》说："作为宗教的和灵性的人士，我们把自己的生命安放在终极实在的基础上，并且在信仰中、在祈祷或冥想中、在语言或静默中，从终极实在那里获得精神力量和希望。"

而作为理性主义伦理学立场的新的典型，卡兹教授坚持认为，从根本上看，理性使跨文化伦理成为可能，并将在其建构过程中起关键性作用。他说：

> 对于我来说，尽管现在我要说的可能一开始就被误解为仅仅是一种带有西方偏见的后启蒙的世界观，但我仍坚定地主张，全人类因其理性（reason）能力而联合在一起的信念是具有合理性（rationality）的，这一合理性是基于开展一种跨文化道德对话而做的一个正当的假设。理性赋予我们制定、修改、判断和拒绝某种道德主张的能力。即便在宗教传统中，理性也起到了这样的作用，甚至正因其根源于神启，传统就认定理性是先验的权威，它导致人们重新评估，以至彻底拒绝宗教传统以往所支持的观点。不管是宗教传统还是世俗传统，各传统的自我修正能力和对自身局限性的认知能力，都源于理性在其历史中所起到的这一关键作用。

---

① 孔汉思（Hans Kung）、库舍尔（Karl-Josef Kuschel）编：《全球伦理——世界宗教议会宣言》，何光沪译，成都：四川人民出版社，1997年，第75—76页。
② 翟振明：《为何全球伦理不是普遍伦理》，冯平译，《世界哲学》2003年第3期。

这番表述从两个方面强调了理性：其一，卡兹认为，理性（reason）即合理性（rationality）。他坚信人的理性能力是具有合理性的，或者说，理性比合理性更根本，理性本身就代表着合理性。进而，理性本身就成为判断伦理规范是否具有合理性的标准。因此，他认为，"对于社会、政治、经济、宗教和道德的多样性的必然形式和道德多元主义的形式，理性的程序可以进行合理的判断"。其二，作为著名的神学家，卡兹具有深厚的宗教背景，但他认为宗教传统"并不是理性的'敌人'"，相反，即便在宗教传统中，理性也是至上的，因为理性就源于神启，是先验的权威。在他看来，不论在宗教传统还是世俗传统中，理性都是根本性的：不仅西方教会"吸收了托马斯·阿奎那和那些在宗教和道德辩论中发挥理性作用的思想家的理论，以使'自然法'在新的可能性面前变得更具广泛性和开放性"，而且中国"儒家思想的'仁'和作为实践方法的'仁'，都是以理性的、人性化的考虑为前提的"。因此，只要我们保障理性作用的有效发挥，跨文化伦理就可以建构起来。

这里，卡兹与孔汉思不仅都存在着一个观念上的共同盲点，即没有明确区分伦理原则（ethical principle）和伦理规范（ethical norms），这致使"全球伦理"将"金规则"（规范）与伦理原则混淆；而且，卡兹进一步直接以理性本身或合理性本身取代了伦理原则，充当了制定伦理规范的根据。

在此，我们有必要厘清伦理原则与伦理规范的关系及二者与理性的关系。伦理原则是制定和设计所有伦理规范所凭借的根据，是评判伦理规范是否合理的标准，它表现为某种价值判断，是具有更大稳定性、普适性、概括性、抽象性的概念；而伦理规范是以伦理原则为旨归和尺度，是具体而更富变动性的，很大程度可以被制度化、程序化地加以落实。伦理原则与伦理规范之间是奠基与被奠基的关系。

至于卡兹所说的理性，作为一种对象化、知识化的认知能力，其实就是工具理性，这是形下的知识论层级的理性。康德已经论证过，这种理性适用的范围是经验世界或现象界中的所有认知对象，不论是自然领域的还是社会领域的,都要依靠这种理性去认知。这犹如中国的荀子所说:"凡以知,人之性也;可以知,物之理也。"① 正是因为人有理智,"人是理性的动物",才不会任由利益纷争导致群体生活处于无序状态,而会运用理智,达成"契约",制定规范。卡兹就是集中在这个意义上论证了理性的关键性作用,这是值得肯定的,即理性的确是必不可少的,而且至关重要。但毕竟,理性并不是伦理领域所特有的,又怎么能直接作为伦理原则呢?理性作为一般的心智能力,在这里只是形式性的,其本身缺乏内容性的依傍,因此,理性在伦理领域的运作,要以伦理原则为实质性的内容,也就是说,理性必须获得伦理原则在内容上的支撑才能发挥其作用,形成具体的伦理规范。可以说,伦理原则是理性与伦理规范之间的中间环节、桥梁和中介,它从抽象的原则转化为一套具体可操作的、制度化、程序化的规范。因此,三者之间的逻辑关系是:理性—伦理原则—伦理规范。这也就表明了,在卡兹那里,伦理原则本身并不存在,或者说,理性代替了伦理原则。

其实,卡兹对跨文化伦理的探讨始终停留在伦理规范的层面上,甚至认为这是必要的停留,因为一旦涉及真正的伦理原则,就上升到价值观和信仰的层面上,这就容易引起冲突,与其如此,妥协和退让反而是最理性的选择,保持彼此的差异是最明智的。他说:

> (道德)非常现实的可能性,即试图反对个人所不赞成的理性原则可能会更有害。因此在特定情况下,即使不同意,也不要轻易采取行动可能是首选的理性道德选择。这种情况下需要针对不同情况进行具体分析。在某些情况下,妥协反而是理性的道德选择。

他举例说,伊斯兰社会对其他的"宗教典籍"也是保护的,而且《古兰经》教导"我相信神已经在所有的典籍中显现",这使他们认可各

---

① 《荀子·解蔽》。

个宗教都具有实际可行的真理。这些论证让他的理性主义伦理立场多少带上了多元主义、道德相对主义的意味。实际上，卡兹也确实承认了道德相对主义有其合理性的一面："对现代政治和神学的理解是具有多元性的——我们通常将此等同于'宽容'的概念，这促使我们坚定地认为，在这些受关注的领域内不应存在强权。"这在一定角度上与其追求跨文化伦理的理想存在着逻辑上的悖谬。

卡兹以其理性主义的立场，直接以主体理性代替了伦理原则，仅在伦理规范的层面上探讨跨文化伦理的建构，这是徒劳的。纵然，通过理性的运用，我们可以选择一套伦理规范，但是，秉持这种理性的先验理性主义本身就是多元价值观之一，它如何能保证超越不同价值观的跨文化伦理建构？卡兹没有做出解答，需要我们进一步的思考。

二、理性本身何以可能：形上学层级的批判

肇始于笛卡尔的先验理性主义，其理性，如海德格尔所说，不过是"意识的主体性"①。进而如黑格尔所言，其主体表现为自我："从笛卡尔开始，自我觉醒了，从此，哲学家对自我及自我与他者关系的反思就上升为哲学思考的基础和主题。"②"我思故我在"作为形而上学的第一原则，奠定了近代以来西方哲学的反思性、主体性和理性主义基础。笛卡尔确认只有"我思"是无可置疑的，然而"思"必然有一个主体，即"我"，这就将"我"与"思"，也就是"主体"与"理性"突显了出来。他说："严格来说，我只是一个在思维的东西，也就是说，一个精神、一个理智或一个理性"③；"我是一个实体，这个实体的全部本质或本性只是思想"④。这

---

① 海德格尔：《哲学的终结和思的任务》，见海德格尔：《面向思的事情》，陈小文、孙周兴译，第75—76页。
② 转引自俞吾金：《西方哲学发展中的三大转向》，《河北学刊》2004年第3期。
③ 笛卡尔：《第一哲学沉思集》，庞景仁译，北京：商务印书馆，1986年，第26页。
④ 北京大学哲学系外国哲学史教研室编译：《西方哲学原著选读》上卷，北京：商务印书馆，1981年，第369页。

里,"我"就是"思",也即主体就是理性;而唯有"我思"是毋庸置疑的,由此确立了理性主体的本体地位,也表明人因理性而成为主体。理性主体的确认就意味着理性是一切的最终根据,也应包括理性自身。但笛卡尔同时却认为,理性存在的根据是"天赋观念",这反而让理性成为非理性的直觉的产物。他说:"我"要获得知识,"除了通过自明性的直觉和必然性的演绎以外……没有其他途径"[1]。诚然,"必然性的演绎"充分显示了人类的理性,但"自明性的直觉"却是逻辑推理的前提,比演绎更根本,这种直觉是"先验""自明"的东西,即"天赋观念","是由澄静而专一的心灵所产生的概念"。[2] 这使他无法合乎逻辑地证明理性的来源,而只能求助"上帝"来表明理性是不证自明的公理。因此,笛卡尔一方面确立了理性自我的至上主体地位,一方面又将至上理性置于先验的"天赋观念"的基础上,令"我"之"理性"从根基上既不是至上的,也不是理性的,先验理性主义因建立在非理性的直觉的基础上,而成为观念主义、直觉主义。

其后,休谟提出"自我"无非是"一束知觉",直接否定了"自我"具有获得普遍、必然的知识的可能,表达了对理性万能、理性至上观点的置疑。而康德通过对理性的考察和限制,并将"实践理性"(自由意志)置于"纯粹理性"(认知能力)之上,更明确了作为认知能力的理性的非至上性。即使如此,近代理性主义仍作为西方启蒙运动的重要内容,根深蒂固地影响着西方思想的发展,西方现代文明的成果也在很大程度上得益于此,包括西方现代的政治伦理制度都是基于"人是理性的动物"这样的预设而建立的。这就导致当今的理性主义者对于"理性何以可能"的解释依然无法摆脱笛卡尔的困境。

卡兹所推崇的当代西方政治哲学最具代表性的理论——罗尔斯的正义论,就是笛卡尔先验理性主义的成功运用,而这也使罗尔斯的理论中潜

---

[1] 转引自仝增瑞:《西方哲学史》上册,上海:上海人民出版社,1983年,第511页。
[2] 转引自仝增瑞:《西方哲学史》上册,第511页。

藏着笛卡尔式的理论缺陷。当然，卡兹持守着理性主义伦理学立场，并没有意识到这一点，而且还十分认同并借助罗尔斯的"无知之幕下的道德选择"的论证，提出在跨文化伦理的建构过程中如何保证组织模式和具体程序的理性。

> 这种方式认同罗尔斯著名的"对于道德决策的需求"的论证，即假定不论其文化背景如何，人人都在"无知之幕"背后。按这样的程序步骤所做出的道德选择，将克服种族、民族、阶级、宗教和性别偏见。……因此，他们不会做出利己主义的选择，也不会做出对任何人有益或有害的选择。……不管怎样，纵观40年来争论的形势，我仍然认为这个植根于普遍理性的立场具有令人信服的合理性。

卡兹认为唯此理性才能保证"所做的选择不能带有主观臆断性和先入为主的偏见"，这使笛卡尔的理论缺陷蔓延到卡兹对于跨文化伦理的探讨中。由于卡兹的论证是对罗尔斯理论的直接运用，因此，以下将直接围绕罗尔斯的"原初状态"（original position）进行分析，揭示问题所在。

罗尔斯的理论也是基于理性主体的预设，即预设了处于自然状态中的每个人为了各自的利益，会进行理智的谈判，签订契约，约定利益的分配。因此，他明确提出正义原则"是在一种公平的原初状态中被一致同意的"某种"原初契约"①，其"原初契约"的两条正义原则是：平等的自由原则和社会经济差异的分配原则。在此表述中，"正义原则"是在"原初状态"中产生的。虽然罗尔斯并没有直接对"原初状态"做专门描述，但他声明"原初状态"只是一种纯粹理论的假设，就如同"无知之幕"（veil of ignorance）是一种假设。这种基于纯粹假设的理论究竟有多大意义是值得怀疑的，在此暂且不论。作为一种理论假设，原初状态包括许多假定条件，如"作为道德主体，有一种他们自己的善的观念和正义感能力"等；

---

① 约翰·罗尔斯：《正义论》，何怀宏等译，第12页。

但他又指出包括"原初状态"在内的假设是某种"合理选择"（reasonable selection）的结果，这就意味着所"合"之"理"本身是比"原初状态"等假设条件更为原初的东西，这又是什么呢？罗尔斯进一步指出："要证明一种对原初状态的特殊描述还有另外的事情要做，这就是看被选择的原则是否适合我们所考虑的正义信念。"① 他说，在选择正义原则时，这种正义信念是以"正义感"和"直觉"的方式表现出来的。② 这就表明，"正义信念""正义感能力""直觉"等是比原初状态更为原初的东西。这样一来，和笛卡尔一样，罗尔斯陷入了"理性"与非理性的"直觉"之间的纠结。

其实，卡兹也意识到了这一点：

在探讨跨文化的道德规范的背景下，深入研究之初，我们就要适当提醒自己记住直觉主义（intuitionism）的主张，至少要以此作为讨论的起点。……道德知识和道德主张的正当性最根本地植根于非推理性的知识或理由。所以，"不可杀人"并不需要任何进一步的论证，并且凭借这一基本立场可以超越所有的文化限制。

在大多数社会中，绝大部分人总能在基本的道德原则上达成共识，如"不杀人""不撒谎""不偷盗""言而有信""不剥削穷人和弱者""创建公正的社会"等。这种跨文化的广泛一致性，至少已经表明直觉主义的非推论的主张获得了一定的支持。

但在罗尔斯看来，即便承认共识的存在，也不会承认这种"正义信念""正义感能力""直觉"等是为正义原则奠基的，而只是把这种非理性的"直觉"视为借以推出正义原则的条件，仅仅是为了保证人们能够不带任何主观偏见地选择正义原则而做的必要的理论限制或铺垫，即只是理性出场的必要条件和理论铺垫；而且，他也无法揭示"正义感"和"直觉"

---

① 约翰·罗尔斯：《正义论》，何怀宏等译，第19页。
② 约翰·罗尔斯：《正义论》，何怀宏等译，第19页。

的最终来源。

之所以如此，其根本在于罗尔斯局限于先验理性主义的视域，预设了理性的至上优先性，这就意味着要以理性解释一切，一切也都归结为理性。由此，罗尔斯陷入了与笛卡尔相似的理论困境中：一方面，理性是正义原则和伦理规范及制度建构的最终基础；另一方面，正义原则奠定在非理性的"正义感""直觉"的基础上。

更进一步说，先验理性主义实质上是一种主体形而上学的思维模式。因为理性是作为主体性的人的理性，其前提是人的主体性，这就意味着理性主义始终在"主客"二元架构的视域中解释一切，执守着一个既有的主体，将其他一切存在者作为对象化的客体加以打量、认知。然而这种对现成主体性的执守，本身就是一种先入为主的偏见，于是才会出现罗尔斯那种想当然的假定：在原初状态的无知之幕下的各方，会自然而然地选择他所认可的那种"自由""平等"的价值观。其实，"自由"或"平等"不过是若干不同价值观中的一种，罗尔斯的假设仍然是基于理性主体的一种偏见，将自身既有的价值观绝对化、普遍化。这表明，任何秉持既有主体性的立场，都不可能建构真正跨文化的伦理。

跨文化伦理（cross-cultural ethics），仅仅从字面上看，就已经表明了是要超越不同文化传统的障碍，实际就是要超越既有的主体性。因此，对于跨文化伦理的探讨不能仅仅在形而下的伦理学层面，也不能止步于形而上的先验理性层面，而必须超越形而上学的思维模式，超越既有的主体性，超越现有的研究模式，深入到更为本源的存在论层级上，以揭示主体性何以可能、理性和直觉何以可能，进而揭示伦理原则何以可能。

三、主体性何以可能：理性与伦理的生活渊源

其实，不仅是先验理性主义，任何类型的形而上学都是固守着一种主体。因此，海德格尔指出，形而上学问题实质是主体性的问题，不论是上帝还是理性都是人的主体性的投射。"作为主体性形而上学……真理的

本质和存在的解释是由作为真正主体的人来规定的。"[1] 可以说，作为形而上学的哲学之事情就是意识的主体性。从这个维度看，阻碍人对自身文化传统的超越的根源就在于既有的主体性；相应地，要超越自身文化传统的局限，真正展开跨文化伦理的对话，首先就在于超越某种主体性。然而，探求跨文化伦理的目的就是要为人类共同的伦理生活提供一套规范和秩序，而伦理生活本身就是作为主体的人的生活，寻求伦理本身就是一个主体性的诉求，也就是说，主体性是不可逃避的。因此，如果跨文化伦理拒绝主体性，就会导致自我悖谬的尴尬。所以，问题的关键不在于摒弃主体性，而在于确立怎样的主体性。

迄今为止，人们仍在不同程度上执守着各自旧有的文化传统观念，且被这些观念所禁锢，难以超越自身既有的主体性。而跨文化伦理是需要超越各文化传统的差异和障碍，建立起全人类共享的一套伦理规范，这就要求我们在摒弃现成的旧的主体性的同时，建构一种新的主体，诚如孔子所提倡的"君子不器"[2]。

这种对既有主体性和文化传统的超越，不同于卡兹对不同的宗教和文化传统所采取的容忍和妥协的态度，那样消极的"超越"恰恰表明各方都在持守而不愿放弃也无法放弃自身旧有的主体性。我们所要确立的新的主体，也并不是罗尔斯所预设的"在原初状态中，各方是互相冷淡而非同情的"[3] 极端单子化、个体化的主体，不仅是因为它也是一种既有的主体性，更因为它无助于跨文化伦理的建构，而且还可能导致自身所在共同体的分裂，不论是作为民族国家的共同体，还是全人类这个更大的共同体都是如此。总而言之，跨文化伦理的建构需要我们超越文化传统的限制，超越既有的主体性，生成新的主体性，但显然，理性主义等形而上学化的哲学无法提供充分的思想资源。

既然伦理生活首先是一种生活，那么我们就要深入到更为本源的

---

[1] 海德格尔：《尼采》下卷，孙周兴译，北京：商务印书馆，2002 年，第 824 页。
[2] 《论语·为政》。
[3] 约翰·罗尔斯：《正义论》，第 185 页。

"存在—生活"的思想视域中，抛弃形而上学的主体性思维，对"存在"或"生活"做更原初的理解："存在"（Being）不是指某种固有的存在者的存在，而是指先于任何存在者，也先于任何主体性的纯粹存在①；"生活"（life）首先并不是日常经验上的既定的人的生活，而是非现成的、一直处于衍流和变化中的本真情境。这是存在论（theory of Being）层级上的观念，区别于海德格尔的"此在"的生存（existence）：作为一种存在者的"此在"的先行，意味着他所说的"生存"仍然是一种主体性的生活。因此，最原初的"存在""生活"是本源存在论（theory of Being as the source）的观念，是前存在者、前主体性（pre-subjectivity）的事情。②在此层级上，主体性尚未生成。而唯有进入到这一层级，才能揭示出人类伦理的最深层的生活渊源，进而才有可能超越既有的主体性，生成新的主体性。正是在这种本源性的前主体性的生活情境中，人们形成了共同的生活方式，进而产生了共同的生活感悟——包括正义感等"直觉"。这是不消说的、最自然不过的事情。

中国儒家认为，人们这种共同的生活感悟首先最广泛地体现为本源性的非对象化的仁爱情感，也正是基于此，人类的伦理生活才得以可能。而罗尔斯等理性主义者则认为"原初状态中，各方是互相冷淡而非同情的"③，由此才有了理性的出场。殊不知，这样一来，就无法解释其更原初的共同"正义感"的由来。而从仁爱的生活感悟出发，则能更为透彻而全面地解释正义感、伦理原则与理性的来源。

需要指出的是，儒家的"仁"内涵极其丰富，不能单一地从一个层面理解：在形下的伦理层面，仁是道德情感，卡兹的理解就属于这一层级。他认为："作为儒家思想的'仁'和作为实践方法的'仁'，都是以理性的、人性化的考虑为前提的，这种考虑涉及对人之为人的条件和要求

---

① 参见黄玉顺：《生活儒学关键词语之诠释与翻译》，《现代哲学》2012年第1期。
② 参见黄玉顺：《面向生活本身的儒学——黄玉顺"生活儒学"自选集》，成都：四川大学出版社，2006年；《爱与思——生活儒学的观念》，成都：四川大学出版社，2006年。
③ 约翰·罗尔斯：《正义论》，第185页。

的一个关键性理解,比如爱、同情和关心他人。通过反思自己的需求,达到对他人需求及其处境的理解。"在形上的本体层面,仁是人之为人的根本依据。而在存在论层面上,仁是本源性的生活感悟,是前主体性的、最原初的情感,这也正是我们在此特加阐述的一层意思。

在存在论意义上,仁爱情感是一切的本源。这是因为:

其一,主体性由此而得以可能。"我"作为主体性的存在者,就是在本源的生活情境中所形成的生活感悟中确立起来的。作为价值性和意义化的存在者,而不是实体化、生物性的存在者,我们常说"生活造就了我",其实就是在这个意义上说的。哈贝马斯也有类似的说法:我是在一种与他人共享的传统语境中完成自己的成长过程的,我的认同也打上了集体认同的烙印,我的生活历史融入了悠久的生活关系历史当中。就此而言,在我看来是善的生活,与我们共同的生活方式是息息相关的。①

其二,仁爱具有"差等之爱"与"一体之仁"两个方面,因此,一切"善"与"恶"皆由此出。具体而言,一方面,"差等之爱"或"爱有差等"意味着推己及人,爱是以己为起始点的,自爱方能爱人;进而就会"爱而利之",即是说,因有"爱人之心",遂行"利人之事"。然而这必然就导致矛盾和利益冲突,使共同体生活陷入混乱无序,并最终危及共同体和每个人的利益,于是人们需要确立伦理原则,进而运用理性,将之落实为一套伦理规范和社会制度,从而调节矛盾冲突,使利益得到保障。另一方面,"一体之仁"意味着人皆有良知。"良知"作为本源性的"智",是"不学而能""不虑而知"的能力;同时它作为感悟性的"智",就是对当下生活的感悟,本质上是一种情感能力,这不同于对象性、知识性的"知",因而不是经验的认知能力或先验理性反思。良知作为原初的生活智慧,具体到伦理生活中,体现为一种"共通的道德感"或者说"道德共识"。比如在正义问题上,我们就有切身体会:

---

① 哈贝马斯:《对话伦理学与真理的问题》,沈清楷译,北京:中国人民大学出版社,2005年,第71—72页。

有时是面对一种符合或不符合某种制度规范的行为，有时甚至是面对这种现存既有的制度规范本身，我们对它产生一种正义或不正义的"直觉"，这就是人们所说的"正义感"。在后一情况下，这种正义感显然先行于自觉的正义原则。①

这表明，"良知"其实是一种最本源的伦理精神，它为伦理原则奠基，使伦理原则得以确立。人们把基于当下共同生活所形成的"共通的道德感"（良知）加以凝练，使之理论化，明确化，就表达为伦理原则。因此，伦理原则的确立并不是像罗尔斯所说的那样是基于一些纯粹的哲学假设，而是源于生活的实情和作为一种生活感悟的道德共识。

由此可见，人类的理性与伦理之所以可能，都有其最为深层的生活渊源。跨文化的伦理建构，自然也不可能脱离当下人类的共同生活。事实上，随着全球化的迅猛推进，人类的生活方式比以往任何时代都更具有共同性。我们的当下生活方式正在逐步突破民族国家、种族信仰的层层壁垒，从物质到制度到观念，逐步深入地交融互渗在一起，日益趋同，势必在越来越大的范围上形成共同的生活方式；而这种共同的生活方式，将促使人们日益形成越来越趋同的心理态势，从而产生更多的共同生活感悟。那么，这种共同的本源生活情境，就成为跨文化伦理得以可能的场域。因此，我们不光是基于文化多元的背景，更是在当下共同的生活境遇中探求跨文化伦理。在这个本源的层面上，我们通过"前主体性""本源性"的伦理对话，使各方都发生改变，既有的主体性将被超越，新的主体性随之确立，人类由此才可能获得真正的跨文化的伦理。

---

① 黄玉顺：《中国正义论纲要》，《四川大学学报（哲学社会科学版）》2009 年第 5 期。

人类共同伦理何以可能?
—— 不同伦理传统之间对话的共同场域*

人类共同伦理的建构之所以遭遇困难,从理论上来说,是由于不同伦理传统之间的对话缺乏应有的观念层级区分。具体来说,不论是形而下的伦理规范及制度层级的对话,还是形而上的信仰及伦理原则层级的对话,都不可能达成共同伦理。这就需要通过厘清观念层级,进入到当代人类共同生活的本源情境之中,以此为对话各方的共同场域,从而使不同伦理展开平等对话成为可能。

一、当前伦理对话的两个层面

当前不同伦理传统之间的对话,大致是在两个层面上展开的:

(一)伦理规范层面上的对话

在这个层面上的对话,主要表现为三种情形:

1. 强势文明传统下的伦理规范和制度成为评价另一种伦理规范或制度是否恰当的标准,或成为其他文明传统下的民族国家建立或改革本国伦理规范、制度时效仿的对象。目前世界各文明交往与对话的主导模式——"普世价值文明转型"的对话模式,就是基于西方强势文明的大背景而形成的一种教化式的对话模式,是一种抽象的普世主义。(例如美国用人权,特别是政治化的人权向世界各国传播,甚至向世界施压。)身处这一语境的"人们有意无意地接受了一种预设,即:世界文明发展应该有一个共同的方向,而调整文明发展方向的指示性标志便是普世价值。因

---

* 原载《兰州学刊》2015年第2期。本文系第三届尼山世界文明论坛提交的会议论文。

此，各文明应该以这个普世价值为坐标进行自我改造，实现自我转型。不然的话，西方文明就应该借助外在压力迫使弱势文明转型"①。这无疑是将西方两希传统下的伦理规范和制度作为具有普遍适用性的伦理标准，以文明的强势攫取了普世价值的话语权，要求弱势文明以此为方向和标准，"自觉"改造，最终同归于所谓的"普世价值"中，而事实上，各文明传统下的伦理建构无法通过这一模式实现真正的自我更新。

2. 固守着不同伦理规范和制度的群体之间通过抽象的线性比较，互相指责，是其所非，非其所是。这种情形在一些比较伦理研究或文明对话中也时常出现，比如，通过简单地比较儒家伦理是"人为本"的，基督伦理则是"神为本"的；儒家伦理是"性善论"的，基督伦理则是"原罪论"的；儒家伦理是"整体性"的，基督伦理则是"个体性"的；等等，就以此说明，二者之间差异冲突是根本的，共同和相容性是有限的、表层的，不同伦理之间没有进行深入对话的可能。可以说，这是各文明传统中封闭的特殊主义也就是原教旨主义的表现，从其本身就排斥任何新出现的、外来的观念，这种脱离现实、脱离当下实情的执守其传统的伦理规范和制度，表面看起来是在继承发扬传统，保持文明的特殊性，而从长远看，恰恰是在断送其传统。

以上两种情形对话正是当前造成文明冲突甚至战乱的原因。2004 年联合国教科文组织的文明对话，曾试图在抽象的普世主义和封闭的特殊主义中间找到出路，但因缺乏对话的共同场域而无法揭示各文明传统下伦理的共同性和差异的根源，使这一问题至今未得到根本有效的解决。

3. 从伦理规范和制度层面上，寻求不同文明传统下的伦理的共同性，提出"全球伦理"就是在这个层面上努力的成果。何怀宏等学者认为"全球伦理"主要是通过不同伦理规范制度的对比，求同存异，企图寻求"一种最低限度的行为规范层面上确立"；"当考虑一个民族的宗教或伦理传统与这种全球伦理是否'相容'或'相融'的问题时，行为规范无疑就应

---

① 谢文郁：《文明对话模式之争：普世价值与核心价值》，《文史哲》2013 年第 1 期。

比价值体系得到更为优先的地位。在此,我们有必要区分底线伦理规则和可以支持它们的各种宗教伦理精神和价值体系,前者是可望达成共识的,后者则是应当允许保留合理的差异的"。①"全球伦理"给出的只是伦理规范,而非伦理原则。

上述这三种情形往往是以经验归纳的思路得出结论,即以目前受众数量上的多少、文化势态上的强势程度来判定一种伦理规则是否合理、适用,然而这一方法是缺乏正当性和合理性依据的。翟振明教授就曾在这点上指出全球伦理的问题所在:"孔汉思所谓的'全球伦理'却是对世界宗教的实践和实际所遵循的规则进行观察的结果。"②经验归纳并不能证明这些规范的正当性,只能证明某种事实的存在,而非这种事实的价值,这样的讨论不能给出任何伦理原则,因此相互的效仿与指责都是无根据甚至无意义的。

(二)伦理原则层面上的对话

有学者认为,不同伦理之间的对话一旦追溯到伦理规范所赖以成立的原则上去,就会触及不同宗教、不同文明传统中的核心价值观,那样就会失去达成共识的可能性。因此对于不同伦理规范背后的价值观和信仰的态度上很谨慎,但同时也陷入一种自相矛盾的境地。

他们一方面认为,不同的伦理体系之间,其伦理原则是不同的,甚至是不能相容的,应该彼此尊重和保持伦理原则上的差异性,以此有意回避了伦理原则问题。而事实上,价值观是社会伦理建构最直接的理论基础,任何伦理规范的差异都有其原则上的依据,伦理原则为相应的伦理规范奠基,仅谈共同的伦理规范而无视不同伦理体系的原则之间存在的分歧是不能设想的。在另一方面,他们有意无意地又自持某种信仰和价值观,居高临下地评判其他价值观下的伦理规范,这就产生了一种错位。以"亚

---

① 何怀宏:《全球伦理与底线伦理》,见何怀宏:《底线伦理》,沈阳:辽宁人民出版社,1998年,第321页。
② 翟振明:《为何全球伦理不是普遍伦理》,冯平译,《世界哲学》2003年第3期。

洲价值""西方价值""儒家伦理"等衡量评判不同文明传统下具体的伦理规范和制度恰当与否，陷入了伦理道德上的"绝对的相对主义"。

此外，在传统的价值观看来，伦理最终基础要么基于宗教，要么基于理性。如果以宗教信仰作为伦理的最终根源，就是在承认"上帝"是绝对主体的前提下，进行价值评判或展开对话，如约翰·希克（John Hick）主张在多元主义视角下进行宗教对话，认为只要各宗教放下身段，承认其他宗教和自己一样拥有关于终极实在的认识，那么，彼此的交流和对话就不成问题，就可以建立起全人类共同的伦理。[1]而哲学家们则往往以理性作为通达伦理的唯一途径，他们认为伦理的普遍性不可能奠基于信仰或非理性的权威，而只能由理性或理性引导下的良知来奠基。然而，实际上，"上帝"与"理性"都不是伦理产生的最终根源。显然，无论是以"上帝"还是"理性"作为伦理的终极依据，都是预设了一种形而上的唯一绝对的存在者，并以此为原则和标准对不同伦理规范的合理性和适用性进行判定。这种先验主义的进路，似乎找到了伦理差异的最终根源，但实际也是一种固守着主观先见的评判，因为我们仍需要进一步追问：被视为终极根据的先验原则本身何以可能？它是如何被给出、被选择的？当今，主观先验的原则已经被解构，因此，"上帝"与"理性"这样的形上的绝对主体也并非不同伦理之间差异的最终根源，沿此进路无法找到不同伦理对话的共同场域。

原因显而易见，在当前的各种讨论和争执中，不可避免地存在着"故有儒墨之是非，以是其所非而非其所是。欲是其所非而非其所是，则莫若以明"[2]。不论在伦理规范的层面上，还是在伦理原则层面上，不同伦理之间并没有权利相互评判和指摘，参与讨论的双方无权判断彼此的优劣对错，形下层面和形上层面都不能为不同伦理之间的平等对话提供共同的场域，更无法找到人类的共同伦理。因而，我们需要一种更为本源的思想

---

[1] 参见 John Hick, *Philosophy of Religion*, Prentice Hall, 1989; *God and the Universe of Faiths*, Oxford: One World Publications Ltd., 1973; *Dialogues in the Philosophy of Religion*, Palgrave Macmillan, 2001。

[2] 《庄子·齐物论》。

视域,为共同伦理的寻求提供新的思路。

二、作为本源层面的当下生活

通过以上梳理,我们发现在目前种种伦理对话的模式下,伦理对话的双方有意无意地将伦理规范与伦理原则混为一谈,并没有在二者之间做基本的观念层级的区分;也没有进一步追问伦理原则得以产生和被选择的根源,因此,双方平等有效的对话并没有真正展开,也就无法揭示出各伦理传统之所以不同的最终根源,在这种语境中,不同文明传统下共同伦理的建构难免成为无本之木。因此,在各伦理展开具体的对话之前,我们首先有必要从伦理角度进行一种基本观念层级的区分:伦理精神—伦理原则—伦理规范。三个层级之间是一种前者为后者奠基的关系,即:本源层面上的伦理精神为伦理原则奠基,作为形上层面的伦理原则为形下层面的伦理规范奠基。这一观念层级的划分不同于传统哲学"形上—形下"的思维模式:传统哲学止步于形上追问,以价值观或信仰的不同是造成不同伦理传统的终极根据,而在此,我们则进一步追问价值观或信仰何以可能和如何被选择的问题。因而是一种更为彻底的哲学思考,唯其如此,才能开启平等对话的共同场域,而在此共同场域中,所建构的共同伦理才是有源有始的。

在这三种观念层级中,伦理规范是一个具有具体历时形态且不断损益的过程,庞杂繁多、形式各异,即使在同一信仰、同一伦理传统下,其伦理规范也因时、因地、因人而各有差异;伦理原则则具有相对的普适性和稳定性,而人类至今的伦理原则要么基于神性的宗教信仰,要么基于理性至上的价值预设。也就是说,不论哪种伦理原则都源自某种伦理精神观念。而今我们要寻求一种人类共同的伦理原则,自然要追问不同伦理精神观念又源自哪里呢?从观念的实际发生看,不论是信仰上帝还是崇仰理性,其实都是一个绝对唯一的形而上的主体观念的虚构,而这种观念最终就是源于当下的本源的生活情境,在其中,人们获得了对其当下生活的感悟和领会,由此才建构起形上学—形下学、绝对主体—相对主体、价值观—伦理学等。

需要指出的是，这里所说的生活是前信仰的、前形而上的、前理论化和前主体化的本源层面的当下的"生—活"①，是一种"本源情境，人和草木、一切存在者，共同生活于大地上，他们之间没有区分，没有'分别相'，这叫做浑然一体的'浑沌'。……其实就是庄子所说的没有'物际'，也就是没有存在者领域的划界。这是因为：此情此境根本还没有所谓'物'，还没有存在者的观念，更没有主体性存在者的观念、区别于物的人的观念。……生活不仅是形而上学的本源，而且是形而下学的知识论、价值论的源泉。然而生活作为存在，不是任何物、存在者，而先在于所有的物、存在者"②。因此生活在如此这般不停息地流淌中永远蕴藏着无限的可能性；而因其际遇、遭际的不同，呈现出不同的现实性，随着生活的流变，其潜在的可能性会源源不断地生成不同的现实性。"作为本源的在生活之际遇，作为前形而下学乃至前形而上学的事情本身，当下现存的一切乃是'中性'的；它们无所谓真善美的分别，因为它们无所谓知、意、情的分别（无"人之情"，有"事之情"）。本源的求真无意于求真，本源的向善无意于向善，本源的审美无意于审美。"③ 在这样的本源生活境遇中，我们的有色眼镜才能摘掉，所执守的现成的主体性才能被遗忘，于是那个先于知识论上的真假和价值论上的善恶之前的"事之情"才能开显出来，本源上的敞开的对话得以有效进行。通过此番对话将生成新的主体性观念，随之，共同伦理才成为可能。

在当下的生活渊源中，使不同伦理同时发生，同时在场。当下的生活作为共同场域不仅对不同的伦理如此，对于一个伦理传统本身也是如此，当代的某种文化传统下的伦理本身，就是融摄着前现代、现代与后现

---

① 这里的"生—活"是沿用黄玉顺教授的"生活儒学"中对"生活"的理解和诠释。主要参见《爱与思——生活儒学的观念》，成都：四川大学出版社，2006年。
② 黄玉顺：《"价值"观念是何以可能的？——基于"生活儒学"阐释的中国价值论》，《四川大学学报（哲学社会科学版）》2007年第1期。
③ 黄玉顺：《面向生活本身的儒学——黄玉顺"生活儒学"自选集》，第90页。

代的伦理思想的同时发生、同时在场。从最本源的层面上说，文化的多样性就是源于不同生活际遇中的生活方式的不同，而生成的不同的生活观念、生活感悟。因此，这个本源层面上的当代生活就是我们讨论一切伦理问题的源头和最终归宿。当代伦理对话如果仅在形下学层面展开必然导致形上学的缺席，导致道德相对主义、实用主义，与本源的生活相隔绝；因此，不从本源上找异同就永远发现不了真正的异同，不从当下境域本身思考，永远无法提出适宜的伦理原则和规范。

毕竟，一切源于当下生活，一切归于当下生活。一切伦理都源自共同的生活；而不同伦理的差异都源自其生活际遇的不同。因此，唯有当下的生活本身才能构成不同伦理展开对话的共同场域，我们需要深入到本源的生活情境中，即当今全球化的共同生活之中，才能保证不同伦理规范、伦理原则的同时到场，前主体性的平等对话才能展开。

三、当下生活何以使对话成为可能

唯有进入当下生活的共同场域，才能对不同伦理规则和原则之间的差异性有更深入的理解；才能发现不同伦理原则之间潜在的共同性，为新的共同伦理的生成提供可能；才能够对现存的伦理规则恰当与否做出有根据有成效的评判。

1. 以当下生活为伦理对话的共同场域，使不同伦理传统中的那些尚未转化为现实的无限可能性得以激发、唤起，为深入理解不同伦理中的差异性提供了可能。

不同伦理传统下的伦理原则和伦理规范各不相同，而事实上，我们在相当程度上能够彼此理解甚至认可，这并非仅仅是因为我们彼此的某些伦理规范相似或伦理原则上有交叠，而是在根本上，因为我们对当下生活的感悟有共同或共通之处，在看似现成化、凝固化的伦理传统中，依然潜藏着、孕育着各种转化的可能性。进入当下生活情境这一共同场域中，不同伦理传统下的差异性，才能得到根本的解释和深入的理解。这是因为，当下生活本身孕育着各种不同伦理精神；而最终形成各有特点的相对稳定的伦理传统,是因其具体的生活遭际不同,而导致生成了不同的现实样态,而那些在以往历史中没有成为现实的可能性,在制度化、形式化、理论化、现成化的过程中被隐藏、被遗忘。但被遗忘、被隐藏并不等同于先天的缺失和不足,这些可能性仍潜在地存在于所有的文明传统中,一经当下生活的唤醒、激发,就有成为现实的可能。可以说,共同的当下生活就是不同伦理传统之间相互理解的先天基因。因此,不同伦理之间的差异固然很多很大,但从本源的层面上,就其无限可能的生成性看,却又是无差别的,无所谓优势劣势的;同时也决定了不同伦理之间本源性地存在着相通性,具有对彼此的规则、原则上的差异能够同情理解的能力和条件。

就像"犹太先知是代表社会良心的无畏的批评家,而儒家的圣人则都是德化的倡导者。圣人是儒家心目中的理想人格,先知则不是。对于先知,首要的价值是'公正',而在儒家圣人那里则是'仁爱'优先"①。希伯来的先知与儒家的圣人是属于不同伦理传统下的理想人格形象,从其行为规范和价值观上来说,二者迥然不同;但彼此能在相当程度上理解和认可对方的理想人格,说明其伦理传统中蕴涵着生成彼此理想人格的可能性因子。再比如,《圣经》和希腊哲学中的伦理传统也与儒学伦理有所差异:《圣经》的一切道德原则的最终根据总要归束于"上帝",希腊哲学传统则视理性为伦理道德的最终来源,而儒学的道德根源只能追溯到人性自身。但很显然,上帝(宗教)、理性与人性,这些在西方与东方文明的早期(本源层面)都混沌未分地存在着,因其不同的生活境遇和遭际,使得其中一些可能性被遗失了、遮蔽了,但同时也使另一些可能性突显了、成型了,最终转变成了现实性:西方发展了宗教、理性,而东方的中国则凸显了人性(德性)。因此,即便中西差异种种,但对中国人讲宗教、讲理性,对西方人讲儒家人性论,彼此能够理解和认可,即使有差异和误解也绝非格格不入,这从根本上说,还是蕴藏着对方的可能基因。

当然,还存在一些目前不能彼此理解的,甚至引发冲突的部分,从

---

① 傅有德:《希伯来先知与儒家圣人比较研究》,《中国社会科学》2009年第6期。

根本上说，也是源于其各自生活的不同际遇，但目前的冲突不代表永远的隔阂，看待这些方面仍然需要回到本源的生活中加以审视和评判，下文将进行详述（见本节第3点）。

2. 以当下生活为伦理对话的共同场域，从本源上揭示不同伦理之间的潜在共同性，为生成新的共同性提供可能。

在寻求共同伦理的探索中，我们不难发现不同的伦理传统之间，无论在其伦理规范还是伦理原则中，确实存在着一些交叠的内容和相似的表达方式或表现形式，如：儒家伦理中"己所不欲，勿施于人"的内容，基督宗教《圣经》也有相类似的说法，即"无论何事，你们愿意人怎样待你们，你们也要怎样待人"[①]，印度史诗《摩诃婆罗多》所吟唱的"你自己不想经受的事，不要对别人做；你自己向往渴求的事，也应该希望别人得到"[②]，诸如此类表达的内容很接近。但我们不能通过对现成伦理规范、制度做线性比较，归纳整理出一些相似性，就认为是找到共同伦理了，这种经验主义的老路囿于现成的规范制度和固有的价值观，对当下的生活境遇只做对象化的打量和概念化的分析，而恰恰没有直面当下的生活，没有真正投身于"事"之中，没从本源上了解"事之情"，因此无法从本源上揭示不同伦理传统之间潜在的共同性，也必然无法根本性地解释这些相似、交叠的内容和观点得以发生的最终根源。

在当下生活的共同场域中，面对的只有事情本身、生活本身，一切现有的伦理原则和规范只作为当下生活的本源情境而存在，此前的规范和传统成为当下的生活本源，成为共同场域的具体展开。不再具有伦理价值的评判作用，这种对固有价值的放弃，即对现成主体性的放弃，促使不同伦理传统中潜在的共同性得到显现。我所说的对现成主体性的放弃并不是取消各文明传统之间的差异，而是将现存的一切作为前价值的本源生活来看待，即无所谓真善美知情意的分别，只强调投身于生活际遇中，面对事

---

① 《马太福音》第7章第12节。
② 《摩诃婆罗多》"圣教王"113·8。

情本身，不固执于某种价值原则或价值规范来看待人与人之间的关系，从人之最本真、最原初的生活感悟出发，进行思考和对话。在这样一个主体性尚待生成的场域中，各种伦理之间的差异与冲突，已成为前价值、前伦理的，本源意义上的差异，尚未形成伦理意义上的善恶差别。在此情形下，不同伦理之间的平等对话才成为可能，彼此潜在的根源上的共同性将通过本源层面的对话越来越多地显现出来。比如：西方伦理学与儒家伦理存在很大不同，西方伦理一是基于古希腊哲学以来的理性精神，一是基于基督教的宗教伦理，讲上帝之爱。而在儒家看来，仁爱是人自己的情感存在；真正的人与物本身都是由仁爱生成的："诚者，非己成己而已也，所以成物也"；"不诚无物"。① 仁爱是儒家最本源的伦理精神，是区别于西方伦理学的一个基本点；但不论神之爱，还是人之爱，在生活本源层面上，似乎一直普遍存在着"人同此心，心同此理"现象，为何如此？其实就是因为人们在共同的生活情境中获得了一些共同的生活感悟。

　　从"己所不欲，勿施于人"这条全球伦理的金律来说，其普适性和合理性虽然一直受到各种质疑②，而且这条依经验原则得出的伦理规则，确实缺乏最终的哲学依据；但从本源层面上反观这条伦理规范却又能看出，正是因为人类在本源的生活感悟中有相同或相通之处，才由此生成了具有交叠性的伦理原则，制定出具有某些相似性的伦理规则。实际上，"己所不欲，勿施于人"隐含着一个前提："人皆有不忍人之心"，即"恻隐之心"。倪梁康教授为了凸显这一前提的本源性和前道德性，提出了一个中性的表达方式，称之为"人的同感能力"③，且不论这种说法是否恰当

---

① 《礼记·中庸》。
② 邓晓芒等学者认为，用儒家的"己所不欲，勿施于人"不足以建立全球伦理。它没有考虑到"己所不欲"的东西是否也是人家所"不欲"的东西，你"所欲"的东西是否就是别人"所欲"的东西。父母干涉子女的婚事也是"己欲立而立人，己欲达而达人"，可是父母所欲的未必是子女所欲的。"己所不欲，勿施于人"的假定是大家"所欲"的东西是一样的，这个前提是未经思考的，也许你所要的恰好是人家不要的。"己所不欲，勿施于人"是假定"人同此心，心同此理"，但实际上未必这样。皇帝和奴才所要的东西是不一样的。参见邓晓芒：《全球伦理的可能性：金规则的三种模式》，《江苏社会科学》2002年第4期。
③ 倪梁康：《"全球伦理"的基础——儒家文化传统问题与"金规则"》，《江苏社会科学》2002年第1期。

表达了儒家意义上的恻隐与不忍,但这个说法已经表明人具有这样一种相类似的生活本源的感悟。英国政治伦理学家亚当·斯密在其《道德情操论》中说:"无论人们会认为某人怎样自私,这个人的天赋中总是明显地存在着这样一些本性,这些本性使他关心别人的命运,把别人的幸福看成是自己的事情,虽然他除了看到别人幸福而高兴以外,一无所得。这种本性就是怜悯或同情,就是当我们看到或逼真地想象到他人的不幸遭遇时所产生的感情。"①这里提及的本性的"同情"与儒家本源上的"恻隐"("仁")之间,显然比"己所不欲,勿施于人"更具有根源性和共同性。所以说,"'金规则'在当今世界之所以仍然还是一种'金的'规范,就因为当今世界的'共在'生活情境——全球化的生活方式"②。

3. 只有进入当下生活的共同场域中,我们才能超越现有的伦理对话囿于伦理规范制度本身或现有伦理原则的局限,对现存的伦理规范恰当与否做出有根据有成效的评判。

当前不同伦理之间存在各种差异,除了彼此能够理解、认可的部分,还存在一些引发冲突的差异,对此我们更需要复归到本源性的共同生活中,超越传统价值观和信仰的评判标准,抛开现成的伦理范式,投身到本源的情境中,以当下生活的感悟来指引我们做出新的评判。我们需要清醒看到,在本源的生活情境中,我们在称自己为黑人、白人、中国人、美国人、基督徒、佛教徒之前,在为彼此之间的伦理差异而争执不休之前,还有两个基本前提:一、我们都是人;二、我们共在于当下生活。诚如杜维明先生所说:"我们主动选择做一个基督徒、佛教徒,或者做伊斯兰教徒,但我们不能选择是否做人。宗教信仰可以不同,但在如何做人这一点上是可以相通的。"③而我们作为不同信仰、不同伦理传统下的人,之所以在做人这一点上可以相通,"事实上是源于人们在特定生活方式的'共在'

---

① 亚当·斯密:《道德情操论》,蒋自强译,第5页。
② 黄玉顺:《"全球伦理"何以可能?——〈全球伦理宣言〉若干问题与儒家伦理学》,《云南大学学报(社会科学版)》2012年第4期。
③ 杜维明:《儒家的恕道是文明对话的基础》,《人民论坛》2013年第36期。

（co-existence）情境中的生活感悟，这就是人们通常所说的'正义感'：人们普遍一致地感到某种社会规范是正当而适宜的"[1]。

由此，笔者认为，在特定生活方式的"共在"情境中的生活感悟，作为评判某种伦理规范是否正当、适宜的最终依据，是更为根本，更具有普适性。从观念层级上，本源层面的生活感悟是产生一切伦理原则和伦理规范的最终根源。在此情境中，在此场域下，人们不分种族、国家、信仰，共同生活于其中，具有本源上普遍一致的"正义感"，这就使得人们对某种伦理规则做出价值判断时，放弃和超越了任何现成的伦理评判标准，从本源的生活情境出发，考察其是否符合当代人的生活，最终以当下的生活作为评判某种伦理规范的终极尺度，这才是具有共同性和普遍有效性的。而以固有的伦理规范或价值观为标准审视当下的生活本身，则是一种本末倒置的做法，也是原教旨主义或文化霸权主义的表现。比如：儒家伦理是从仁爱的本源生活情感出发，以正当性与适宜性的"义"作为评判伦理规范的标准和原则，从而将伦理规范（"礼"）不断地加以损益，使伦理规范始终符合人当下的生活。而当前不少人认为通过复兴儒家的古礼古法，就可以匡正当代人的某些行为、观念，就是不足取的复古主义的做法。另有，西方以强势的文化话语权，对不同伦理中的规范制度指手画脚，其实是没有任何公信力和有效性的。凡此种种，都是脱离了本源的生活情境，没有进入到当下生活的共同场域中进行对话，根本无法对不同伦理之间差异进行有效的审视和评判。

四、结语

在全球化的推动下，无论自愿与否，不同的文明传统已经结合为一个休戚与共的共同体，当代生活比以往任何时期都具有更多的共生性和共通性。不同地域、不同文化传统下的人们的生活更密切地交融在一起，各

---

[1] 黄玉顺：《"全球伦理"何以可能？——〈全球伦理宣言〉若干问题与儒家伦理学》，《云南大学学报（社会科学版）》2012 年第 4 期。

文明传统在其中发生直接联系，根本无法孤立发展。事实上，我们当然不必，也无法达到对所有人具体生活方式上的统一，以求得所谓共同伦理的诞生，因为生活的际遇总是不同的，不可能都是同一个模式；然而，当下生活又总是为当下的人们所共有，涵盖着一切可能性，人们在其中不断地获得新的生活感悟，生成新的伦理精神观念、新的伦理原则，不断地损"旧"益"新"，更新着伦理规范；人们顺应着当下的生活，也生成着当下的生活，而在这样的共同场域中就悄然孕育和生成着共同伦理的基因。

图书在版编目（CIP）数据

自由儒学：儒家政治伦理的现代重建 / 郭萍著．— 北京：商务印书馆，2024
（尼山文库）
ISBN 978-7-100-23036-0

Ⅰ. ①自⋯ Ⅱ. ①郭⋯ Ⅲ. ①儒家－政治伦理学－研究－中国 Ⅳ. ① B222.05 ② B82-051

中国国家版本馆CIP数据核字（2023）第178441号

权利保留，侵权必究。

尼山文库
自由儒学：儒家政治伦理的现代重建
郭 萍 著

商 务 印 书 馆 出 版
（北京王府井大街36号 邮政编码 100710）
商 务 印 书 馆 发 行
三河市尚艺印装有限公司印刷
ISBN 978-7-100-23036-0

2024年3月第1版　　　开本 680×960　1/16
2024年3月第1次印刷　印张 22 1/2　插页 1
定价：138.00 元